外语教学与文化
——融合模式新探索

张惠玲 ◎ 著

北京工业大学出版社

图书在版编目（CIP）数据

外语教学与文化——融合模式新探索 / 张惠玲著 . — 北京：
北京工业大学出版社，2018.12（2021.5 重印）

ISBN 978-7-5639-6538-0

Ⅰ . ①外… Ⅱ . ①张… Ⅲ . ①外语教学—教学研究 Ⅳ . ① H09

中国版本图书馆 CIP 数据核字 (2019) 第 022869 号

外语教学与文化——融合模式新探索

著　　者：张惠玲

责任编辑：刘亚茹

封面设计：晟　熙

出版发行：北京工业大学出版社
　　　　　（北京市朝阳区平乐园 100 号　邮编：100124）
　　　　　010-67391722（传真）　bgdcbs@sina.com

经销单位：全国各地新华书店

承印单位：三河市明华印务有限公司

开　　本：787 毫米 ×1092 毫米　1/16

印　　张：10.75

字　　数：240 千字

版　　次：2018 年 12 月第 1 版

印　　次：2021 年 5 月第 2 次印刷

标准书号：ISBN 978-7-5639-6538-0

定　　价：58.00 元

前 言

今天，不同民族、不同国家的人们交流越来越频繁，文化融合已成为现代社会的特征。随着现代传播技术的高度发展，各种文化以一种前所未有的融合方式扑面而来。在这种环境下，以对一种共同语言的理解来吸收和融合文化成为必然。

外语作为语言交流的一种重要形式，其重要性越来越凸显。随着多媒体计算机技术和网络的迅速普及和发展，外语阅读和写作方式、外语翻译和交流方式、外语学习和教学方式正在经历着一场历史性的变革。这场变革将使教育模式从印刷时代走向信息时代，创造一系列全新的教学形式，开拓一个全新网络文化融合教育时空。这就要求教师改变传统教学方式，将语言教学与文化教学有机地结合起来，用现代传播理论来指导英语教学，充分利用网络，用现代化教学手段培养学生从文化融合的角度使用语言的能力。外语教学将从传统意义上的单纯传授语言知识扩展到文化传播，其教学目的也将转化为培养学生的文化交际能力，实现文化的融合，满足文化传播的需要。

不同文化间的交流与沟通，除了跨越与被跨越之外，有没有第三条可以选择的道路呢？当英美专家学者所厘定的文化融合对我们失去了指导的有效性之后，也许我们更应该反思我们能做什么，我们本土的理论如何诠释交往中的文化困境。所谓交往中的困境，也就是大多数国家面临的强者愈强、弱者愈弱的景况：一种少数国家对一体化的追捧，多数国家对之焦虑的矛盾对立。想要摆脱这种困境，我们就要重新审视我们的人才培养模式，特别是外语人才培养模式。

正因为在交流中不能脱离文化背景，在外语教学时也就不可避免地要涉及文化，涉及本国文化与其他文化的对比。因此，对外语学习者而言，学习语言也就是学习文化。学习一门外语的过程，也是了解和掌握对象国家文化背景知识的过程。掌握对象国家文化背景知识的程度是能否得体地运用语言的前提，也直接影响一个人的语言知识的使用能力。

本书根据文化融合的新形式，从文化融合的角度指出外语教学与实践应用中存在的问题。

目　录

第一章 语言文化融合

第一节 语 言

一、语言的定义

语言是以语音为物质外壳，由词汇和语法构成并能表达人类思想的符号系统，是生物同类之间由于沟通需要而制定的具有统一编码解码标准的声音讯号。语言是人类最重要的交际工具，是人们进行沟通交流的各种表达符号。人们借助语言保存和传递人类文明的成果。语言是民族的重要特征之一，一般来说，各个民族都有自己的语言。汉语、英语、法语、俄语、西班牙语、阿拉伯语是世界上的主要语言，也是联合国的工作语言。汉语是世界上使用人口最多的语言，英语是世界上使用最广泛的语言。据德国出版的《语言学及语言交际工具问题手册》记载，现在世界上查明的语言有 5 651 种。在这些语言中，还没有被人们承认是独立的语言，或者正在衰亡的语言，有 1 400 多种。

语言是人们交流思想的媒介，它必然会对政治、经济、社会、科技乃至文化本身产生影响。语言这种文化现象是不断发展的，其现今的空间分布也是过去发展的结果。根据其语音、语法和词汇等方面特征的共同之处与起源关系，把世界上的语言分成若干语系，每个语系包括数量不等的语种，这些语系与语种在地域上都有一定的分布区，很多文化特征都与此有密切的关系。

二、语言的表达方式

语言就广义而言，是一套共同采用的沟通符号、表达方式与处理规则符号，会以视觉、声音或者触觉方式来传递。严格来说，语言是指人类沟通所使用的语言。一般人都必须通过学习才能获得语言能力，语言是交流观念、意见、思想等的媒介。语言学就是从人类研究语言分类与规则而发展出来的。研究语言的专家被称为语言学家。当人类发现了某些动物能够以某种方式沟通，就诞生了动物语言的概念。到了电脑的诞生，人类需要给予电脑指令。这种"单向沟通"就成了电脑语言。

三、语言的重要性及性质

人们的彼此交往离不开语言。尽管通过文字、图片、动作、表情等可以传递人们的思想，但是语言是其中最重要的，也是最方便的媒介。然而，世界各地的人们所用的语言各不相同，彼此间直接交谈是困难的，甚至是不可能的。即使是同一种语言，也还有不同的方言，其差别程度也不相同。有的方言可以基本上相互理解，有的则差别极大，好像是另一种语言，北京人听不懂广东话就是一个很好的例子。不仅在不同的地区，有不同的语言和方言，就是在同一地区，不同的社会阶层、不同年龄的人之间都会有特殊的词汇来表达其独特的感情，使另一阶层或不同年龄的人难以理解。在一种语言环境中掌握某种语言后，虽然也可以学会另一种或几种其他语言或方言，可是原语言或方言的口音很难完全改变，总会留下一定程度的原来所操语言的口音。熟悉语言的人往往就能从这些细微的差别中区分出说话人的家乡所在地及其身份和职业特征。

语言是文化的一个重要组成部分，甚至可以说没有语言也就不可能有文化，只有通过语言才能把文化一代代地传下去。语言是保持生活方式的一个重要手段，几乎每个文化集团都有自己独特的语言。语言是在自己特定的环境中，为了生活的需要而产生的，所以各种语言所在的环境必然会在语言上打上烙印。另外，语言是人们交流思想的媒介，因此，它必然会对政治、经济、社会、科技乃至文化本身产生影响。语言这种文化现象是不断发展的，其现今的空间分布也是过去扩散、变化和发展的结果，所以，只有摆在时空的环境里才能全面地、深入地了解其与自然环境及人文环境的关系。

随着全球化和信息化浪潮的到来，越来越多来自不同国家的人们在使用同一种语言——英语——来相互交流和传播思想。据统计，全球 80% 的国际性文章以英语写成，80% 的网页使用英文界面。英语的使用人数和应用范围越来越广，英语已成为人们了解全球文化信息的必备工具，其强势地位得到了确定。教育活动的本质即文化传播活动，英语教学也就是一种文化的融合。在英语教学越来越重要、网络化文化传播速度和广度越来越加深的情况下，把英语教学、文化融合和网络综合起来研究对于语言学习者十分必要。几十年来，我国把英语作为基础外语融入义务教育中，几乎每个上中学的学生都学习英语，这些年来的结果是几代人都懂英语，但这种"懂"是非常浅层面的懂。全中国几亿人学过英语，但真正能够阅读和使用英语的，不过 1 500 万左右。尤其是在目前信息国际化、网络化的环境下，英语新词汇在增加，旧词汇也扩展了它的表达意义，于是我们很多人看不懂英文界面，听不懂英文广播，接收不到世界前沿的信息。

这种情况说明，我们目前的英语教学并没有带来西方文化的有效传播，我们还只是一知半解地吸收西方文化，语言作为文化载体的意义并没有体现出来，语言还仅仅只是一个工具。而出现这种情况，与我们的教学方法、教学内容和教学目的是有很大关系的。我们在多年来的教学中，仅仅是把英语作为一种工具，而不是把它当作文化传播的载体。教育部颁发的《九年义务教育全日制初级中学英语教学大纲》首次把培养学生的"跨文化传播意识"写入教学目标。也正因为此，英语教学内容应包括传授语言知识、训练语言技能、发展语言交际能力等，其目标是通过英语的跨文化融合把学生运用英语进行跨文化融合的实际能力培养起来。长期以来，英语教学接受和实践的是以结构主义理论为基础的教学方法。结构主义理论认为语言是一个封闭的系统，在教学法上强调的是语言内部结构的认知，在教学手段上一贯采用书本加讲解的方法。我们的学生也许擅长考试，但在其他很多方面，比如语言的实际运用方面，就不一定有在考试中表现得那么优秀了。这其中的原因很多，一个主要的原因在于传统的教学方法过分地强调语言知识的传授，而忽视了语言技能的培养。

四、语言的特征

（一）符号性和两面性

语言是社会约定俗成的表达观念的符号，符号的本质是社会的。它在某种程度上要逃避社会上某一些小集体、小圈子的意识，这是语言最主要的特征。语言是一种社会契约，一个社会接受一种表达手段而排斥另一种表达手段其实都是社会上的集体意识的习惯。或者可以说，语言没有好坏之分，关键是使用哪一种表达方式。

语言符号是一种包含着两面性的实体。一方面，语言是用来表示事物的名称的，所以任何语言都是概念的映像，即具有"所指性"；另一方面，语言要依托声音这种媒介来表达所指，所以说语言也是声音的映像，声音是语言的另一个侧面，也就是说语言具有"能指性"。

（二）任意性和线条性

所谓的"任意性"是指语言符号和文字"能指"和"所指"之间是一种任意的连接关系，这种关系是不可论证的，即使有的可以论证，但是在普遍意义上来讲，还是不可论证的关系。这就是世界上的语言为什么多种多样的原因之一。

所谓的"线条性"是指语言的"能指"是依托声音来完成的，所以它只能在一维的声音的空间里传播，而不能突破声音的范围和能力。所以说在分析语言的时候，语言使用能在横向上依照词语出现的先后顺序来完成，这也造就了语言使用和表达的局限，但是语言的声音性，决定了语言的线性是不可消除的必然结果。

（三）不变性和可变性

语言是一个处在不断地运动变化发展之中的体系。这个体系中的各个要素既有一定的稳定性，也有一定的变动性。稳定性是语言系统得以存在的前提，也是语言自身被大规模研习使用的必备条件；而变动性不仅仅是作为一个系统的语言内部的不断衍生、发展的规律所致，而且是语言的传承性的表现。任何事物都是不断地运动变化发展的，新事物不断地产生，旧事物不断地消亡。语言也是这样，语言系统的变化虽然不是很明显，速度并不是很快，但是受到使用的推动以及社会、文化等很多因素的影响，语言本身在不断地向着经济、简练、实用以及包容力、表现力强的趋势发展。

语言内部的各个组成部分都有着不同方式、不同形态的变化，而且变化的多少快慢也是不一样的。但是在以往的研究中，我们逐渐掌握了越来越多的规律来解释、预测语言的变化。这不但体现了人们对于语言学的关注、探索，同时也昭示了语言学的变化性还是有据可依、有律可循的。

（四）传承性和交际性

语言从某种意义上来看，是人类文化得以传承和储存的有效载体。因此，它在自身的发展当中，逐步体现出很强的传承性和交际性。

所谓"传承性"，是指语言以自己的风格特色吸引或者促使人们在生活生产中自觉不自觉地通过语言这个工具直接或者间接影响着相关的人群，或者波及其他更广泛的区域，达到传承的效果。另外，语言在人类社会发展当中，不仅在人与人之间、古代人与现代人之间、中国人与外国人之间储存了文明的精华信息，承担了文明发展的桥梁，同时，也由于语言本身的强大交际性功能，更显示出独特的交际功能，在丰富的交际中应对各种变化，产生更加有表达力的语言，产生更多的基于生活生产的实际意义。

五、语言的用途

语言的功能主要分为社会功能和思维功能两方面，其中社会功能包括信息传递功能和人际互动功能。语言是思维工具和交际工具，它同思维有密切的联系，是思维的载体、物质外壳以及表现形式。语言是符号系统，是以语音为物质外壳、以语义为意义内容的音义结合的词汇建筑材料和语法组织规律的体系。语言是一种社会现象，是人类最重要的交际工具，是进行思维和传递信息的工具，是人类保存认识成果的载体，具有稳固性和民族性。

语言是人类的创造，只有人类有真正的语言。许多动物也能够发出声音来表示自己的感情或者在群体中传递信息，但是那都只是一些固定的程式，不能随机变化。只有人类才会把无意义的语音按照各种方式组合起来，成为有意义的语素，再把为数众多的语素按照各种方式组合成话语，用无穷变化的形式来表示变化无穷的意义。

学习语言最终是为了满足交流的需要。由于交通工具与通信手段的飞速发展，不同民族、不同国家的人们接触和交往也更加频繁。进入20世纪90年代，网络的兴起更把全世界的人们联系到一起。可以说，人们的大规模大范围的流动和交往已经使跨文化交流成为这个时代的突出特征，研究文化融合对促进世界多元化的交流具有重要意义。但我们的教材相对陈旧，随着时代的变迁，许多新词汇新用法出现了，而我们很多地方还一直沿用几十年前的老教材，这明显不符合语言变化的规律。针对目前我国英语教学中提到的上述主要问题，我们应当从教学观念、教学内容与课程体系、教学方法、教学手段几个方面着手，运用现代化教学理念和设备，采用相应对策，全面提高外语教学的效率和质量，大幅度地提高学生的外语应用能力。为了实现培养目标，我们需要认识到外语教育也是文化融合的一环，把语言看作是与文化、社会密不可分的一个整体，把英语教学与文化融合紧密结合起来。教育的本质是传播，因为教育是一种以传播为目的的活动。教育的宗旨就是有目的、有计划地向学生传授知识，以达到教书育人的效果。网络教育传播是现代教育技术发展的战略之一，怎样在网络环境下利用现代教育技术进行英语教学是我们面临的新课题。如此，从文化融合的角度来认识英语语言教学为我们提供了一种新的思路。

语言是人类在长期的生产活动中积累起来的表达一定意义的符号体系，是语音、语法和词汇的总和。自从语言产生后，语言就成为交流的一个主要途径。但是讲不同语言的人在交流中常常会出现一些理解上的偏差，甚至是语言相同而生活环境不同的人因为社会阅历、教育程度、生长环境、年龄层次的不同而导致使用词汇的方式各不相同，因此对同一语言的理解也不尽相同。这是为什么呢？对于这个问题，早已有人进行研究，提出了很多观点，其中一个很有名并引起很多人争论的理论是"语言相对论"。"语言相对论"的主要观点是"语言的差异即世界的差异"。这里的"语言"，不仅指不同的语言，还指持同一语言的人对同一语言的不同理解；而这里的"世界"，指的是"世界观"。

语言相对论是"萨丕尔—沃尔夫假说"的一部分。沃尔夫（Benjamin Lee Whorf）是美国的一位化学工程师，他从大学毕业后一直在一家保险公司做消防技术工作，负责调查火灾原因。他在工作中发现，失火的原因不仅有客观的环境因素，还有与语言理解有关的主观因素。比如说，在标有 gasoline drums（汽油罐）的仓库附近，人们会保持高度的防火意识，而在标着 empty gasoline drums（空汽油罐）的仓库附近，人们却放松警惕，随便抽烟，乱扔烟头。而这两者的危险性比起来，却是空罐比装满的更危险，因为空罐里充满了易爆气体。但人们对"空"这一个语言标志却没有任何危险的印象。许多类似的事例使沃尔夫感到语言对于人和行为起着影响和支配的作用。那么，讲不同语言的人是否会因为语言的不同而有不同的思维方式呢？沃尔夫对此产生了浓厚的兴趣，他在他的老师——耶鲁大学的人类学家萨丕尔（Sapir）——的指导和支持下，对印第安的多种语言进行了研究。在研究中，沃尔夫发现，许多印第安语言与英语在结构上有着根本的区别，这些区别正对应着他们看世界的不同方式。例如，英语的句子结构分为主语和谓语动词部分，也就是说有主体（subject）和动作（action），而一些印第安语，如霍皮语（Hopi），是不区分主语和谓语的，动词可脱离主语单独存在。例如，说"A light flashed"（一个亮光闪了一下），"亮光"是主体，"闪"是动作，二者的区分明显。而霍皮语中则用一个简单的动词 erhpi 来表达，这个词的意思即"闪光"，主体与动词完全交融。也就是说，英语突出的是动作，而霍皮语强调的是事态。从研究中沃尔夫得出结论，主谓句型实际是一种二分的世界观，通过层层的分析和剥离，将事物化成越来越小的单位；而主谓一体的句型是一种整体的、综合的世界观。这种世界观的差异并非是从自然中客观抽象出来的，而是不同的语言预先规定好的。讲某一种语言的人就不得不按照这种语言的逻辑去思维。语言不同，所看到的世界也不同。也就是说沃尔夫的语言观点即语言制约思维，语言不同思维也不同。但沃尔夫的语言观点受到了挑战，有人提出这样一个逻辑悖论：如果沃尔夫的理论是对的，那么讲不同语言的人因为思维不同则无法相互理解；而如果不同语言的人不能相互理解，讲英语的沃尔夫又怎么能够知道印第安语的意思从而研究印第安语言呢？他又如何通过英语让人们理解印第安语呢？由此可知，认识上的差异是形式上的，而不是思维的本质。而人类思维具有一定的共性，因此讲不同语言的人在一定程度上能够相互理解和沟通。根据思维具有共性这一结论，我们可以得知，作为思维表现之一的语言，在某种程度上是可以互相学习的。也正因为如此，文化融合得以在全世界进行，跨文化的语言教学才能获得成功。

第二节　文　化

一、文化的定义

"文化"一词可谓包罗万象，不但含义广泛，其外在表现形式也变化多端。作为一个学术术语，对它的界定，曾有众多的思想家和学者进行过研究和探讨，包括伏尔泰、洪堡、康德、弗洛伊德、阿多诺、鲁曼等。源于不同的学术背景和不同的观照点，各家众说纷纭，在一些细节方面难以达成一致，各自观点也不一样。"文化"这一概念，正是因为被频繁地使用，人们很多时候也就没有去思考它的含义。而在学术界，当我们谈到文化时，就有必要首先比较精确地阐明其意义，界定其范围。

英国学者泰勒（E. B. Taylor）对文化所做的定义可能是被引用得最多的一个。泰勒指出，文化是一个"复杂的整体，包括知识、信仰、艺术、道德、习俗，以及其他作为社会成员的人们能够获得的一切能力和习惯"。美国的文化人类学家威斯勒（Wissler）所给的定义是，"在历史以及社会科学中，把所有人们的种种生活方式称作文化"。克拉克洪（Kluckhohn）对文化的定义是，"所有历史上产生的生活模式，包括清晰的、非清晰的、合理的、不合理的、非理性的，这种模式存在于任何时间，是人们可能的行为指南"。在林顿（Linton）看来，文化是"一个特定社会共享和传承的知识、态度和行为模式的总和"。本书的旨趣是讨论当不同文化群体相遇时，因为知识体系、生活经验、宗教信仰、审美原则和价值观不同，而引发的一些交际问题。因此，笔者比较认同泰勒所做的文化定义，即把文化视为一个共同群体共享的知识、信仰、艺术、道德、习俗所组成的一个复合体。这种定义符合"每个民族都有自己独特的文化"这种通用的说法，自然也和"亚文化""通俗文化"以及"高雅文化"等术语不相矛盾。

据专家考证，"文化"是中国语言系统中古已有之的词汇。"文"的本义，指各色交错的纹理。《易·系辞下》载："物相杂，故曰文。"《礼记·乐记》称："五色成文而不乱。"《说文解字》称："文，错画也，象交叉。"均指此义。在此基础上，"文"又有若干引申义。其一，为包括语言文字内的各种象征符号，进而具体化为文物典籍、礼乐制度。《尚书·序》所载伏羲画八卦，造书契，"由是文籍生焉"；《论语·子罕》所载孔子说"文王既没，文不在兹乎"，是其实例。其二，由伦理之说导出彩画、装饰、人为修养之义，与"质""实"对称，所以《尚书·舜典》疏曰"经纬天地曰文"，《论语·雍也》称"质胜文则野，文胜质则史，文质彬彬，然后君子"。其三，在前两层意义之上，更导出美、善、德行之义，这便是《礼记·乐记》所谓"礼减而进，以进为文"，郑玄注"文犹美也，善也"，《尚书·大禹谟》所谓"文命敷于四海，祗承于帝"。

"化"，本义为改易、生成、造化，如《庄子·逍遥游》："化而为鸟，其名曰鹏。"

《易·系辞下》："男女构精，万物化生。"《黄帝内经·素问》："化不可代，时不可违。"《礼记·中庸》："可以赞天地之化育。"，等等。归纳以上诸说，"化"指事物形态或性质的改变，同时"化"又引申为教行迁善之义。"文"与"化"并联使用，较早见之于战国末年儒生编辑的《易·贲卦·象传》："刚柔交错，天文也。文明以止，人文也。观乎天文，以察时变；观乎人文，以化成天下。"这段话里的"文"，即从纹理之义演化而来。日月往来交错文饰于天，即"天文"，亦即天道自然规律。同样，"人文"，指人伦社会规律，即社会生活中人与人之间纵横交织的关系，如君臣、父子、夫妇、兄弟、朋友，构成复杂网络，具有纹理表象。这段话说，治国者须观察天文，以明了时序之变化，又须观察人文，使天下之人均能遵从文明礼仪，行为止其所当止。在这里，"人文"与"化成天下"紧密联系，"以文教化"的思想已十分明确。

西汉以后，"文"与"化"方合成一个整词，如"圣人之治天下也，先文德而后武力。凡武之兴，为不服也。文化不改，然后加诛"（《说苑·指武》），"文化内辑，武功外悠"（《文选·补之诗》）。这里的"文化"，或与天造地设的自然对举，或与无教化的"质朴""野蛮"对举。因此，在汉语系统中，"文化"的本义就是"以文教化"，它表示对人的性情的陶冶、品德的教养，本属精神领域之范畴。随着时间的流变和空间的差异，现在"文化"已成为一个内涵丰富、外延宽广的多维概念，所使用的范围也很广，成为众多学科探究、阐发、争鸣的对象，给它下一个严格和精确的定义是一件非常困难的事情。不少哲学家、社会学家、人类学家、历史学家和语言学家一直努力，试图从各自学科的角度来界定文化的概念。然而，迄今为止仍没有获得一个公认的、令人满意的定义。"文化"的定义很多，据克罗门（Kroeber）和克勒克洪（Kluckhohn）在 1963 年出版的《文化——关于概念和定义的评论》一书中的统计，目前有关"文化"的各种不同的定义至少就有一百多种。可见人们对于"文化"一词的理解存在着差异。例如，英语中的"文化"（culture）一词就是难以解释的，它在欧洲几种语言中经历了比较复杂的演变，属于英语中最复杂的词之一。涵盖面最广、最精确的定义应该数人类学家泰勒在 1871 年出版的著作《原始文化》中所提出的："所谓文化和文明乃是包括知识、信仰、艺术、道德、法律、习俗以及包括作为社会成员的个人而获得的其他任何能力、习惯在内的一种综合体。"对这个定义，胡文仲做了更进一步的解释：文化是人们通过长时间的努力所创造出来的，是社会的遗产。文化既包括信念、价值观念、习俗、知识等，也包括实物和器具；文化是人们行动的指南，为人们提供解决问题的答案；文化并非生而知之，而是后天所学会的。价值观念是文化的核心，可以根据不同的价值观念区分不同的文化。它的文化具有鲜明的民族性、独特性，是民族差异的标志。各个民族由于地域、生态环境、社会政治经济制度、历史背景、风俗习惯、价值观念、行为模式等的不同，其文化也具有各自的特点。

笼统地说，文化是一种社会现象，是人们长期创造形成的产物。同时又是一种历史现象，是社会历史的积淀物。确切地说，文化是指一个国家或民族的历史、地理、风土人情、传统习俗、生活方式、文学艺术、行为规范、思维方式、价值观念等。这些定义有的宽泛有的狭窄，但大体上趋向两种，一种指人类物质和精神财富的总和，另一种又特指文学、艺术、科学等。人们一般都将"文化"的概念分为广义和狭义两类。

（一）广义的"文化"

广义的"文化"指的是人类在社会历史发展过程中所创造的物质和精神财富的总和，特指社会意识形态。它包括物质文化、制度文化和心理文化三方面。物质文化是指人类创造的种种物质文明，是可见的显性文化，如生产工具、交通工具、服饰、日用器具等。制度文化和心理文化属于不可见的隐形文化。前者指的是种种制度和理论体系；后者则是指思维方式、宗教信仰、审美情趣、价值观念等。在阶级社会中，文化是阶级斗争的武器。一定文化（当作观念形态的文化）是一定社会的政治和经济的反映，又给予伟大影响和作用于一定社会的政治和经济，从洪秀全的金田起义、康梁的维新变法、何子渊的教育革新，再到孙中山的民主革命无一不是推动社会向前发展的动力。广义的文化，着眼于人类与一般动物、人类社会与自然界的本质区别，着眼于人类卓立于自然的独特的生存方式，其涵盖面非常广泛，所以又被称为大文化。

文化是一种生命现象。文化本不属人类所独有，我们更应该以更开放和更宽容的态度解读文化。文化是生命衍生的具有人文意味或生命意味的现象，是与生俱来的。许多生命的言语或行为都有着先天的文化属性，我们也许以示高贵而从来只愿称其为本能。

（二）狭义的"文化"

狭义的文化，排除人类社会历史生活中关于物质创造活动及其结果的部分，专注于精神创造活动及其结果，指的是人们的社会风俗习惯、生活方式、相互关系等，主要是心态文化，又称小文化。

1871 年，英国文化学家泰勒在《原始文化》一书中提出了狭义文化的早期经典学说，即文化是包括知识、信仰、艺术、道德、法律、习俗和任何人作为一名社会成员而获得的能力和习惯在内的复杂整体。理论上说人的一切发展变化都是文化。

文化是历史的，是人类历史发展到一定时期后的产物，是为人类所独有的，是随着人的形成而发生的。历史中有了人的形成后的历史就是文化，文化的人也是历史的人。从事生产劳动是人成为人的标志，文化开始于人们从事生产劳动的时期，人在未成为人之前的历史是人的历史而不是文化的历史。民族是文化的标志，每一个民族都是一个独特的文化符号。这种独特的文化符号通过民族语言和民族文字来呈现。历史的人的一切，最终都通过人所使用的语言和文字表达出来。语言产生于交流，交流得自生活的需要，生活的需要就包含了人已经进行的、正在进行的和将来进行的。文字来自劳动，劳动是因为生存的需要，文字本身也就把人的一切问题都反映出来了。

就外语教育而言，对文化概念和范畴的界定需要紧紧围绕目的语的特点，以及影响目的语的学习、理解、交际的种种语言和非语言的文化要素来进行。这就是说，外语教育中研究的文化，相对而言是一种狭义文化。

二、文化定义的发展及特征

因为文化和人类社会生活之间的紧密关系，随着社会的演化发展，"文化"的含义也经历了几个发展阶段。在早期的农耕社会中，人们的生活围绕种、渔、猎展开，那时并没有太多时间关注这些活动之外的事情，文化这一概念很少被提及，"在中世纪，人们还不知道文化这一概念"。大约在17世纪以后，人们将文化概念与"自然"的概念对立起来，前者是人们通过其意愿和能力所创造的，而后者则是天然所赋予人的。当人们对自然的掌控多了，不再为生计筹谋时，便逐渐关注自身，转移到对生活质量的关注上来，正所谓"有余力，则学文"。所以文化概念的发展，大致也反映了人类的进步，以及对自然依赖程度的减少。

18世纪以来，文化这一概念主要是指"文化产品"，并强调其价值。美国的人类学家布里斯林（R. W. Brislin）认为，"文化可以理解为具有共同的信念和经验、具有与这些经验相联系的共同的价值观的、对某一共同的历史感兴趣的能让人辨认出的群体"。布里斯林梳理了文化的共同点，并以此来对群体、族群做文化上的区分，根据这一解释，世界上的每一个民族都代表了自己独特的文化。

随着人类社会的进化，一部分人掌握了大量的社会财富，社会阶层的分化越发剧烈，占主导地位的阶层掌控着社会意识形态，因此他们的文化成了精英文化、高雅文化；而处于社会底层的老百姓的文化则被视为低俗文化。这种文化的二分法的背后隐藏了文化和权力之间的亲密关系，是文化霸权的一种体现。从早期的资本主义社会到鼎盛资本主义时期，从现代到后现代，人们进入信息、网络时代，社会中产阶级大量兴起，他们消费着大量的文化产品，他们的文化产品也迅速流行，这些文化被冠以"通俗文化""流行文化""大众文化""草根文化"等。这些文化的分类体现了中产阶级对主流社会和主流阶层的抵制，是大众对消弭文化界限的一种愿望，是对文化狂欢的一种渴求，具有强烈的时代性。以上这些分类大致是遵循文化的内容、形式、主体和客体来进行划分的。诚然，在这个流通性极强以及充满解构欲望的时代，这些分类的界限不是一成不变的，有些还有交叉重叠的部分。

刘宓庆教授在《文化翻译论纲》中总结了文化的四个特征，即民族性、传承性、流变性和兼容性。所谓民族性，即每个民族都生成了自己独有的文化，如汉民族有汉文化，美利坚民族有美国文化，英格兰民族有英国文化，德意志民族有德国文化。不同民族文化体系有自己独特的构成，有着独特的文化核心价值，如，它们对时间的理解把握各不一样。但是不同民族的文化又存在着共同点，也正是因为有了这些共同点，交际才有可能和可行。

文化所包含的价值观、人生观、习俗等是一个民族在历史的长河中积淀而来的，它们经历了漫长的孕育期，气候、山川、河流左右它们的形成，而一旦形成固化，它们就会在一个民族中接力前进，尽管会经历一些曲折，但它们世代相传的性质不会改变。文化的发展也遵循事物发展的普遍规律，在它的发展过程中自然也要经历变化。这种变化可能有时来自文化内部。文化发展会抛弃自己内部一些不合理的因素，比如中国的"缠足"是特定时期的文化产物，它是文化的一部分，但是对广大妇女的身体是一种摧残，也逆反了生物发展的规律，滋生了一种畸形的审美观。因此，在时代的发展中，它终将被淘汰。文化的流变也可能来自外部因素。佛教文化传入中原对中国本土的道教就产生了重大的影响，五四新文化运动的干将大力引进西方文化文明，重创了自清王朝沿袭而来的腐朽文化，推进了中国文化的现代化进程；而今在全球化进程中，西方文化也对全世界的文化产生了巨大的影响，要保持独特不变的民族文化似乎已经不现实。但有一点要指出的是，文化的流变只是发生在文化的外层，而文化的一些核心价值观是难以发生变化的，除非是出现了对文化的毁灭性打击。

文化是动态的，各种文化之间交往频繁发生之后，必然导致文化之间的互相作用和互相影响，各种文化之间互相渗透和兼容，在保持差异的同时也在寻找一个可以沟通、理解、交流的契合点。文化间的这种特性决定了民族文化也是全球文化，而全球文化也体现为林林总总文化的拼贴和交融，因此，全球文化也是民族的。

语言是社会成员约定俗成的交往工具，掌握外语包括掌握语言和文化两方面。由于各民族的发展有着自身的特点，因而产生了根深蒂固的具有民族特色的文化。外语教学的最终目的是使学习者掌握目的语，并用之进行交流。成功的交流除了依靠良好的语言结构、知识外，还依靠有关的文化知识，也就是说，学习外语的同时必须学习与目的语有关的文化。随着交际理论的研究及其在英语教学中的应用，越来越多的教师认识到文化在语言学习中的重要作用。

（一）文化的本质

文化的本质属性就是群体历史习惯性、非强制性的影响力。对一种文化要从思想、行为、表象三个层面切入，抓住真、善、美三个主题内容，使用选择排序、表现方式、区别特征三个关键来进行认识。它的本质指意识形态所创造的精神财富，包括宗教、信仰、风俗习惯、道德情操、学术思想、文学艺术、科学技术、各种制度等。

（二）文化的分类

由于文化具有多样性和复杂性的特征，因而对文化的结构解剖也多种多样。有两分说，即分为物质文化和精神文化；有三层次说，即分为物质、制度、精神三层次；有四层次说，即分为物质、制度、风俗习惯、思想与价值；有六大子系统说，即物质、社会关系、精神、艺术、语言符号、风俗习惯。如斯坦恩（H.H. Stern）就根据文化的结构和范畴把文化分为广义和狭义两种概念。"广义的文化"即大写的文化，"狭义的文化"即小写的文化。广义地说，文化指的是人类在社会历史发展过程中所创造的物质和精神财富的总和。它包括物质文化、制度文化和心理文化三个方面。物质文化是指人类创造的种种物质文明，包括交通工具、服饰、日常用品等，是一种可见的显性文化。制度文化和心理文化分别指生活制度、家庭制度、社会制度以及思维方式、宗教信仰、审美情趣，它们属于不可见的隐性文化，包括文学、哲学、政治等方面的内容。狭义的文化是指人们普遍的社会习惯，如衣食住行、风俗习惯、生活方式、行为规范等。

哈默利（Hammerly）则把文化分为信息文化、行为文化和成就文化。"信息文化"指一般受教育本族语者所掌握的关于社会、地理、历史等方面的知识；"行为文化"指人的生活方式、实际行为、态度、价值等，它是成功交际最重要的因素；"成就文化"是指艺术和文学成就，它是传统的文化概念。

除此之外，有的学者认为文化有两种，一种是"生产文化"，一种是"精神文化"。科技文化是生产文化，生活思想文化是精神文化。任何文化都为生活所用，没有不为生活所用的文化。任何一种文化都包含了一种生活生存的理论和方式、理念和认识。有些人类学家将文化分为三个层次："高级文化"（High culture），包括哲学、文学、艺术、宗教等；"大众文化"（Popular culture），指习俗、仪式以及衣食住行、人际关系各方面的生活方式；"深层文化"（Deep culture），主要指价值观的美丑定义、时间取向、生活节奏、解决问题的方式以及与性别、阶层、职业、亲属关系相关的个人角色。高级文化和大众文化均根植于深层文化，而深层文化的某一概念又以一种习俗或生活方式反映在大众文化中，以一种艺术形式或文学主题反映在高级文化中。还有人认为，文化的内部结构包括下列几个层次：物态文化层、制度文化层、行为文化层、心态文化层。"物态文化层"由物化的知识力量构成，是人类的物质生产活动方式和产品的总和，是可触知的、具有物质实体的文化事物；"制度文化层"是人类在社会实践中组建的各种社会行为规范，包括社会经济制度、婚姻制度、家族制度、政治法律制度等；"行为文化层"是人际交往中约定俗成的以礼俗、民俗、风俗等形态表现出来的行为模式，见之于日常起居动作之中，具有鲜明的民族、地域特色；"心态文化层"是在人类社会实践和社会意识活动中经过长期孕育而形成的价值观念、审美情趣、思维方式等主观因素，相当于通常所说的精神文化、社会意识等概念，是文化的核心部分。心态文化层还可细分为社会心理和社会意识形态两个层次。

因为文化具有的多样性和复杂性，因而很难给出一个准确的、清晰的分类标准。因此，这些对文化的划分，还都只是从某一个角度来分析的，是一种尝试。

三、文化的作用

人类由于共同生活的需要才创造出文化，文化在它所涵盖的范围内和不同的层面发挥着不同的功能和作用。

（一）整合

文化的整合功能是指它对于协调群体成员的行动所发挥的作用。社会群体中不同的成员都是独特的行动者，他们基于自己的需要、根据对情景的判断和理解采取行动。文化是他们之间沟通的中介，如果他们能够共享文化，那么他们就能够有效地沟通，消除隔阂、促成合作。

（二）导向

文化的导向功能是指文化可以为人们的行动提供方向和可供选择的方式。通过共享文化，行动者可以知道自己的何种行为在对方看来是适宜的、是可以引起积极回应的，并倾向于选择有效的行动，这就是文化对行为的导向作用。

（三）维持秩序

文化是人们以往共同生活经验的积累，是人们通过比较和选择认为是合理并普遍接受的东西。某种文化的形成和确立，就意味着某种价值观和行为规范的被认可和被遵从，这也意味着某种秩序的形成。而且只要这种文化在起作用，那么由这种文化所确立的社会秩序就会被维持下去，这就是文化维持社会秩序的功能。

（四）传续

从世代的角度看，如果文化能向新的世代流传，即下一代也认同、共享上一代的文化，那么，文化就有了传续功能。每一个语言符号和非语言的外延意义和内延意义因文化的不同而不同，因此不同文化背景的人，在交流的过程中会对相同的信息有不同的理解。可以这么说，文化障碍是跨文化交流中的最大障碍。所以，文化的传播在英语教学中非常重要。因为它不仅直接影响学生的语言交际能力，而且有利于促进学生的文化素质、思想素质和心理素质的提高。因而英语教师一定要有文化意识，在英语教学中不能只单纯注意语言教学，应当结合所授内容，有目的地对学生进行文化传播，让学生学习语言的同时学习文化，枯燥的语言教学也能因此而变得生动有趣。这不仅能帮助学生提高文化修养，了解外部世界，而且能有效提高学生学习外语知识的积极性，变被动学习为主动汲取知识，并能在实际中正确地运用语言。

第三节　语言与文化融合

语言及其文字是文化融合的重要手段，而文化是融合的实质。我国英语教学长期以来受应试教育的影响，所以教师们往往重视语言知识的教学，比较忽视与之相关的文化教学。结果，学生在做语法练习时得心应手而在交际情景中却束手无策，典型的高分低能。而事实上，语言与文化是不可分割的。语言与文化有着十分密切的关系。语言是文化十分重要的组成部分，语言是文化的载体和媒介，是文化的表现形式，同时语言也受到文化的影响和制约，二者是密不可分的。语言是人类在进化过程中创造出来的，属文化的一部分，它同文化一样，都需要人们在后天习得，都属于人类的共同财富。早在20世纪20年代，美国语言学家萨丕尔在他的《语言》一书中就指出："语言的背后是有东西的，而且语言不能离开文化而存在。"语言学家帕尔默（Palmer）也曾在《现代语言学导论》一书中提到"语言的历史和文化的历史是相辅而行的，它们可以互相协助和启发"。语言与文化的关系大致可以从以下四方面来看。

一、语言是文化的一个十分重要的组成部分

语言是文化的一个十分重要的组成部分。之所以这样说，是因为语言具有文化的特点。首先，从文化的内涵来看，它包括人类的物质财富和精神财富两个方面。而语言正是人类在其进化的过程中创造出来的精神财富，属于文化的一部分，二者都是为人类社会所特有。其次，正像文化一样，语言也不是生物性的遗传，而是人们后天习得的。人类先天就具备学习语言的机制，动物却没有。最后，文化是全民族共有的财富，语言也是如此，它为全

社会所共有。古德诺夫（H. Goodnough）在他的《文化人类学与语言学》一书中也明确指出语言与文化的这种关系，他说："一个社会的语言是该社会文化的一个方面。语言和文化是部分和整体的关系。"

二、语言记录文化

语言是一面镜子，它反映着一个民族的文化，揭示了该民族文化的内容。作为一种社会现象，语言的作用不只是作为人类的交际工具而存在，人们在利用这一工具的同时，也把人类对生活现象、自然现象的认识凝固在语言中，即语言还具有记录文化的功能。透过一个民族的语言，人们可以了解到该民族的风俗习惯、生活方式、思维特点等文化特征。比如说对亲属的称谓，英语和汉语就存在着较大的文化差异。英语中仅有"uncle"和"aunt"两个词，而汉语中有"伯""叔""舅"和"姑""姨"等，秩序井然，不得混淆。这也说明了中国人的宗教观念和文化特点。近几年，由于某些原因，大学生就业越来越难，甚至对某些大学生来说，毕业就意味着失业，因而越来越多的大学生选择了考研。以前，同学们在一起聊的都是"你毕业了，准备去哪工作啊？"，前些年是学生去挑选好的单位，而现在却是单位挑选优秀的毕业生，因而现在同学们经常会聊的是"你打算考研吗？"，类似的还有"你考公务员吗？"等。此外，还出现了一些新的词语，如"啃老族""博客"及"抄袭"等。这些例子无一不记录着当今的种种文化。

三、语言促进文化发展

人类发出的第一个有意义的声音可能是极其偶然的现象，当这种声音被一起活动的人所接受时，其他的人遇到类似的情况时，也会发出这种声音，于是，这种声音就成为人们某种认识的标记。随着这种标记的增多，人们的眼界便会越来越开阔，相互之间的交际便越来越自如。这种认知事物的标记就是语言。

由于有了语言，人们在表达某种思想时才可以少走很多弯路，节省了很多时间。这样语言就慢慢带来了文化千丝万缕的变化。

四、语言和文化相互影响、相互制约

语言和文化之间的这种双向关系可以从语言与思维的关系、语言作为文化的传播工具这两个方面来加以认识。语言是思维的工具，是文化的传播工具，而文化的构成又离不开思维（精神文化是思维的直接产物，物质文化是思维的间接产物），文化的发展也会促进语言的发展。作为思维的工具，语言在一定程度上影响和制约着思维的方式、范围和深度。然而，当思维发展到一定的程度，语言形式不能满足其需要或阻碍其发展时，人们也会自觉或不自觉地改造思维工具，促使语言发生改变。文化的生命力在于文化融合。语言作为文化传播的工具，自然对文化融合有着极大的制约作用，是文化得以生存的力量。在这个意义上来说，思维又影响和制约着语言。此外，由于文化的融合，尤其是异族文化的融合，语言中又会出现一些新的词语、新的表达方式。也就是说，文化影响和制约着语言。文化与语言的关系在具有不同文化背景的人们的交流活动中表现得最为明显。学会别种语言却不一定能与该民族进行正确的交流，因为语言是在文化之上的，对文化不了解，也会导致交流的失败。语言有丰富的文化内涵。就语言要素和文化的关系来说，语音和文化的关系最不密切，其次是语法，而关系最密切的是词汇，尤其那些有特定意义范畴的词汇。这类词汇本身载有明确的民族文化信息，并且隐含深层的民族文化的含义，这种深层的意义我们称之为内涵意义。词汇的内涵意义可以因人而异，也可以因不同的社会、国家或时代而异。也就是说，内涵意义往往是不稳定的，旧的有可能消失，新的则可能诞生。在这种词汇的使用过程中，需要注意的是它的褒贬之分。比如说"孔雀"（peacock），这种动物在我国文化中是吉祥的象征，孔雀开屏是值得庆贺的事，而英语中的peacock的内涵意义是贬义，意思是骄傲、炫耀、扬扬自得。所以我们就不能赞扬一个英语国家的人说她打扮得像只漂亮的孔雀。

"龙"（dragon）在中国文化中是一种神圣的、能呼风唤雨的图腾形象。封建时代，"龙"用来指皇帝，象征着至高无上的统治地位。而在英语中，dragon是一只巨大的、长着翅膀、身上有鳞片和蛇尾、能够喷火的怪物，意味着邪恶和恐怖，常用来指飞扬跋扈、令人讨厌的人。所以我们说"亚洲四小龙"时，不是翻译为"Four Dragons"，而是翻译为"Four Tigers"。语言的学习离不开文化，对语言的理解也离不开文化。因此，语言教学的实质是文化融合，学习英语也就是在进行文化融合。

从某种意义上说，英语教学的过程是一种英语语言文化的阐释过程。不了解一门语言所传载的文化就无法真正掌握该语言，所以语言教学应与文化学习紧密相连。通过对文化的了解来掌握语言，通过对语言的学习来了解文化。英语和汉语是两种完全不同的语言，中西方文化间存在着许多差异。只有清楚地了解两种文化的共性和个性，才能进行有效地语言交际。所以，为了使学生通过英语的学习更好地了解英语语言文化，更有效地进行语言交际，教师应该在加强语言基础性、重视能力培养的同时，加强文化知识的输入。另外，外语教学是双语教学，是在一种语言的语境中学习另一种语言，双语教学不同于母语教学，它必定要涉及目的语的民族文化问题、本族语的民族文化问题及跨文化比较问题，因此外语学习者在学习语言的同时，有必要了解相应的语言文化传统、风俗习惯、宗教信仰、生活风貌等。

语言及再现语言的文字，作为一种符号，是一定意义的携带者。语言出现以前，人类与动物一样，以身体语言（即非语言）和一些非常简单的单音节词来表情达意。语言的诞生使人类文化融合进入一个新的纪元。但作为融合方式的语言，在意义上具有模糊性和多义性。这些特性，使得它在以意义理解为主的传播中，常常会有偏差。在以相同语言为母语的人群当中，因为个人生活经历、社会经验、文化背景、思维方式以及价值观的不同，常常会对同一件事情有不同的表达方式，会对同一句话做出不同的理解，而且在不同语言的人群中，这种差异就更为经常和明显。因此，在英语教学中所研究的融合是文化融合。

第二章　全球化语境下的跨文化融合

随着全球化的发展，民族文化经历了现代性带来的种种焦虑，文化一体化的阴影对跨文化交际也产生了巨大的影响。进入 21 世纪，跨文化交际具备了一些新的特征，随着人文学科的"文化转向"，研究者更多地从单一语言向度的考量转化到对文化因子的重视。这种研究视角的转换和当下的现实有着密切的联系，同时也表达了共建平等互惠跨文化交际平台、实现人类和谐共处的良好愿望。如前所述，跨文化交际作为交际活动已经具有几千年的历史，但作为一门独立学科的历史却很短。当人类步入 20 世纪末期时，"现代性"思潮成为影响跨文化交际的一大要素。跨文化交际这个术语几乎和"全球化"这个世界各国的共同话题同时出现。当我们还陶醉在全球化带来的"福音"时，民族文化"被跨越"的忧虑已经纠结于每个民族国家的现代化进程中：经济发展的差距越来越大，语言越来越通用，而文化之间的冲突却愈演愈烈，一体化、大一统与民族文化之间的张力剑拔弩张。这些忧虑促使我们对全球化进行反思，反思主导全球化的指导思想、经济动力和文化交流。只有通过这些反思，才能更好地确立一种比较理想的跨文化交际模式。

第一节　对全球化的反思

一、全球化与经济掠夺

从最初原始部落间的交往到当代社会的交际活动，经济往来一直是跨文化交际的根本动因和主要形式，这种状况即便是在将来也不可能发生变化。为了深入认识当前的跨文化交际本质，有必要对其根本动因和形式，即全球化与经济之间的复杂关系，有正确的认识。

（一）市场经济及其参与者

随着 20 世纪末以来全球化的不断发展，人类主流话语已从"理性"转向"市场"，市场经济已成为当前人们关注的新焦点。世界各国都争相扫除障碍，向着世界经济一体化的方向前进。为了不被世界经济抛弃，为了赶上世界发展的步伐，并与之保持一致，留给那些追赶者的也就只有"一体化"和"被统一"。种种事实也表明他们的选择并不缺乏合理性和可行性。在全球市场、全球生产中心、全球金融体系、国际贸易体系、国际货币流通体系掌控世界经济，因特网网罗天下的时代，经济"一体化"显示了其势不可挡的力量。所有这些现象都让许多人确信"一体化"的幸福时代正在到来，世界许多发达国家对全球化都达成了共识，意识到一个包括文化在内的全面一体化世界带来的好处，并都期盼它早日实现。整个世界都狂热地推动全球化的进程似乎成了现代社会最显著的趋势。当我们对全球化的狂热进行冷静审视时，我们不禁要叩问：经济全球化究竟是经济发展的自然规律，还是某些人有意识、有计划地追求一个"既定目标（全球化）"？答案是后者。顺着这个问题，我们不禁要问是谁制定了这个目标？这个目标能代表全世界人民的真正追求和幸福吗？当这个"既定目标"得以实现时，谁将从中获得最大的利益？所有问题的答案都指向美国这个世界的领头羊。不难预见，当经济全球化或经济一体化得以实现时，它所依赖的国际金融体系运作将不是依照世界各国的利益要求，而是服务于少数几个经济超级大国。由于所有弱小国家和发展中国家都非常缺乏资金，这种新的金融体系就将迫使这些国家为了经济繁荣而牺牲它们的经济自主性，进而波及他们的文化自主性。因此，全球化并不是给所有民族带来同等经济繁荣的人类社会发展阶段。其实质是将所有国家引向美国式市场经济的一个有计划的步骤。它是保证少数国家获得大部分利益而大多数国家仅分得剩余利益的体系。由此观之，把全球化看作一个少数人剥削多数人的过程实不为过，而这种剥削也同样波及文化，文化或被统一、或被殖民、或被边缘、或被消弭，这种忧虑在许多不公平的文化交往事实面前不再是杞人忧天。

（二）经济繁荣与文化入侵

经济是文化的基础，这是永恒的原则。源于经济交流的跨文化交际也直接受到经济交流活动的影响。而作为全球化的"核武器"——市场经济实际上是一个使少数人能够剥削多数人"合法化"的体系，它对文化发展、文化交往自然有着重大的影响。

全球化的程度越高，经济弱小的国家受到的剥削就越严重。因而全球化存在的时间越长，受剥削国家对强国的依附程度就越深。客观上，弱国的经济确实更加繁荣了，但强弱的差距也因此扩大，被剥削的国家将越来越依赖强国提供的援助。在民族经济逐渐失去独立性的同时，文化也将面临输入性的换血。对于强势文化生活模式和思维方式的大举入侵，我们将只能无奈地看到我们的信仰和意识形态被同化。比如在中国，乃至许多发展中国家，如果不纠正外语教学中现行的跨文化交际模式，那么我们教育出来的学生将越来越西化。随着全球化的迅速发展，我们的学生将走入一个传统语境失范的时代，他们将既不能走回固有的文化模式，对于新的西方文化模式，他们也不能完全融入。中国的外语教学是我们的前沿阵地，它在抵制文化入侵中有着重要的并且是持续的作用，是我们避免在文化上被全球化、殖民化或美国化的重要途径之一。

二、全球化的政治陷阱

在国际政治方面，以经济剥削为驱动力的全球化也导致了政治不平等。这种不平等使经济强国拥有更多的特权，进一步削弱了弱国的国际地位。为了在国际政治舞台上拥有发言权，弱国常被迫牺牲本国的文化身份来获得表明自己立场和看法的机会。

（一）全球化与政治不平等

就经济方面而言，全球化是对大多数人的剥削。这种剥削得以存在是因为：有全球化必有市场经济，而市场经济在本质上是资本的竞争。在这样一种经济体系下，一个人拥有资本的多寡以及他处理资本的方式将决定他势力的大小。在这样一个由少数富国和强国占据统治地位的世界，不可能存在真正的平等、公正和民主。市场经济确实是符合人类对自由的不懈追求的一种经济体系，自由竞争也的确是能够完全激发人类的创造力并因此带来效率最大化的一种机制。然而，绝对自由是否就能带来平等？自由是否一定会带来社会民主？自由竞争就能保证每个人获得他应当获得的最大效率吗？或者退一步来说，自由竞争就能保证每个人的利益吗？在这个狂热追求全球化的单极世界里，人们要寻求这些问题的答案并不容易。

市场经济通过三种途径推动全球化：非政府干涉、市场自由化和私有化，这实际上决定了全球经济战是一场强国征服弱国的战争。因此，攫取利益的少数国家和为贫穷所困的大多数国家是全球化的现代社会永恒不变的注解。缺乏平等和公正是全球化的经济特征。全球化进程被视为是全球市场自由化的进程，然而这个过程使许多主权国家在经济手段的作用下变得无能。对于许多国家而言，它们无力对抗，只有被迫卷入这个进程。

（二）政治不平等与文化征服

经济全球化与政治之间的亲密关系，代表着世界经济主流的意识形态、语言文化依托经济在全球畅行似乎是题中应有之义。无论是政治决策的制定，抑或是人们的世界观，都会被国家的国际地位所左右。这种政治经济主导地位所赋予的意识形态认识必然会对跨文化交际产生影响。这是因为，政治不平等并不是一个孤立的抽象实体，它也反映在跨文化交际中。我们可以清楚地看到现在许多年轻人都对定居西方国家，特别是美国抱有极大的热情。客观地说，大量中国精英人士流入美国，除去经济和政治方面的因素之外，教育也是一个很重要的原因，特别是现今中国外语教学中的跨文化交际实践模式。在这种实践中，目的语（英语）文化成为学习者唯一要了解和学习的最强人的文化。如果不及时对这种教育实践模式进行反思和评估，而是放任其自由发展，那么我们自己民族文化的传承可能就要断裂，我们的文化将前途渺茫，最终沦为美国文化的附庸。

三、全球化消融文化多样性

全球化是一个富国剥削穷国的经济圈套，以及强者统治弱者的政治阴谋。那么在文化方面，它是否也是奉行文化"一体化"，是消融文化多样性的一种规则呢？

（一）民族文化与"一体化"

如前所言，文化只能在某个国家、某种形式的社会和某个社团中形成。换言之，文化有其与生俱来的民族性和本土性，是民族存在的精神基础。从以色列（犹太）和巴勒斯坦（伊斯兰）就耶路撒冷问题而发生的战争和冲突中，人们很容易就可以理解文化民族性的重要作用。有一些民族，大部分是那些政治上强大的民族，倾向于认为并热切希望，如他们所谋划的政治"一体化"那样，经济"一体化"也会带来文化"一体化"并最终形成一种世界文化。然而，他们似乎犯了简单和天真的类比错误，这就如同认为文化就像土豆，首先被北美印第安人发现，随后成为世界各国人民餐桌上最常见的食物一样，文化"一体化"也将如此。但是文化并不是土豆。文化只能用于交流而不能被移植。任何试图压制一种文化的经济、政治、科技甚至是军事力量都将徒劳地遭遇挫折和失败。

然而，每个国家，特别是那些相信自己是正确的和无所不能的国家，都无法心平气和地面对它们的"良好意愿"遭遇这样的结果。它们会竭尽全力去实现它们的美妙梦想，即实现包括文化在内的全面的全球化。以上的例子表明无论在什么情况下，面对其民族存在的根基被切断的命运，任何国家都不会漠然视之。因此，在某种程度上，推行全面全球化的观念与民族存在的不可动摇的观念的共存将使世界充满不和谐、冲突甚至是战争。从这个意义上，全球化是对世界和平的威胁，是与人类精神相违背的。究其文化意义，如果无视碰撞、冲突和战争，全球化则有可能成为一种暴力的文化同质化过程，是弱势文化被征服的过程，也自然将导致文化多样性的泯灭。

（二）新自由主义思潮与"一体化"

在全球化环境下，跨文化交际中所潜在的诸多负面后果，穷根究底，还是新自由主义意识形态支撑下的资本主义全球化所致。新自由主义者代表了积极的全球化认同者，他们认为全球化象征着人类历史的一个新时代。在全球化过程中，一切形式的关系在全球范围内交织，突破了民族国家的界线并逐渐削弱它的影响。新自由主义者认为：全球化特征是资本、人员、商品、金融、贸易与服务、知识与信息的跨国界流动日益加速。他们倡导开放、自由和全球化的市场，相信促进经济"最佳"发展可以提高人们的生活水平。著名的新自由主义者大前研一（Kenichi Ohmae）宣称，民族国家已成为受跨国公司和金融、商品以及劳动力全球化市场控制的全球化经济发展的障碍。在新自由主义者看来，国家的民主管理已经过时，一种新的管理模式将出现，在这种模式中，人们被视为经济消费者（而非完全的政治公民），可以通过自由选择制定和执行其决策。因此，在新自由主义意识形态支配的全球化环境下，跨文化交际的本质特征是不公平的，是以牺牲多数弱国的文化为代价，从而实现少数强国的文化霸权，为其自身利益服务。立足于弱势文化立场，力求搭建一个公平的文化交流平台，就需要有新的视角，为此笔者提出了跨文化化思想，这一思想的提出是以新马克思主义对新自由主义的批判为理论基础的。

第二节　跨文化融合带来的启示

在文化发展的进程中，对于东西方文化的接触和交流，人们总是津津乐道。西化论在早期是最有代表性的，西方文明的兴起对东方文明发起了挑战，东方文明被动地响应着，结果，在一个相对单向的西方化过程中，东方文明接受了西方文明。从梁启超所言的"新化"

到陈独秀所言的"欧化",再到胡适所言的"全盘西化"或"充分世界化",乃至20世纪80年代风行一时的"文化现代化"等,基本上认同和遵循了这样的西化模式。如今,人类正步入全球化时代,先进的信息技术和现代化交通工具正在冲破自然的时空界限,在全球范围内进行信息的自由传递、人员的自由流动和人际的自由交往,世界正在被不断压缩,无所不在的全球化力量正在彻底改变文化生产、传播、消费的模式和人类文化生活的结构,文化的混杂性、多元性、异质性、不连续性和不确定性空前复杂地浮现出来。这些新型媒介的广泛应用,使文化发展的流动性发挥得淋漓尽致。这种跨越民族、跨越疆域,甚至具有潜在的消解领土观念的流动性,在势不可挡的全球化语境中,已经成为最强有力的文化特质,于是,在不断拓展的公共空间中,文化的交流与融合成为每种文化都不得不面对的现实。

法国著名社会学家布迪厄(Pierre Bourdieu)指出,当一个人生存在一个文化交流居主导地位的系统中时,他拥有的"文化资本"越多就越富有。世界上大凡有生命力的管理思想,也都是基于文化之上的。文化的交流、融合与互动是不同文化之间的接触、冲突与融会,是不同文化之间的平等对话。文化不是一个个孤立存在的实体,必然会在一定时机和条件下,以双向多维的互动方式自我扩张和彼此接触,交流与融合的双方相互影响,在很多情况下很难分出谁是纯粹的主动传播者,谁是完全被动的接收者。在双向的接触过程中,不同的文化通过互动的解读与诠释,不断地冲突、融合并改变着,人们越来越感觉到,文化不是莱布尼兹式的"没有窗户的房子",有机、动态、流变才是文化的基本特性,文化发展从一开始就是人与人、人与自然的对话和互动,其移动与迁徙是双向多维的。

最具有创造性和最富有活力的文化,总会青睐不同文化的接触点、边缘地带或缓冲空间,因此,文化的交流、融合与互动成为文化发展不可小觑的动力。当全球化被不断认同为一个既定前提时,当文化交流形成一种借助经济全球化不断拓展的趋势时,全球化进程带来的就不会是单一的文化开放或消亡,而是文化的重新解构和融汇,文化的实体性也势必受到挑战。切实建构起跨文化的知识空间和文化发展思路,把文化的冲突与差异推到前台,是新形势下的迫切课题。在日益扩大的文化接触中,越来越多的交流发生在多种文化之间,传统文化观念所描绘的文化图景渐渐趋于模糊,一幅充满动感和活力的多维文化互动图景日见清晰。

一、多元文化交流的启示

在世界格局剧烈动荡、经济全球化势头正炽、世界文化处于多样性多极化演变的今天,从古代多元文化交流入手,对于文化如何与当前经济实现互动,以及文化的角色与历史使命进行探讨,更有其重要的现实意义。当今世界,各种文化间冲突不断,究其根源,是在文化的交流互动中寻找不到和平共处的支撑点。在我们今天这个世界,如何使各种文化相互促进,古代的文化交流不无借鉴作用。古人以其和平宽容的襟怀气度,海纳百川、梯航万国、贸迁四海,造就了泉州这个海上丝绸之路上的东方枢纽港,使中原文化、古越文化、海洋文化在这里经过长期的相生相长,不同信仰、不同民族的多元文化在此交流与共处,为中国和亚非乃至欧洲、拉美的许多国家与地区建立直接或间接的经济、政治和文化上的密切联系，发挥了积极而重要的作用，产生了持久而深远的影响，为人类文化的沟通和传播做出了重大贡献。

宋元时期万商云集，促成了中外经济贸易交流的繁盛局面，当时中外文化发展本身所具备的水平，及其相应的自由的社会环境，成为中外文化交流、融合与互动的有利条件。一方面，中国是世界四大文明古国之一，中华民族几千年的文明史积淀了深厚的历史文化和丰富多彩的物质文化与精神文化，足以满足海上丝绸之路对外文化传播的需要。另一方面，资本主义世界虽尚未形成，但中世纪主要的封建国家均已发展到高峰期，封建文化亦日臻成熟，尤其是封建宗教文化的发展达到了前所未有的程度。此外，生产力的相对落后使国际交往并不十分频繁，各国对于国际关系的明确概念尚未形成，相应的管理制度和约束机制还不完备。较之现代国际交往，那种人为或政治的阻隔现象也还不多见，只要自身的物质条件具备，各国之间都可能进行自由的国际交往。这就是海上丝绸之路之所以能够实现广泛的经贸活动和文化互动的既重要又独特的社会环境因素。

海上丝绸之路自古就是一条经贸之路、和平友谊之路和文明对话之路，泉州于是成为当时名闻世界的东方港，中国的士大夫通过泉州港接受了丰富的外来文化。古人通过深深扎根于心的慈善的"佛"的意念，来理解和吸收外来宗教文化，无论是基督教、印度教，还是伊斯兰教、摩尼教，都被"佛"化，由此显现出宽广的"普世价值"观，东西方文化的交融与发展也因此得到极大推动，城市里遗留下的大量史迹堪称中外文化交流融合的典范，中国同许多国家和地区建立起经济、政治、文化联系，促进了经济的共同繁荣与文化的和谐发展，形成了宋元时代的中外文化大交流大互动的局面。可见，海上丝绸之路是贸易之路，更是文化传递之路，是中外文化交融互动的纽带。一方面是中国文化以丝绸、瓷器和茶叶等物质文化为代表从这里远播四海，另一方面则是异域文化以宗教信仰等精神文化为代表在这里传播，显现出异彩纷呈的文化交融的发展态势。

海上丝绸之路的中外文化交流与互动，从表面上看是互相传播、渗透与融合，具有对等性和容纳性的形态。但实质上其交流与互动的内在表现却有两种不同倾向，即在海上丝绸之路的交往中，中国文化的对外传播是以丝绸、瓷器和茶叶为主的有形的实体文化和技术性的物质"硬文化"的基本倾向，而海外文化对中国的传播则是以宗教文化为主的无形的虚幻文化和精神"软文化"的基本倾向。这两种不同的交流倾向，完全是基于中外文化各异的历史背景和社会条件而形成的。海上丝绸之路上，中国对外贸易的物质内容就是文化交流的内容，其载体本身既是一种有价商品又是一种有形文化，中国外贸的物质性载体与其所表现的文化传播的载体特征，始终是中国在文化交流与沟通中的主要倾向。中国作为海上丝绸之路的主动方，虽然同样是以经济交往为主，追求经济利益，但客观上却出现了以文化交流为主的特殊态势，异域各国的文化——尤其是以宗教文化为代表的广泛的内在精神形态——所表现的"软文化"，在海上丝绸之路上交相辉映，蔚为壮观。显然，历史上的海上丝绸之路给中国带来的不仅仅是经济利益，更有丰富而深邃的文化发展内涵和启迪。

二、全球意识的文化启示

在 20 世纪 60 年代，马歇尔·麦克卢汉（Marshall McLuhan）在《传播探索》中介绍"地球村"思想的时候，人们还很少提及"全球意识"。直到八十年代中期，罗伯逊和勒谢尔发表的《现代化、全球化和世界体系理论中的文化问题》明确提出"全球化"一词，开始引起了人们的广泛注意。1992 年在纪念哥伦布发现新大陆 500 周年大会上，时任联合国秘书长加利宣称："一个真正的全球化时代已经到来。"这些话语表明了一个不可抗拒的历史趋势，全球化迈着铿锵的步伐向我们走来。毫无疑问，全球化是人类社会经济、政治和文化在全球范围的历史性转变，然而，全球化绝不意味着人类社会经济、政治和文化的抽象同一。

全球化时代的来临撩开了文化的面纱，作为全球化的有机构成，文化全球化兢兢业业地推动着全球化的进程。"文化"一词源自拉丁语 Colere，有耕耘、培育、居住等含义。可见，文化从一开始就是人与自然的对话，是人与自然的交流互动。《易·贲卦·象》称："观乎天文，以察时变；观乎人文，以化成天下。"人与人的交往与对话也是"文化"的内涵，全球化背景下的文化在时间上的流变和空间上的差异，逐渐遮蔽了文化的这种活生生的属性，世界上各个国家或地区的种种文化构成了一个相互冲撞、交流和互动的全球多维网络图景。在这个全球网络中，每一种文化不再囿于单一的地理位置上，而是悄然在这个网络中不规则、不均衡地运动着。文化在空间上是流动的，在时间上不仅仅是被继承的，更是被创造的，全球化正在创造着一种全新的文化发展语境，文化的交流、融合与互动正在成为全球化语境中的文化发展模式。首先，不同的文化"互为主观"，不同的文化超越各自传统和生活方式的基本价值的局限，作为平等的对话伙伴相互尊重，并在一种和谐友好的关系中消除误解，摈弃成见，共同探讨并寻求上佳途径，解决与人类和世界的未来息息相关的重大问题。其次，文化的全球性与多元性并非此消彼长，正是在文化的全球性与多元性的良性互动中，新的文化机制得以发生。此外，在新的时空观中，文化的相互沟通实现着文化对人类活动时空的占有，促进着文化的生成、拓展与传播。在全球化的大趋势中，对文化的传统模式进行有意义的更新，遵循新形势下文化交流融合的发展模式，才是文化发展顺应时代潮流的明智选择！

三、文化浪潮与流动思维期待积极的文化交融

（一）区域性文化交融

当四面八方的全球文化潮流一浪接一浪扑面而来，从中心到边缘，从边缘到更边缘，人们应接不暇。拿中国香港和内地多年的沟通交流来说，文化潮流与发展的动态性启示是显而易见的。作为区域性文化枢纽的角色，香港处于面向世界舞台，背靠中国内地庞大市场及制造基地的中西文化交汇点上，回归使人们可以通过更多种的渠道了解香港，越来越少的是神秘感，越来越多的则是取长补短，两地的文化发展愈走愈近。两地文化在文化产

业合作中的交流、融合与互动可以说是得近水楼台之利，广东历史文化资源极为丰厚，除了主流的岭南文化外，还有客家、潮汕、特区和少数民族文化等，而香港具有文化背景优势和先进的文化管理水平，粤港的语言相通也给香港投资者带来了竞争上的优势，两地文化的流动和融合正在走出一条崭新的创意文化发展之路。

（二）农村与城市间的文化交融

全球化背景下的文化开放和文化交流，使文化处于一种"流动"状态，各种文化在互动中追寻着相对平衡。在地域和空间的转换上看，文化从传统走向现代的过程是从农村走向城市的过程。作为先进科技和人文知识创造者和体现者的现代城市，汇集了知识、人才和科技，起着文化主导的作用，成为现代社会的基本文化形象和文化辐射、扩散的中心。近年在文化的商业化、通俗化、大众化趋势下，中国城市文化越来越显示出它的优势地位，并通过传媒、人口流动等途径对农村产生广泛而深刻的影响，对其传统文化形成冲击，由此加速了农村的文化转型。同时，随着当代中国农村的逐步开放，一种新的文化现象也随之出现，由于年轻人对新事物的接受力明显强于年长一代，加之农村人口的流动主体是年轻人，自外而内的文化接受与传播使他们具有了文化优势，逐渐成为代表农村文化的主体和对外文化交流的主角。由此形成了年轻对年长和农村对城市的文化反哺，在流行时尚方面便可见一斑：城市中一度风行的印花蓝布正是源于农村手工织就的土布；原本在城市服装中不再出现的立领便装"忽如一夜春风来"般穿在了电视节目主持人身上，于是在全国城市"千树万树梨花开"，改进后的所谓"唐装"更是风靡城乡乃至海外；乡村的野菜土菜也跃上了城市的"大雅之堂"；至于回归大自然的森林浴、海滨沙滩的日光浴、乡村旅游度假、农家乐、民俗旅游观光等，更是时下城市人追捧的潮流。可见，当今社会，处于优势地位的城市文化与处于弱势地位的农村文化形成了双向多维的互动，在城乡的文化流动中，在文化交流与发展的层面上，农村与城市之间取长补短，共同推进着文化事业长远而坚实的繁荣。

（三）国际文化交融

在文化潮流的激情澎湃中，中国与日俱增的发展潜力凝聚成前所未有的强劲势头，汉语热的旋风是这个以流动为主题的时代不可回避的文化事实。这代表着一种基本趋势：中国的和平崛起和世界多元文化潮流正在为全球所接纳。随着全球更多人士认识到提升汉学的重要性，一些国家设立专项财政拨款启动汉学项目，日本开设汉语课的高中数量增加到近 500 所；韩国的汉语考试已被正式列入外语高考科目；美国 3 000 多所大学中开设汉语课程的有近 800 所；法国开设中文课程的 100 多所大学有 13 所的外语系开设了汉语专业，有的还设立了硕士和博士点；南非最大的电视公司已开始面向全国播放汉语教学节目。据统计，全球学习汉语的外国人已超过 3 000 万。然而汉语国际化不能仅靠语言的功利性推广，关键还需要文化底蕴的支撑，否则语言流动的辐射力未必能像经济要素的流动那样深远。众所周知，日本经济总量两倍于中国，但学汉语者却远超过学日语者，而且汉语还是联合国六大工作语言之一，这背后的关键就在于文化底蕴。当然，指望老祖宗留下的文化底蕴来实现汉语国际化绝对是缺少国际竞争力的，文化力在深层次上是一种隐性的潜在力，是一种"软实力"。经济实力的竞争往往转化为文化上的一决雌雄，而文化力的出奇制胜常能拥有无法取代的优势，我们的文化"软实力"影响显然还远远不够。只有中国文化的"软实力"的影响格局在全球化文化大潮中得到根本改变，以汉语为代表的中国文化才真正能赢得充分的国际化地位，才能在文化潮流的汹涌澎湃中作为一面文化交流与互动的旗帜，使文化的发展具备强劲的生命力和创造力，带动社会经济与文化的整体协调发展，从而增强民族文化的生命力，推动文化的蓬勃发展。

（四）在流动中张扬文化力

文化流动中的事例不胜枚举，从星巴克到嘉年华、从英语潮到汉语热、从好莱坞到韩日剧、从情人节到中秋节……我们每天的生活几乎都在跟世界上的其他文化形态交融着，我们消费着他人的文化，同时也在某种既定的游戏规则中被别人消费着。

在这样的现象背后，我们不得不关注人的流动因素。人作为载体带着他们的生活和文化由此及彼地流动着，这其实正是文化差异互相见识和碰撞的重要过程。二十世纪人的流动大多受到通商与战争的影响，人们的观念与意识的流动大多被出版机构和知识分子的取舍和翻译所决定，而二十世纪末至今，数量激增的人的流动所带来的新的文化议题和文化生产的流动在动机、种类和形式等方面都发生着巨大的改变，人的流动在一定程度上促成了意识、信息、知识的流动。这跟科技与传媒的革命是息息相关的，信息革命影响着人们的沟通方式以及获得信息的广度和复杂度：IT 工程师捧着计算机在家里和咖啡厅上班，在网络上跟老板开会；被信息统领的社会里的年轻人可能正在位于黄土高坡的某个网吧中透过因特网得到许多民主自由的信息和知识。正如都市社会学家卡斯特所言：一个新的网络社会诞生了！这个新的以科技传媒革命为基础所带动的变迁是全新的，它也必然更新人们对所谓共享领域与公共文化发展的认知与实践。

对于处在全球化之风口浪尖上的文化交融与发展来说，城市和空间的流动也是不容忽视的重要因素。我们可以明显地感觉到周遭的生活空间在这些年里发生着巨大的改变：零零星星的小区杂货铺被连锁超市取代；昔日龌龊的街角被星巴克咖啡厅占领；人声鼎沸的传统市场被商品和管理都统一制式化了的超大型购物中心所取代；主题游乐园式的娱乐方式也渐渐取代着阳光下真实自然的场景。当裹挟着美国和韩日文化色彩的全球化如旋涡般向我们袭来，并不断重塑着我们的休闲文化生活的时候，有的人继续乘风破浪，有的人继续力挽狂澜，有的人仍旧载浮载沉……不管是主动还是被动，可以确定的是，人和文化都处在流动之中！据此，以流动的思维和眼光来弘扬我们的文化力，主宰我们的文化前景，将使我们的文化发展定位显现出更加成熟和睿智的灵光！

四、从文化与信息的传播看文化发展中的交流融合趋势

（一）在文化传播中明确文化发展思路

一个群体向另一个群体借取文化要素并把它们融合进自己的文化之中的过程就叫作传

播。各种文化的组织系统发展到一定程度，必然会发生扩张和相互接触，会有文化输入与输出的现象发生，文化传播是文化发展的动力，其途径往往是双向和互动的过程，在双向性交流与传播中，双方都在不断整理和变化着。由于文化的差异性，在交流与传播过程中引发文化冲突和对抗是客观存在的，但人们对文化冲突带来的后果和意义的观察与评价则囿于人们的民族文化情结而具有强烈的主观性。文化冲突带来的不良后果一定程度上只能用来证明不同类型文化差异和文化传播手段的不恰当，不能用来证明文化的不可融合，否则东西方文化的形成和拓展都将变得可疑。以往的文化冲突造成过巨大灾难，但同时也起着富有成效的积极作用。可预计的是，今后的文化交流仍将充满冲突，但无论如何迂回曲折，它一定会持续不断地走向光明的文化发展前景。

倡导中西文化融合是符合世界文化发展大趋势的，通过中西文化的积极会通、融合，促进中国文化自身的发展、更新与转型，创造出高度发达的文化形态是许多中国人的理想和奋斗目标。正因为如此，我们更要强调文化交流、融合与互动的重要现实意义。探讨中西文化的交流、融合与互动，必须具有广阔的文化视野和多维的研究角度。如果受到自身文化背景的局限或囿于民族主义的情结，那就很难完整、客观地考察中西文化的交流史。透过20世纪中国学者在该研究领域中的绝大多数作品，我们可以看到渗透在字里行间的浓郁的爱国主义情感和民族主义情结，并为之而感动。这类情感的表达在二十世纪的许多时间里可以视为一种正当的反映，然而在迈进新世纪之后，当中华民族以崭新的姿态屹立于世界民族之林时，这种情结处理不当，就会阻碍我们全面、深入地认识中西文化的关系，并且极易使我们在自卑与自傲之间徘徊，不能保持平和的心态和清晰的思路去面对全球一体化下的文化发展态势。

（二）在信息传播中开拓文化发展的视野

信息传播从古到今都是人类社会发展的伴生物。从文字符号到象征仪式，从生活习性到伦理观念，从实物外观到哲学思想，人类总是通过自身的行为与自然和社会沟通，形成文化传播的表现形式，成为维护社会环境的文化制度。信息传播无疑是当今人类社会的重要生存状态和生产手段，信息传播的发展在加速本土文化和非本土文化之间融合的同时，引发了文化震荡甚至文化危机。文化是民族生存的前提和基础。文化生存状态不仅积淀着一个民族国家过去的全部文化创造和文明成果，而且还蕴涵着它走向未来的一切可持续发展的基因，是它存在和发展的全部价值和合理性之所在。因此一旦这种文化受到威胁和侵略，则必然会给民族和国家带来深刻的危机意识。

然而，以自给自足的生产方式来维持本土文化的纯洁性，甚至把本土文化禁锢在民族主义的意识形态中，不仅会丧失本土文化发展的经济可能性，更会弱化本土文化对非本土文化的传播力量，丧失文化竞争力。在以互联网为标志的当代传播技术条件下，在全球范围内展开了各个民族国家之间全方位的沟通、联系和相互影响。在市场经济的交换机制推动下，全球化的传播为经济全球化创造了打破空间和时间障碍的实施手段和操作程序，甚至模糊或打破民族国家的传统界限，强化了各个民族国家在国际合作背景下的文化交融。

在几乎所有的民族文化的演变过程中，从器物形态到物质产品，从服饰穿着到消费口味，从审美情趣到思想观念都受到过本土文化以外的文化影响。信息传播对本土文化的压力激发了本土文化的自我更新和自我适应的能力。尽管由暴力手段强制性推行的文化传播在人类各个民族的文化融合过程中造成了文化创伤，但在平等基础上实现的文化交流是世界文化发展的大趋势。总之，一个发展中国家在经济全球化的过程当中所要承担的使命是社会和文化的转型，这涉及经济意义上和象征意义上的信息传播网络的结构转型，即要跟世界经济体制和世界传播趋势接轨。从软件到硬件，信息传播产品都要积极参与世界范围内的流通，并在跨文化的努力参与和适应中重新定义本土文化的存在方式和表现形态。文化的碰撞会产生出文化的新形式，从而在激发新的社会想象的过程中使文化的发展获得新的动力。文化的交流融合将高扬着全球化大旗，呼唤着文化的本土性和多样性，孜孜不倦地传达着与时俱进和革故鼎新的精神。

第三章　跨文化融合思想的学科构建

第一节　跨文化融合的新维度

面对当今全球化语境下跨文化交际存在的诸多问题，特别是多数弱国文化面临着被少数强国文化同化的危机，新的跨文化交际原则的提出已是迫在眉睫。顺应时代发展的潮流，笔者基于新马克思主义的理论观点提出了跨文化交际的新方向，即跨文化主义指导下的跨文化交际。

一、跨文化主义理论界定

跨文化主义一词包含一系列的观点和态度，旨在"推进各种文化之间开放和动态的相互作用和交流"。广义而言，跨文化主义主要是指促进跨文化交流的各种政策，体现为一种强调文化间性的指导思想。在详细概述跨文化主义的主要观点之前，有必要简要回顾多元文化主义的相关思想。

二、多元文化主义

"多元文化主义"可能是当今人们耳熟能详的术语了，它指的是文化之间相遇时所持的不同观点，主要包括四种类型：保守的或集体的多元文化主义，自由主义多元文化主义，"左"倾自由主义多元文化主义和批评多元文化主义。保守的或集体的多元文化主义是"白人至上思想遗产的直接结果，这种思想从生物学的角度把非洲人当作'动物'，把他们等同于人类发展的最原始阶段"，并依照这种观点来解释当前少数群体成功的合法性和有效性。自由主义多元文化主义认为"种族智力具有'一致性'"，各种族能力和价值"与生平等"。"左"倾自由主义多元文化主义认为，尽管各种文化都是平等合理的，但是在实质上它们是不同的，而这些不同的实质就在于各自"独立的历史、文化和权力"。"左"倾自由主义多元文化观主张重视文化间的"差异性"而不是"同样性"。它认为自由主义多元文化主义者所假设的种族平等，实际是"掩饰"了种族之间的重要文化差异，而这些文化差异"解释了不同的行为模式、价值观、态度、认知模式和社会实践"。批评多元文化主义强调语言和再现对意义的形成和身份的确立起着关键作用。批评多元文化主义把文化视为冲突的、不和谐的和不一致的，认为应该在"文化批评和承诺社会正义的政治背景"下捍卫文化多样性。他们认为不能忽视文化差异，差异是历史、文化、权力和意识形态的产物，应该参照它们的独特性和具体性的形成来理解两个或更多群体之间的差异。

多元文化主义通常指吸收和同化"差异性"，抹平文化差异，以此掩盖文化同质化的真实本质。而在实际操作中，多元文化主义通常压制打击弱小民族，强迫他们接受主流文化。多元文化主义理念不是建立在不同文化平等交流的基础上，相反，它认为，只有同化弱小民族文化纳入主流文化，才能适应文化多样化。这种融各种文化为一种共同文化的思想和"一个民族"的想法不谋而合，后者认为，所有的文化差异都应符合同质的"一国身份"，这种身份优于他们各自的身份。因此，多元文化主义带有种族主义色彩，它应该让位于新马克思主义的跨文化主义，后者力主真正平等和互惠的文化交流，每个人都有自主权，每种文化都是平等的。

三、跨文化主义

跨文化主义提出"不仅要倡导权利、价值和能力的平等，而且要制定政策，去推动生活在同一块领土上的不同文化背景、种族和宗教信仰的人们之间的文化互动、协作和交流"。更进一步说，跨文化主义是"一种方法和途径，它可以完善社会，使人们认识到为了建立一个更加包容的社会，必须解决种族主义的问题"。它倡导人们深入了解不同世界观和价值观以及它们的表现方式，了解不同世界观和价值观之间的关系以及人们的立场对他们的观点的影响。因此，跨文化主义可以防止某些根深蒂固的偏见影响我们对其他文化的正确评价。同时，跨文化主义认识到掌握文化间的相互作用的所有因素是不可能的，因此，要完全避免敌意、不和谐和误解也是不可能的。但它强调如果人们意识到在任何跨文化交流中都存在盲点和无法触及的领域，人们就有可能更加公平地去应对这些问题。

霍米·巴巴（Homi Bhabha）说过，"必须明确地指出社会生活分离的场所和代表的差异，而又不超越跨文化交流过程中产生的无法比较的意义和判断"。她的观点意味着，跨文化交际中的差异和分歧要得到表达，同时又不一定要解决或消除，因为意义游离于跨文化交际时，脱节和断裂时时刻刻都在发生。因此，在任何跨文化交际中，都应该接受差异这个日常生活现实，而不是要克服或抹平它。

跨文化主义的另一个显著的特征是文化互动并不总是以和平的方式展开的。如佛莱（Feral）指出，各种文化间不可避免会有"交织或冲突"。的确，如果文化间的互动总是以和平的、没有矛盾的方式进行，那世界各地对文化交流的无休止的种种争论将大大减少；在文化同化过程中，也就没有了对文化交流间出现的矛盾和冲突进行学术研究的迫切性。

四、国家与文化

虽然国家和文化之间具有微妙的联系，但是文化和国家有着不尽相同的边界、范围和限制；文化也不可能被国家所取代。传统的文化考量和分析实际上是在特定的地域边界之内进行的。但是，随着全球化的加深以及通信技术和交通运输的进步，人们的相互联系也越来越紧密，再也不局限于自己生活、学习和工作的地方。他们的本土文化也相应地伴随着他们的迁移，和其他文化发生冲突、交融等相互作用。因此，在当今世界，文化已经超越了国家边界，并且和全球化不可避免地结合在一起。鉴于我们习惯地把文化和特定的地方联系起来，全球化进程中的巨大转变彻底改变了这种传统的观点，文化定义也迫切需要重新界定。由此不难看出，文化一般要跨越国家，国家也要跨越文化。这种例子几乎信手拈来，比如：很多国家都信奉犹太教，而主要的犹太教国家以色列也有基督教和伊斯兰教文化。

鉴于文化的重要性，国际化也只是对全球化和知识经济不完整的回应；而跨文化主义则成了国际化的必要补充。毫无疑问，"国际化本质问题将越来越多地归结到文化问题"。确实，在许多方面，文化的影响遍及整个社会，特别是高等教育，而其影响程度远远超过民族性。在国际化过程中，政府和高等教育本身能够也应该更大力度地推进跨文化主义。

第二节　跨文化交际学科研究范式的建立以及理论的建构

一门学科的诞生除了要有领袖人物的理论拓荒之外，还需要确立自己的研究范式，建构自己的理论。跨文化交际学科的奠基人霍尔（Hall）的《无声的语言》《超越文化》，提出了跨文化交际的一些关键概念，夯定了跨文化交际的学科地位；世纪之交，北美知名学者古迪孔斯特（Gudykunst）又对当前跨文化交际理论进行详尽的梳理，完成了跨文化交际理论的建构。以下将以这两位轴心人物对跨文化交际所做的贡献为线索，探讨跨文化交际学的研究范式及其理论建构。

一、跨文化交际学科研究范式的确立

（一）霍尔的理论拓荒

学者哈特（William Hart）把跨文化交际研究划分为四个阶段：20世纪50年代构建概念框架，20世纪60年代和70年代研究模式认同，20世纪80年代早期的理论构建阶段和此后的成熟、"标准"科学阶段。本书出于简化讨论的目的，把前两个阶段综合成一个大阶段，即跨文化交际学科研究范式的确立。

跨文化交际学科概念框架的建构首推霍尔和他在外派人员培训学院的一些同事所做的理论拓荒工作，这一阶段标志着跨文化交际研究的开始。1959年，美国人类学家霍尔出版了《无声的语言》。霍尔在《无声的语言》中首次用了"intercultural communication"一词，并且在书中确立了跨文化交际研究的一些原则，如：跨文化交际培训的参与和体验；从单一文化研究视角转向跨文化人际交往研究视角；重视非语言研究；强调文化无意识（unconsciousness）；坚持非评判性的族群相对主义（non-judgemental ethnorelativism）；关注交际与文化的关系。该书被学术界视为跨文化交际研究的最早成果，也是跨文化交际研究的开山之作。

霍尔对于跨文化交际研究兴趣主要源于自己丰富的跨文化生活经历。霍尔出生和成长在标准的白人社区，熟知美国文化传统和风俗。长达四年时间的印第安文化之旅给予这位充满学术憧憬的年轻人丰富的白人外的文化知识，并实时实地感受到另外一种文化的魅力。"二战"期间在欧洲和菲律宾的所见所闻又再次地让霍尔意识到两个文化体系的不同价值观。这些鲜活的跨文化经历立即对于这个富有学术意识的知识分子产生了深刻的影响，他开始注意到跨文化交际中的一些问题，获得了跨文化交际的第一手资料，对这个尚未萌芽的学科产生了浓厚的兴趣。

（二）"跨文化"概念的确立与界定

霍尔本人的学术背景也是促成他在跨文化交际研究领域颇有建树的原因之一，身为人类学博士，加上社会学和文化人类学的博士后研究，霍尔走上跨文化交际研究道路似乎是顺其自然的。在他受聘于外派人员培训学院期间，他深入研究各种文化，广泛接触相关领域的学者，逐渐萌发了"跨文化"这一新的学术概念。与此同时，他纵览和对比了亚洲文化、欧洲文化和美洲文化，首次提出了"高语境文化"和"低语境文化"概念。之后，他把这些思想进行了梳理，并在1959年出版的《无声的语言》一书中做了详细的概念阐释。该书已经包含了我们现在所理解的文化和交际的基本问题，如"什么是文化"。霍尔在书中提出"文化就是交际"的著名论断。鉴于霍尔对不同文化的时间观念和空间观念的考察，他提出了"时间会说话""空间会说话"的主张，强调非语言的文化因素对交际的影响。霍尔非常重视非言语交际问题，该书花了将近20%的篇幅来讨论这个问题。《无声的语言》获得了巨大的成功，1961—1969年便发行了505 000册，还被众多著作、杂志和其他出版物转载，前后被翻译成6种文字。在霍尔的努力耕耘下，一个崭新的研究领域——跨文化交际学诞生了，霍尔当之无愧地成为跨文化交际学的创立者。

霍尔的"高语境文化"和"低语境文化"概念对后来的跨文化交际研究有着重大的影响。在他的《超越文化》一书中，霍尔详细阐述了这一对概念。《超越文化》是霍尔另外一本跨文化交际的著作，此书创作于他任职外派人员培训学院期间。霍尔在书中指出，高语境的交际是"绝大部分信息或存于有形的语境中，或内化在个人身上，极少存在于被编码的、清晰的被传递的讯息中"。而低语境的交际刚好相反，是"大量的信息蕴含在清晰的编码中"。高语境文化中人们相互之间联系密切，共知信息或共有背景知识较为松散，集体主义倾向较为明显。低语境文化中人们之间的联系较为松散，个人主义倾向明显。高语境文化下的语言交际对语境的依赖程度高，说话比较含蓄、委婉、间接。东方文化，如中国文化、日本文化，都属于高语境文化。相比之下，低语境文化下的语言交际对语境依赖程度低，说话比较直接，交际双方多依靠明确的语言信息。西方文化，如美国文化、德国文化，是典型的低语境文化。霍尔从交际的实用角度对这两种文化的划分无论是对跨文化交际的实践还是跨文化交际的研究都产生了重大的影响。

理兹-赫威兹（W.L. Leeds-Hurwitz）在他撰写的《跨文化交际历史笔记》中总结了当时的跨文化交际研究。他指出，这是一个兴起和年轻的领域。同时他还概述了外派人员培训学院的历史，也对霍尔的研究做了综述。20世纪70年代，美国国家交际协会（National Communication Association）与国际交际协会成立了跨文化交际分会，1972年拉里·萨姆瓦主编的《跨文化交际》（*Intercultural Communication*）出版；1974年，《国际与跨文化交际年刊》（*The International and Intercultural Communication，Annual*）创办。这些事件都标志着，作为一个新兴的学科，跨文化交际研究的范式已经确立。

二、跨文化交际学科的理论建构

从 20 世纪 80 年代早期开始，跨文化交际研究经历了一个蓬勃发展时期，随着古迪孔斯特以及金英允（Young Yun Kim）的一些相关著作问世，跨文化交际的一些主要理论和核心概念得到了具体的阐述和厘定，跨文化交际研究领域也出现一系列的研究活动，跨文化交际学科趋于成熟。尽管有些研究方法有所侧重，但一些一般性概念以及该学科的研究内容却基本确立。

在总结跨文化交际理论研究方法时，蒋晓萍教授归纳了三种方法：第一种是实证主义研究方法。实证主义研究方法遵循"分析的—还原的—机械论的—行为主义的—定量的"的研究思路。古迪孔斯特的《不确定性和焦虑》就是采用了这种研究方法。第二种是人文主义研究方法。这种方法讲究如实地描述现象的本质，并充分认识到交际者的个人自由，也强调"综合的—整体的—表意的—前后联系的"研究思路。这种方法的代表人物有阿普列盖（J. Applegate）、赛甫（Howard Sypher）及克罗农（Vernon Cronen）。阿普列盖和赛甫合著的《交际和文化建构主义理论》（*A Constructivist Theory of Communication，and Culture*）一书中，就详尽如实地描述了文化对个体交际行为的影响。第三种是系统理论研究方法。这种方法综合了个体的外部"客观"模式和内部"主观"经验，强调两者同时相互作用，不可分割。这种方法的代表人物有金英允。她在《跨文化嬗变：系统理论》（*Intercultural Transformation：A System's Theory*）一书中，系统阐述了个体参加多种跨文化交际活动时，内心经历的跨文化变化。蒋晓萍教授的这种归纳方法遵循的是跨文化交际学科代表人物的研究思路和研究方法，是从方法论上对众多的跨文化交际理论的一种梳理。这里要重点介绍的是古迪孔斯特在 2005 年由千橡树赛其公司（Sage Publications）出版的《跨文化交际理论化》（*Theorizing about intercultural Communication*）一书中所梳理的当前比较盛行的一些研究理论。古迪孔斯特梳理这些理论主要依据各种理论研究内容的侧重点，他把当前的一些主要跨文化交际理论分成几大类：第一类是融文化和交际于一体的理论，比如建构主义理论（Constructivist Theory）、意义的协调管理（Coordinated Management of Meaning）和语言代码理论（Speech Code）等。第二类是交际中的文化差异理论，比如霍夫斯获所归纳的文化差异的四个维度（Dimensions of Cultural Variability）、面子协商理论（Face-Negotiation Theory）和谈话制约理论（Conversational Constraints Theory）等。第三类是侧重考察有效交际效果的理论，如焦虑/不确定性管理（Anxiety/Uncertainty Management）、联合和分离理论（Association and Dissociation），有效跨文化工作群体/组交际理论（Effective Intercultural Workgroup Communication）等。第四类为侧重于适应或顺应的理论，如交际适应理论（Communication Accommodation）、跨文化顺应理论（Intercultural Adaption）等。第五类是侧重于身份协商或管理的理论，如文化身份（Cultural Identity）、身份管理

（Identity Management）、身份协商（Identity Negotiation）等。第六类是侧重于交际网络的理论，如网络和跨群体交际能力（Networks and Outgroup Communication Competence）、网络和文化适应（Networks and Accultuation）等。第七类是侧重于考察文化适应和调适的理论，如交叉文化适应（Cross-Cultural Adaption）和交互适应模式（Interactive Acculturation Model）等。限于篇幅，这里重点选择一些比较有影响且被广泛引用的理论进行介绍和评判，而对于第六和第七类理论，则不做介绍。

（一）融文化和交际于一体的理论

把文化纳入交际理论研究是跨文化交际研究迈出的实质性的一大步。在这种跨学科的理论研究尝试方面，主要有以下几位代表人物及其相关理论。如阿普列盖和赛甫就把文化纳入了建构主义理论，皮尔斯（W.B. Pearce）把文化因素引入了意义的协调管理理论，菲利普森（Geory Philipsen）则从言语代码理论角度研究交际对文化的影响。

1. 建构主义理论

阿普列盖和赛甫将文化概念纳入建构主义理论中。从理论视角和研究方法而言，他们的理论是一种描述性理论。他们的出发点是从微观的角度对日常交际进行详细的解释，剖析交际者行为背后的行为心理。他们主张跨文化交际研究的核心是文化和交际之间的关系。

阿普列盖和赛甫也对交际进行了定义，他们指出交际是个体"为了分享和交换信息而进行的一个彼此皆能识别的交流过程"。他们认为交际的过程为一定的目标所驱使，这个目标就是为了分享和交换信息。而在整个交际过程中，交际者的所言所语、所行所为，在言语行为的施予者看来，是能有效地实现沟通和交流目的。阿普列盖和赛甫指出，因为交际者所具有的文化特质，因而在交际过程中，交际者会自发地建构一整套的信仰体系，这些信仰左右着交际者发出的行为和设定的目标。用阿普列盖和赛甫的话来说，就是这些信仰会指导交际者制定一套"策略行为"（strategic behavior）。在建构主义理论中，阿普列盖和赛甫提出了另外一个重要论断：文化决定交际逻辑。来自不同文化体系的交际者所强调的交际目标各有不同，而他们为了实现设定的交际目标所采取的交际方式也各不一样。最后，阿普列盖和赛甫在结论中总结了跨文化交际培训的目标和侧重点。他们认为：为了促成交际者顺利实现交际目标，跨文化交际培训应该着重培养受训者掌握一些灵活自由和综合的策略技能。

阿普列盖和赛甫把文化纳入交际进行理论的建构，指出研究的核心应该是文化和交际之间的关系，并深入剖析了文化对交际行为的影响。研究的范围侧重于不同文化群体的个体之间的交际，是一种目标取向（goal-oriented）的交际研究。这种研究模式对后来的跨文化交际理论研究和建构都产生了积极的影响和意义，阿普列盖和赛甫提出的一些核心理论对跨文化交际实践也发挥了重要的作用。

2. 意义的协调管理理论

克罗农和皮尔斯也十分关注交际与文化之间的关系，他们所提出的意义的协调管理也是一种融文化与交际为一体的理论研究模式。克罗农和皮尔斯重点考察了文化在意义的协调管理中的作用。他们归纳了意义的协调管理的三个目标。第一，意义的协调管理理论旨在帮助人们理解以下基本命题，"我们是谁，生活的意义是什么，它与特定的交际现象有何联系"。第二，虽然承认文化的异质性，但克罗农指出意义的协调管理的目的是找出不同文化之间的可比性和同质性。第三，意义的协调管理的目的是对包括研究者自身在内的所有文化实践做出阐释性的评论。

在构建意义的协调管理理论时，克罗农和皮尔斯提出了一些关键性的论题。例如，他们提出"所有的交际都既是特质的，又是社会的"。这个论点指出了交际的个人属性和社会属性，强调从社会属性方面考察文化与交际的关系。他们指出："人类交际天生就是不完美的""道德规范是交际的组成部分""文化的差异多样性对交际活动中信息的解释与传递来说非常重要"。克罗农和皮尔斯还提出三个有关文化的理论推论："文化是社会构成和个人行为共同演化发展的图式""文化是复调的（polyphonic）""研究活动是社会实践的一部分"。此外，他们主张，无论是要理解跨文化交际或是同一文化群体内的交际行为，都需要对交际行为所发生的文化语境（cultural context）进行描述，与此同时，也有必要理解个体对其交际行为的阐释。

克罗农和皮尔斯在他们自己的理论中提出了三个至关重要的概念，即协调（coordination）、一致（coherence）和神秘（mystery）。关于"协调"，克罗农和皮尔斯做了如此解释：人们的任何一次行为都不是独立完成的，而不同协调的形式所包含的机会也各不一样。他们举了一个例子，街坊邻里之间的"你好"也是一种协调形式，但是这种协调形式就难以达成一种更加深入的关系。为了达到交际的目的，克罗农和皮尔斯提出了四大原则：

（1）谨记自己是参与一个多层次多方向的交际过程。

（2）谨记自己是多人交际过程的一部分，但仅仅只是一部分。

（3）谨记交际过程既要相互回应他人，也要引导他人做出回应。

（4）谨记交际过程产生了我们所有人生活的环境。

"一致"是指交际往往把注意力集中在我们所讲述的那些使生活充满意义的叙事上；而"神秘"则能使我们认识到宇宙远比我们任何一个叙事都要大和微妙，它不是我们应该去解开的一个谜语，而是我们应该去探索的神秘。为了更好地实现交际，"一致"和"神秘"对我们的启发就是：

（1）认识到不管是自己的还是他人的叙事，都是不完整的、没有完成的、有偏见的、不一致的。

（2）认识到自己的叙事是"本地的"，取决于自己的观点、经历和目的。

（3）认识到那些与自己不同的叙事在他人的观点、经历和目的框架内都是合理的。

（4）对他人的叙事要充满好奇。

意义的协调管理理论是学者对动荡不安的社会的回应。克罗农和皮尔斯在 20 世纪 70 年代中期就开始对该理论进行钻研。当时美国社会和政治的动荡，还有随之而来的形形色色的民权运动，加上越战已经使美国陷入了欲罢不能的泥沼。这些情形对美国的文化、社会制度、个人自由以及追求幸福的合法途径均提出了质疑，正是在这种社会背景下，两位学者对于身边的交际现象发生了兴趣。作为一种阐释理论，意义的协调管理的研究核心是个人之间的交际，这种理论也广泛地被学术界认为是建立在美国实用主义基础上的跨文化交际理论。总而言之，意义的协调管理所描述的交际活动，其目的在于帮助交际参与者了解在具体场合情景中，为了实现"建设性的交际"，参与者该做些什么。意义的协调管理的三个核心——协调、一致和神秘，同时也是交际过程的三个步骤。这一理论认为我们所施与的交际行为基于我们对他人的看法。意义的协调管理用了大量的例证来说明，即使两个人对一件事情意见相左，交际依然可以成功，因为他们认识到了交际的缺陷性，也认识到自己的交际行为存在的片面性，因此他们还是可以找到一个途径来满足双方的需要。

纵然如此，意义的协调管理作为一种理论还是存在缺陷的。首先是术语使用过多，其次是意义的协调管理理论对于交际中究竟什么是最为重要的不甚明了。由于中心的不明确，也使该理论显得结构较为松散。意义的协调管理理论集中于当下的社会情景，对于该理论会对未来产生何种影响他们没有说明。尽管如此，意义的协调管理的实践意义还是显而易见的，正如克罗农和皮尔斯本人说的那样，"我认为意义的协调管理理论经历了三个阶段：阐释阶段、批判阶段和实用阶段"。虽然理论前景不甚明朗，克罗农和皮尔斯还是认为它有可能会作为一种实用理论而确定下来。

3. 言语代码理论

菲利普森提出用言语代码理论来阐释文化交际。究其根本，菲利普森所主张的言语代码理论原本是一种人际交往理论。代码（code）是该理论的一个核心概念。但是言语代码理论中所指的代码并不是一个固定不变的、一对一的符号和意义之间的对应。言语代码理论的一个最基本的前提就是，言语代码"是历史生成的、社会建构的、和交际行为相关的符号、意义、前提、规则的一个体系"。他认为这些言语代码是在家族发展历史、亲戚朋友和媒体中学会的。他还指出，只要有特定的文化，就有言语代码，这些言语代码包括每一种文化特有的心理、社会和修辞。代码是观察者和分析者为了阐释具体语言群体的交际行为而构建的。交际参与者借助特定情形中的资源和交际行为相关的符号、意义、前提、规则来命名、阐释和判断人们社会生活中所发生的交际行为，换言之，人们交际行为是发生在一定的文化框架之内的，它对这个文化框架具有依赖作用。

菲利普森在自己的文化交际研究中提出了言语代码理论的基本框架。在阐释了言语代码的相关理论之后，他把研究的重点转向了文化交际与言语代码理论的结合。他指出在文化交际中，交际的功能就是保持个人主义和集体主义力量的适度平衡，提供一种身份的共享感，而这种身份共享感可以保持个人尊严、自由和创造力。因此，文化交际涉及社交谈话（communal conversation）中使用的文化代码的协商问题。社交谈话是人们协商如何"共同生活"的交流过程。菲利普森认为"每一次社交谈话都会在交流行为中留有不同的文化方式与文化意义的痕迹"。群体成员参与社交谈话是人类生活的普遍现象，但是每一个社交谈话都有着自己的文化特点。他还认为"交际是在个人和社交生活中使文化的功能得以实现的、具有启发性和实践性的资源"。社交功能包括"个人如何作为社区成员来生活"。交际具有"启发性"，因为社区的新生儿与新来者都要通过交际活动来学习本社区具体的文化方式与文化意义；交际具有"实践性"，因为交际活动允许个人参与社交谈话。

菲利普森认为言语代码理论有三个主要特征：第一，言语代码理论的理论基础是对特定时间和空间的交际行为的仔细观察；第二，言语代码理论通过参考特定情形下的意义和价值代码来阐释所观察到的交际行为；第三，虽然言语代码理论是基于对特定的言语方式的研究，但是它可以为交际行为提供普遍的参考意义。菲利普森还提出了言语代码理论的六大设想：第一，只要有独特的文化，就有与之对应的独特的言语代码；第二，在任何一个语言群体里都存在着多种言语代码；第三，一种语言代码隐含了一种文化特有的心理、社会和辞令；第四，言语的重要性取决于言说者构建交际行为意义而采用的言语代码；第五，言语代码的术语、规则和前提假设与言语本身是密不可分的一个整体；第六，为了成功地预测、解释和掌握双方可以理解的、谨慎的、符合道德规范的交际行为的话语形式，必须能灵活使用共同的言语代码。

菲利普森等人后来对言语代码理论做了大量的总结工作，并进行了大量的实证研究。菲利普森期望从跨文化的角度来分析言语代码，进而增加人们之间的理解，但是他们这种理论主张也存在自身的缺陷，比如，他们仅仅分析个别地方的文化就做出了推论和总结，结论难免有偏颇之处，尽管他们本人认为该理论具有普遍的参考意义。他们的言语代码理论缺乏变化，他们认为这些代码一经形成，就很少发生变化。言语代码理论也遭到了部分学者的批评。有学者提出，言语代码理论不能解释话语权力，言语代码理论带有明显的文化决定论的色彩。

（二）文化差异理论

1. 霍夫斯荻的文化差异理论

霍夫斯荻（G. Hofstede）认为不同文化体系之间的差异大致可以分为四个方面，因此，他总结了文化差异的四个维度（dimension）：个人主义—集体主义（individualism-collectivism）、不确定性规避（uncertainty avoidance）、权距（power distance）以及男性主义—女性主义（masculinity-feminity）。霍夫斯荻认为任何一种文化都游走于这两极之中，只不过有些文化往往会偏向一极。个人主义—集体主义是统领所有文化差异的核心要素，可以毫不夸张地说，所有的文化差异均源于此。个人主义文化比较重视个体目标；相反，集体主义文化则更强调集体目标。在个人主义文化中，"人们应当自己照顾自己和直系家庭"；而在集体主义文化中，"人们期望他们的内部群体或集体来照顾他们，作为这种照顾的交换条件，他们对内部群体具有绝对的忠诚"。

西方文化，如美国文化，个人主义取向明显，而东方文化，如中国文化，集体主义取向明显。霍夫斯荻有机地结合了霍尔的高低语境文化来阐释文化的个人主义和集体主义差异。任何一种文化都包括了高低语境交际，然而，往往是只有一种形式是比较明显的。个人主义文化倾向于低语境交际，直接交流；与之相反，高语境文化的成员则倾向于高语境信息交换，间接交流。

对于每种交际情形的恰当行为，不确定性规避程度高的文化往往会制定明确的社会规范和一系列的原则来进行规范和标准化操作，以期交际者依章行事、交际行为符合既定的社会规范；而在不确定性规避程度低的文化中，社会规范和原则就不那么明确和严格。不确定性规避程度高的文化中，一些过分的行为是可以接受的，人们往往采取手段来避免冲突和竞争，包容挑衅。另外，不确定性规避程度高的文化希望达成一致，渴求和谐，这种文化对离经叛道的行为不能容忍。在交际过程中，个体的歧义宽容度和不确定倾向性可以对不确定性规避影响进行调节。

权距是"机构和组织中权力较小的成员对权力分配不平等这一事实的接受程度"。在权距大的文化中，群体成员认为权力是社会组成部分，对此并不加以置疑。权距大的文化成员认为权力是社会的基本因子，强调强制力和指示性权力。而权距小的文化成员则认为权力的运用应当合法，重视专家或合法性的权力。平等主义和社会支配倾向是调整文化权距对交际影响的两个个人层面的因素。

男性主义—女性主义文化体现为不同文化的性别取向。在男性主义社会中，社会角色划分明确，如男人应该有很强的决断性、坚强、追求物质上的成功，而女性则应该是谦虚的、温柔的，并关注生活质量。在女性化社会中，社会性别角色有所重叠，如男性和女性都可以是谦虚的、温柔的，并关注生活质量。男性化倾向的文化成员重视成就、雄心、物质、权力和决断性；而女性化倾向的文化成员则强调生活的质量、服务、关心他人和养育后代。霍夫斯获对文化的分类比较合理地归纳了不同文化体系的特征。他在跨文化理论领域做了长期的研究，这些理论被人们广泛引用，对后来学者从事跨文化研究产生了深远的影响。鉴于文化体系的庞大和复杂，霍夫斯获的分类也就难免有失全面。在霍夫斯获的研究范围之中，人们不难发现，其中缺乏对俄罗斯及许多东欧国家的研究，也没有我国内地的有关数据。在后期的研究中，他虚心接受了对该理论的质疑，对中国内地做了大量研究，并在自己的四个维度中又加入了第五个维度：长期取向（long-term orientation）和短期取向（short-term orientation），这也被称为儒家动力论（Confucian Dynamism）。

2. 面子—协商理论

面子—协商理论（Face-Negotiation Theory）综合了文化层面和个人层面来解释面子问题、交际中冲突的形式以及维护面子的行为。作为该理论的创始人，廷图梅（Stella Ting-Toomey）解释道，冲突是个人原有身份或面子受到威胁或质疑时的一个面子—协商过程。面子是"个体期望他人予以其自我社会价值认同的一种需求感"。面子工作是指个体为了挽回或保全面子而采取的一些言语和非言语行为。

廷图梅对文化有自己的理解，她认为，文化是后天学习得来的意义体系，文化是包括了传统、信仰、价值观、标准、符号和意义在内的一个复杂的指称框架。为了论证面子—协商理论，廷图梅提出了七个假设：

（1）不管在哪一种交际环境中，所有文化的成员都试图保全和协商面子。

（2）在一些情感脆弱的情形中，比如尴尬、请求、冲突，如果交际者处于特定环境中的身份受到质疑，面子概念就特别难以解决。

（3）文化的个人主义和集体主义、权距大小的区别决定了面子工作的取向、行动、内容和风格。

（4）个人主义和集体主义取向决定了文化成员对以自我为中心以及以他人为中心的面子工程的偏好。

（5）权距的大小决定了文化成员对水平面子工作（horizontal-based facework）以及垂直面子工作（vertical-based facework）的偏好。

（6）文化的不同维度，以及个体的、关系的和情形的因素影响人们在具体文化场景中一些特定面子工作行为。

（7）跨文化面子工作能力指的是优化组合知识、智谋和交际技巧，恰当、有效和变化地应对鉴于身份脆弱而产生的交际冲突。

廷图梅认为，来自不同文化的人们总是处于"面子—协商"的过程中，这也是一个确立自我的公众形象的过程，一个获得自我尊重感的过程。不同文化有着不同的面子观，而个人在面子工作中的作用和地位决定了其处理冲突的方式。廷图梅区分了以自我为中心的低语境文化和以他者为中心的高语境文化。廷图梅还列举了高语境和低语境文化冲突的一些特征（见表3-1）。

表3-1 高语境与低语境文化冲突的特征

低语境冲突	高语境冲突
分析的，直线逻辑	综合的，螺旋逻辑
个人取向的	群体取向的
解释	掩饰
清晰的交流代码	模糊的交流代码

廷图梅认为在霍夫斯荻所做的四个区分中，个人主义—集体主义维度是最关键的概念，与身份概念紧密相关，比如，如何看待自我感。个人主义文化强调"自我"身份，而集体主义文化强调"我们"身份，而这种区分也是东西方文化的根本区别。结合霍夫斯荻的理论，廷图梅区分了两种文化的关系模式和交际模式。在关系模式方面，在个人主义文化中，交际进程聚集于个人层面，而集体主义文化则以群体为基础，通俗而言，如果属于我们的群体，则成为我们的一员，而属于群体之外，则是他们的一员。在交际模式方面，在个人主义文化里，人们强调语言直接、沟通公开；相对而言，在集体主义文化里人们强调间接的交流，强调群体的和谐。比如在东方文化里，人们极其不愿看到冲突的出现，因为这有损群体的和谐。

面子理论提出了一个问题，那就是，人们是渴求自主还是渴望包容？自主也被称为消极面子，指空间、隐私不受干涉的一些基本权利，一般而言，自主更趋向于个人，避免与他人接触。包容，即积极面子，更多地关注尊敬、赞同和欣赏。换言之，包容是指为了群体的利益而做某些事情，虽一道努力，但关注他人多于自己。廷图梅指出，低语境文化的人们更加渴望自主，而高语境的人们则更加渴望包容。

为了佐证自己的理论，廷图梅做了广泛的研究。她做了大量的问卷调查和面试采访，重点探讨了以下一些概念：保全面子、给面子、丢面子、丢面子后如何赢回面子、面子冲突等。比如在给面子这个概念上，中西方就存在很大的差异。被调查的美国学生对给面子没有任何概念，他们认为要么丢面子，要么保全面子，不存在给面子。而在东方人看来，面子是一个相互的概念，一个关系的、群体的现象。通过这些实证研究，廷图梅发现，集体主义文化成员倾向于用他者导向（other-oriented）来保全面子，而恰恰相反，个人主义文化成员则更多使用自我导向（self-oriented）来保全面子。权力差距小的文化成员倾向于通过信息交流将上下差距降到最低程度，而权力差距大的文化成员则更喜欢垂直型上下的面子交流。集体主义文化的成员更注重关系的、过程的解决冲突的策略，而个人主义文化的成员则注重于独立的、结果的解决冲突的策略。权力差距大的文化中地位高的成员比地位低的成员在口头上更倾向于使用间接的面子策略，而权力差距小的文化中地位高的成员比地位低的成员在口头上则往往使用更直接的面子策略。

3. 谈话制约理论

本着探求语言在跨文化交际中所起作用的目的，韩国学者金敏善（Min Sun Kim）提出谈话制约理论。谈话制约理论的核心不是关乎说的内容，而是说的方式，它关注的是说话者建构信息的方式。跟以往的跨文化交际理论不同的是，谈话制约理论不太重描述，金敏善花了12年时间来研究不同文化之间的谈话制约因素。

金敏善认为，在我们日常的社会交往中，人们的谈话有各种不同的目的，比如：获取承诺、寻求关切、求助、寻找信息以及披露信息等。达成这些目的，既要求交际者之间相互调整，也要求交际者具备策略能力。金敏善把谈话制约分为两类：社会关系型和任务导向型。社会关系型的制约强调关心他人，注意避免伤及听者的感情，并且尽量不把意见强加给听者；任务导向型的制约则强调透明度，如信息清晰交际的程度。另外，金敏善指出不同的文化选择的交际策略不同。追求目标的过程中，集体主义文化成员认为维护面子的行为——如避免伤及听者的感情，尽量少地强加意见于人和避免听者给出负面评价更重要；而个人主义文化成员则更加重视透明度。

金敏善认为：在追求目标的过程中，依赖型自我阐释的个人比独立型自我阐释的个人更重视不伤及听者的感情和尽量少地强加意见于人；而独立型自我阐释的个人比依赖型自我阐释的个人把透明度看得更重要。具有双重的自我阐释类型的个人则同时看重关系制约和透明度制约。金敏善还认为：个体越渴望赞同，他们就越尊重听众的感情，越不把意见强加于人；个体越渴望支配，他们就越强调透明度；个体的心理性别角色越男性化，就越强调透明度；越女性化，则越强调不伤害听众的感情及不把意见强加于人。

金敏善认为，不同文化成员在交际中采取不同的谈话策略，但是这些策略总是存在以下几方面的制约因素：一是清晰度。清晰度是指在交际中清晰明确表达自己意图的可能性。二是指令的最小化。指令的最小化是指会话中避免强加给听者或避免干涉听者行为自由的程度。三是顾忌他人情感。四是歧异风险。这方面指的是避免会话对方产生负面评价的愿望。五是有效性。

金敏善的谈话制约理论存在一些缺陷，正如金敏善本人指出的那样，这种研究模式是理想化的语言使用情况，而不是实际的语言使用。他也坦诚地指出，他们的研究是主要局限于交际中一些"请求"的具体现象，该理论还有进一步发展的空间。

（三）有效交际效果理论

1. 焦虑／不确定性管理

作为一种调适理论，古迪孔斯特所提出的有效交际的"焦虑／不确定性管理"理论（Anxiety/Uncertainty Management）在跨文化交际理论中也占有非常重要的地位。他选择伯格（C. R. Berger）和贾莱布利斯的"减少不确定性"理论作为自己研究的起点，并在自己的研究中对它进行了拓展。古迪孔斯特指出，"不确定性"是指对他人的态度、行为和情感无法预测或解释；而"焦虑"则是一种紧张、不安、焦急或者忧虑的情感。在后来的研究发展中，他把研究的重心从焦虑以及不确定性的减少转变为焦虑以及不确定性的管理。调整后的理论主要是为了解释人际以及群际的交际有效性。

为了理解古迪孔斯特的理论，首先有必要了解其中的五个关键概念。第一，陌生人。古迪孔斯特指出，一般来说，和不认识的人或者和处于自己所不熟悉的环境的人所发生的交际都可以认为是和陌生人交际。和陌生人交往过程的主要特征是焦虑和不确定性。为此，管理不确定性和焦虑就成了影响我们和陌生人交往的重要因素。第二，不确定性。不确定性是一种认知现象，它影响我们对陌生人的看法。我们和群体外部成员交往时所经历的不确定性要远远超过与群体内部成员交往时所经历的不确定性。古迪孔斯特指出，成功有效的交际要求恰当地把握不确定性的度，一旦把握了这个度，我们就可以充满信心，相信自己有能力来预测陌生人所做出的让我们感到舒适的行为，但是我们的信心又不能变成自负。因为我们不自负，所以我们能观察到一些可能产生误解的暗示。第三，焦虑。从本质而言，焦虑就是不确定性中的感情因素。不论什么时候，只要我们和人交往，就要经历焦虑情绪。我们和陌生人交往时所产生的焦虑情绪主要是源于一些消极负面的期待。第四，有效交际。交际原本是信息交换和意义生成的一个过程。交际有效的前提是对信息进行解释的一方赋予信息的意义必须和信息发出者所要传达的意义尽可能一致。事实上，在大部分时间里，交际的双方往往是用自己的指涉框架来阐释对方的信息。而我们和陌生人进行交往时，我们往往没有意识到我们的交际是无效的。第五，专注。大多数时候，当我们交往时，我们并没有充分地意识到并关注自己的行为。换言之，交际时，我们往往是不留神的、不经思索的。专注留神往往需要善于接受新信息，同时也要集中关注交际的过程，而不是交际的结果。

古迪孔斯特指出，当陌生人进入一个新的文化环境时，他对东道主国民的态度、情感、信仰、价值观和行为往往充满了不确定性。陌生人需要能够对东道国民的行为模式进行预测，这些预测也往往是伴随着交际中的焦虑情绪进行的。为了适应其他文化，陌生人不会试图完全地减少他们的焦虑或不确定性。他们倾向于把这种焦虑和不确定性掌握在一定的程度之内。当焦虑过低时，陌生人往往缺乏和东道主交往沟通的动机。倘若陌生人的焦虑情绪过高，他们就必须小心翼翼地处理自己的焦虑情绪。唯有把不确定性和焦虑控制在一定的程度，才能达到与东道主国民有效地交往并适应东道国文化。

古迪孔斯特对自己理论的运用充满了自信，他指出，这种理论可以运用于多个方面。

比如，它可以用来提高和改善我们交际的有效性，同时也可以帮助那些旅居者适应新文化。焦虑和不确定性管理理论也能有助于人们改善和陌生人的交际质量。适当把握焦虑的程度，可以帮助我们对陌生人的行为做出准确的预测。有评论者指出，古迪孔斯特的焦虑和不确定性理论局限于以不确定性为取向的个体。对此，古迪孔斯特做出了回应。他说自己在理论中囊括了不确定性取向；影响人们不确定性的因素也影响不确定性取向和确定性取向个体所经历的不确定性程度；我们的个性，比如不确定性取向，只有在我们不经意的时候才会影响我们的行为，一旦我们留神警觉，我们就会选择一些背离我们个性的行为。也有评论者指出，焦虑和不确定性理论过于复杂，仅仅公理就有 47 条之多。而且焦虑 / 不确定性管理、有效交际和专注之间的关系也有待进一步界定和厘清。

2. 联合和分离理论

联合和分离理论是一种跨种族交际的语境理论，它的提出也反映了少数族裔抵制美国身份、伸张自己民族和种族身份的一种意识形态的萌芽。在一个个人主义深入人心的国家，人们主张人生而不同，并强烈地质疑等级分类伦理及其有效性。而同时民族同化论则高调呼吁个人身份至上，当然这种个人身份是美国身份，它是一种消融民族多样性进而融入美国大一同的论调。在这两种思想同存的背景下，根据自己的切身经历——从一个初来美国的陌生人变成一个成功适应美国文化的内部人——金英允提出了该理论。联合和分离理论主要关注单个交际者的跨种族语言行为，它囊括了已有的理论概念，是一个更富有包容性的理论建构产物。在金英允看来，每个跨种族交际事件都是一个包含了许多功能独立的子系统的开放体系，在这个体系中，有两个相互作用的基本因素，即行为和语境。行为即交际者在跨种族交际中的诸种行为和反应，而语境则是指交际者、交际情形和环境三位一体的构成。金英允指出，行为可以分为联合行为和分离行为两种。联合行为往往是指那些个体化和一致化的行为；分离行为则是指那些分类和冲突的行为。金英允也指出，交际者个人身份越具有包容性 / 排他性，他的跨种族交际行为就体现出更大的联合性 / 分离性；交际者个人身份越具有安全感 / 不安全感，他的跨种族交际行为就相应地表现为更加具有联合性 / 分离性。联合和分离理论是金英允依据自己的个人跨文化适应经历，并结合了前人的心理学、人类学研究结果而提出的一种理论，它对美国文化的他者，特别是那些刚到美国的少数民族，如何度过文化适应期，确立正确的文化态度有着较大的参考价值。

3. 有效跨文化工作组交际理论

人口学的变化使得跨文化工作组 / 群体变成了现实，同时全球化也使来自不同文化背景的人们走进了同一个工作场所。这是有效跨文化工作组 / 群体交际理论提出的实际原因。欧慈尔（John G. Oetzel）提出的有效跨文化工作组 / 群体交际理论综合了广川（Hirokawa）和罗斯特（Rost）的警惕交际理论及廷图梅的面子—协商和冲突管理理论。广川和罗斯特认为，人们的言谈方式会影响人们的决策。一个组织群体的最终决定往往是一系列的相互关联的子决定组成的。在此基础上，欧慈尔指出，如果同一文化群体的成员确立的是独立的自我构念，那么他就不太可能和他人达成一致意见，并且更有可能产生冲突；反之，如果他确立的是交互的自我构念，他就容易和他人达成一致意见，并可能减少冲突。当群体中大多数成员采取的是独立自我构念时，他们往往使用一些支配性的冲突策略，反之，他们则往往使用中庸、妥协和退让的策略。采用合作方法来处理冲突的群体往往比采取竞争方法来处理冲突的群体能更有效做出决策。欧慈尔认为，跨文化工作群体可以被看作一个系统，在这个系统之中，输入、处理和输出三个过程共同作用于一个特定的语境；群体的语境决定了输入、处理和输出之间的关系；输入要影响一个群体的交际过程；交际过程又会影响该群体的输出；处理和输出是语境和输入的反馈；跨文化工作群体必须得到任务和关系有效性方面的教育；参与、一致意见和尊敬的交际是适合的文化交际行为。欧慈尔还提出了九个理论假设，这里就不赘述。欧慈尔的理论源于全球化的现实，在全球化语境中，跨国公司已经成为一个跨文化工作群体，对于这些群体的管理，如果缺乏相关的跨文化知识，也必然会影响公司的经营。因此欧慈尔的理论在跨文化的企业管理中起着较大的作用。

（四）调适理论

古迪孔斯特《跨文化交际理论化》也总结了几种中国读者可能不是很熟悉的理论，这里也做一概述。第一大类是主要侧重于调适或适应的理论。古迪孔斯特总结了当下三种主要的调适或适应理论，它们是交际调适理论（Communication Accommodation Theory）、跨文化适应理论（Intercultural Adaptation Theory）和共文化理论（Cocultural Theory）。

1. 交际调适理论

交际调适理论是由言语调适理论演化发展而来。言语调适理论认为，在交际过程中，说话者往往使用一些语言策略来获得他人的赞同或表达意见。交际者使用的主要策略就是言语趋同（speech convergence）和言语趋异（speech divergence）。这一理论的提出者为盖尔斯（Howard Giles）。交际调适理论包括了四个主要部分：第一个组成部分是交际的"社会历史背景"。这个背景主要包括交往群体之间的关系以及和交往有关的社会准则。这个部分也包括了文化差异。第二个组成部分是交际者的"调适取向"。"调适取向"也包含三个方面：第一是个人因素，如社会和个人身份；第二是跨群体因素，如反映交际者对外群体交际取向的因素，比如可感知的内群体活力；第三是初始取向，如察觉到的冲突可能性以及对外部群体的长期调适动机。交际调适理论的第三个组成部分是"即时情景"，包括社会心理状态（比如在既定情景中交际者的内群体或外群体取向）、目标以及受话者侧重点（比如交际中的动机、谈话需要、关系需要）、社会语言策略（比如近似语言以及话语管理）、行为和策略（比如语言、口音和话题），以及归类和归因。这一理论的最后一个组成部分是"评估和未来意向"，主要是指交际者在会话中对交际对方行为的感知。

2. 跨文化适应理论

艾林斯沃斯（H. W. Ellingsworth）提出了跨文化适应理论，他认为所有的交际都不可避免地在不同程度上涉及文化差异。在他看来，描述和解释跨文化交际必须从个人交际开始，同时还必须考虑文化因素。艾林斯沃斯的理论旨在解释在一些"与目的关联的交际"（purpose-related encounter）中，交际者如何相互适应。他列举了八大原则，比如交际适应模式影响文化信仰差异，适应性行为的压力受到场景对交际参与者利好程度的影响。艾林斯沃斯认为交际的功能适应以及适应的平等会促进任务的顺利完成。而非功能适应性交际则会导致文化差异，并延缓任务的完成。他还指出，交际者采取的适应性行为越多，他们的文化信仰就会改变得越多。跨文化适应理论自从 1983 年提出之后，经历了不少的发展变化，特别是艾林斯沃斯对其中的法则以及理论假设进行了深入的探讨，但是整体而言，跨文化适应理论的本质并没有发生变化。

3. 共文化理论

奥尔比（Mark P. Orbe）从现象学的角度提出了共文化理论。共文化理论基于缄默群体和立场理论发展而来。共文化理论适应于但却不局限于非白人、女性、残障人士、同性恋以及社会底层人士。奥尔比指出，广而言之，共文化理论的参照对象是那些未被充分代表的少数人和主流群体成员之间的交往。共文化理论的核心是提供一个框架，参照这一框架，共文化群体的成员可以和那些在主流社会中企图取消他们发言权的成员之间实现平等的对话协商。共文化理论有两大前提：第一是共文化成员在主流社会结构中被边缘化；第二是在面对"压迫性的主流结构"时，共文化群体成员使用某些交际模式来获取成功。奥尔比指出，在和主流群体成员交往时，共文化成员往往抱有以下几个目的：或同化，或适应，或分离。奥尔比也列举了其他几个可能影响共文化成员交际的因素，比如，过往经验、能力、情景、代价和回报以及交际方法。奥尔比还把共文化成员与主流成员之间的交往方式分为九大类，如，出于不自信的分离，往往会采取"规避"和"设置人际障碍"方法；出于不自信的同化，往往会采取"增加自身吸引力"和"消除偏见"方法等。奥尔比的研究视角比较独特，对于那些边缘化弱势群体而言，具有很大的指导意义。

（五）文化身份的跨文化理论

古迪孔斯特做的另一分类是着重关注身份协商或管理的跨文化理论。这些理论主要是描述和阐释身份的调适，而不是详尽具体的交际行为。古迪孔斯特归纳了四种理论，分别是文化身份理论、身份管理理论、身份协商理论和身份的交际理论。

1. 文化身份理论

科列尔（M. J. Collier）和托马斯（M. Thomas）主张一种跨文化交际过程文化身份的管理阐释理论。他们的理论提出了六个假设、五个原则和一个定理。这六个假设是个体在交谈中协商多种身份；跨文化交际依赖于对不同文化身份的推演性假设和承认；跨文化交际能力包括确保意义一致，遵守原则和取得积极的结果；跨文化交际能力包括协商相互意义、原则和积极的后果；跨文化交际能力包括确立文化身份；文化身份因为范围、特点和强度的作用要发生变化。在以上六个假设的前提下，科列尔和托马斯又提出了五个原则。第一个原则是话语准则和意义差异越大，交往的跨文化性就越强。第二个原则是个体跨文化能力越强，他就能更好地发展和维持跨文化关系。第三个原则与第一和第二个原则类似，在话语中，文化身份越是不同，交往的跨文化性就越强。第四个原则指出：交往一方对另外一方所设定的文化身份越是和对方默认的文化身份相吻合，跨文化交际的能力就越强。第五个原则是文化身份的语言指称和社会语境因素之间存在系统的共变关系。科列尔和托马斯提出的这个定理是承认的文化身份越多,他们和其他身份的关联就越重要。

2. 身份管理理论

库帕(W.R. Cupach)和爱马赫利(T. Imahori)的身份管理理论源于对人际交往能力的研究。身份管理理论建立在高甫曼(E. Goffman)的自我显示和面子工作理论之上。库帕和爱马赫利把身份当成提供经验的阐释框架。身份提供了行为期待,同时也激励个体的行为。个体有多重身份,但是库帕和爱马赫利认为文化和关系身份是身份管理的核心。当交际者拥有不同的文化身份时,跨文化交际就产生了,而当交际者拥有相同的文化身份时,文化内交际就产生了。库帕和爱马赫利认为个体身份的相关要素会在面子显示的过程中得到展示。能否在交往中保全面子也是人际交往能力的表征,库帕和爱马赫利认为这一点可以推而广之,在跨文化交际中也是一样的。他们还认为,因为个体对他者的文化知之甚少,在交往的过程中往往采取偏见来保全面子,然而偏见却会对面子造成威胁,因为它往往源于外部强加的身份。结果是导致一种辩证的张力,这种关系涉及面子的三个方面:伙伴面子和自治面子,能力面子和自治面子,自治面子和伙伴面子或能力面子。库帕和爱马赫利认为,发展跨文化关系的能力包括以上三个方面。

3. 身份协商理论

廷图梅提出了身份协商理论,她认为跨文化交际能力就是"在一个陌生的交际环境中,两个交际者之间有效的身份协商过程"。在构建身份协商理论时,廷图梅做了几个假设:文化差异要影响自我感;自我认同涉及安全和弱点;身份边界管理会激发行为;身份管理涉及包容和差异之间的张力;处理包容和差异之间的辩证关系会影响一致的自我感;一致的自我感又会影响个人交际的智谋。廷图梅认为:个体的自我认同越安全,他就越乐意与其他文化的人交往。一旦个体感到越易受攻击,他在交际中感到的焦虑就越多。个体越是需要包容,他就越发强调群体内的以及关系的边界。个体若越需要差异,他在自己和他人之间设置的距离就越远。个体在协商身份时的智谋要受到有效处理安全/弱点、包容/差异之间关系的影响。个人和陌生人交往的动机影响他对交际策略的探求。个体的认知、情感和行为手段越多,他们在身份协商时效率就越高。

4. 身份的交际理论

赫克特(M.L. Hecht)奠定了身份的交际理论基础,他认为在所有的社会生活中,都存在对立或矛盾,这些对立的成分存在于所有的交往中。赫克特认为身份是一个"交往过程",身份的研究也必须置于信息交换的场景中。为此,他提出了八大设想。

(1)身份有个人、社会和社群属性。

(2)身份既是恒定的,又是变化的。

(3)身份是情感的、认知的、行为的和精神的。

(4)身份既有内容阐释层面,也有关系阐释层面。

(5)身份涉及主观的和客观的意义。

(6)身份是会话中表达的代码,决定着社群成员关系。

(7)身份有蕴含在核心符号、意义和标签中的一些语义属性。

（8）身份决定了恰当的和有效的交际模式。

赫克特认为有四种身份框架：个人的、规定的、关系的和社群的。而所谓框架，是指能够为理解这个社会世界提供一个视角的现实阐释方式。赫克特认为身份是在与他人交往的过程中体现出来的。他指出：不是所有的信息都是关于身份，但是身份却是所有信息的一部分。他认为身份的体现是自发的，身份往往体现在社会行为和符号中，身份是按等级排列的社会角色。赫克特认为身份自发地出现在与他人的关系中，成为关系中的一部分，因为身份是双方协商的结果。古迪孔斯特所做的这些理论梳理工作，基本向广大读者展示了近年来国外的跨文化研究理论，主要是北美的研究理论。可见，跨文化交际理论研究的方法和内容都比当初霍尔创立跨文化理论时有巨大的进展。这些理论的纵深发展，都表明跨文化交际作为一个独立学科，其理论建构日趋完善。同时，在这些理论得到完善之时，跨文化交际学科也日益受到国外高校的重视。

第四章　外语教学中有关文化融合教学的理论探讨

第一节　外语教学中的文化教学理论研究

一、国外外语教学中的文化教学理论研究

自从 20 世纪 60 年代以来，很多研究者就外语教学中文化教学的重要意义做了大量研究。20 世纪 80 年代至 90 年代期间，随着语用学和社会语言学的发展，外语学习不再被简单地视为语言学习的本身，更强调跨越不同文化差异的交际过程。有学者提出，将外语文化的观念和含义结合于母语文化中，能使我们转变观念，认识认知差异，并有助于我们对外语文化的接受和移情。比特（Buttes）也进一步指出语言和文化的不可分割性主要体现在四个方面：

第一，语言习得的过程因文化差异而不同。

第二，本族语学习者在习得语言的同时，也掌握了其本族语文化的副语言手段。

第三，交际的核心不仅在于语法内容的输入，而是社会文化知识的传输。

第四，成为有能力的交际者是通过在特定的社会环境中语言的交流实现的。

他的观点阐述了外语学习者在语言学习过程中所必然经历的复杂多样的跨文化因素。文化和交际是不可分割的，文化是交际的基础；文化体现交际的对象、内容和交际的方式，并反映了交际双方如何理解信息的含义和交际的语境等。因此，脱离文化的语言教学，只意味着毫无意义的语言符号的灌输。

根据人类交际系统理论，在交际中，信息发送者和接收者对信息的反馈决定了交际的成功。交际是通过有意义的信息符号而实现信息的共享。当两种不同文化背景的人进行交流时，由于他们各自传达的信息代码不同，必然会造成交际的障碍。在信息传送的交际过程中，交际的语境和环境也是决定交际成功与否的必要因素。主要有三个方面的变量对交际过程产生制约作用，包括：

第一，条件因素。各种外在客观环境的变量。

第二，个人因素。各种内化的个人因素决定或影响交际者对交际行为的选择。

第三，文化因素。各种观念、意识形态间接影响常规的交际行为。

这些文化因素是我们长期在母语（本族语）文化环境的生活中逐步形成的，这种无意识地接纳文化规则和规范的过程被称为"enculturation"或"introjection"。文化因素决定

了我们在交际中使用的交际策略，影响实际交际行为。由于文化融合的双方在交际文化，如语用规约等方面存在差异，从而导致交际的障碍。在跨文化交际中，文化差异体现在交际行为的四个方面：

（1）言语行为；

（2）非言语行为；

（3）文化的价值观念；

（4）文化群体特有的心理因素。

了解交际的认知方式和认知结构会有助于对跨文化交际的理解，而从文化倾向角度研究跨文化交际更有重要的意义。实践证明，进行跨文化交际的第一个原则是每个交际者要理解交际对方的价值观念和文化理念，这是跨文化交际的先决条件；其次是不断地自我调适、修正交际行为，最大限度地适应或符合对方的观念，即对不同文化的尊重和接受，这应是一种持续不断的适应过程。因此，在我们掌握了一种外语语言的同时，更要内化这种语言的文化背景知识，内化的知识帮助我们将有限的语言信息和相关的文化相联系，理解语言在交际语境中的特定含义，成功的交际取决于交际双方对这一特定含义理解上的同一。既然交际受到交际体系中多方面因素的制约，并且一个人的认知方式又影响了其在文化融合过程中的交际行为，我们对母语语言文化的认知方式又总在时常干扰我们对外语文化的认知过程，故外语学习者必须在了解自己的母语文化的基础上，不断培养客观地认识、评价以及接纳外语文化的态度。

二、国内大学英语教学中的文化教学理论研究

20 世纪 80 年代初，许国璋首次提出了英语词语的文化内涵问题，指出我国英语教学对词语的文化语义因素重视不够。从此，英语教学中的文化因素开始引起人们的注意，学者们从各个方面对英语文化教学的必要性进行研究论证。邓炎昌和刘润清、林纪诚和俞青海、戚雨村、刘重德、束定芳和谢之君等都先后发表文章论述语言与文化之间的关系。他们一致认为，语言与文化之间的关系非常密切，语言是文化的载体，是反映民族文化的一面镜子，而文化则影响并制约着语言和语言的使用。"在语言中存储了前人的全部劳动和生活经验。""每一种语言都与某一特定的文化相对应，该语言的语言结构、语言交际模式、篇章修辞原则等都在很大程度上受到作为该语言上层文化观念的影响甚至制约。"许国璋、刘军若、李瑛、毕继万和曾剑平等对汉英词语和谚语的文化内涵进行了对比研究，结果发现，英汉词语和谚语在文化内涵上存在着很大差异。毕继万在对比分析了汉英两种语言的句子结构之后发现，这两种语言的句子结构在形合与意合、主体中心与主客体融合等方面均存在着很大差异，而这些差异反映了两种不同文化在思维方式上的区别。左焕琪、何自然、顾曰国、李松涛等从不同角度探讨了语用与文化之间不可分割的关系。左焕琪对比分析了汉语和美国英语对称赞的表达和对称赞的反应后发现，两种语言使用称赞时在词汇、句法和对称赞的反应三方面存在差异。何自然从日常谈话的角度，对比分析了英汉两种语言在打招呼、道别、赞扬、道谢、邀请、致歉等方面的差异，并指出了文化因素在其

中所发挥的作用。顾曰国则对比分析了汉英礼貌准则，并指出，礼貌是制约语用的一个重要因素。李松涛分析了中西思维模式差异对我国大学生英语写作中语篇组织的影响。胡文仲、杜瑞清、王伟华、欧阳筱苏等通过对我国英语学习者在运用英语进行交际时常犯的一些"文化错误"进行分析后发现，此类错误主要是由于我国英语教学重视语言形式而忽视语言在实际场合的运用，忽视东西方文化上的差异所造成的。因此他们认为，英语教学必须包含其相关文化。通过对语言与文化的关系、语言形式的文化内涵、文化对语言运用的制约、英语教学与文化等诸方面的研究与探讨，语言与文化之间的特殊关系逐渐为人们所认识，英语教学过程中文化导入的必要性和重要性已不用争议。

第二节　外语教学中的文化教学目标

一、国外外语教学中的文化教学目标的界定

拉多（Lado）指出文化教学有着不同的目的：可能是作为整体素质教育的一部分，可能是为了阅读文学著作，可能是服务于国际交流，可能是为了采纳一种民族共同语，可能是为了阅读科技文献。应该说，拉多认为文化教学能帮助提高学生的整体素质。诺斯特兰（Nostrand）等人建立了一个理论框架，希望能借此帮助学生从仅仅学习文化事实过渡到能分析、比较、综合不同的文化。在他们看来，经过文化教学，具备文化能力的学生应符合以下六点：

（1）在社交场合反映得体；

（2）能描述或对文化社会行为进行归纳；

（3）能辨认被举例说明的行为方式；

（4）能解释某一行为方式；

（5）在特定情形下，能预测某一格式如何被运用；

（6）能描述或展示被目的语文化接受所需的重要态度。

此后，西利（Seelye）修正了诺斯特兰的观点，提出了文化教学的"超目标"，即要培养全体学生的文化理解能力、态度和技巧，使学生能在出现文化障碍时在目的语社会中语言表达得体。为了具体阐述自己的观点，西利在提出旨在提高学生文化交际技能的大教学目标。

托马林（Tomalin）和斯特姆斯基（Stemleski）认为，目的语文化的学习是外语教学大纲中的一个重要部分，同时他们认为人类的文化虽然各异，但仍然存在共同之处。所以，他们又对西利的教学目标进行补充，认为文化教学的目标应为：

（1）使学生逐渐意识到人们的行为无不受到有关文化的影响；

（2）使学生逐渐意识到人们的言行受到诸如年龄、性别、社会阶层和居住环境等可变因素的影响；

（3）使学生进一步了解目的语文化在通常情况下的常规行为；

（4）增强学生对目的语中词及词组在文化内涵上的了解；

（5）提高学生用实例对目的语文化进行评价并加以完善的能力；

（6）使学生具有必要的查获及整理有关目的语文化信息的技巧；

（7）激发学生对目的语文化的求知欲并鼓励他们与该文化的人们有所共鸣。

值得一提的是，托马林和斯特姆斯基不仅在前人的基础上发展地提出了自己对文化教学目标的界定，而且针对教师缺少合适的教材这一问题，给语言教师提供了生动、有趣、能调动学生积极性的教学材料。与以上学者相比，莫兰（Patrick M. Moran）更强调文化教学的语言基础和发展变化。他认为，在文化融合教育中才包括对外国文化的学习等教学目标，而外语教学中的文化教学的目标应只是引导学生理解外国文化。为了让学生能深刻地理解和体会外国文化，学生必须具备一定的语言水平。所以，外语教学中的文化教学的基础是语言教学。同时，综合教育的社会取向和个人取向，不仅将个人的文化学习规定为文化教学的结果，而且将社会变迁也规定为文化教学的结果。他的分析说明，外语教学中的文化教学不仅是外语课堂上的事情，更是整个社会发展的高度规范外语教学中的文化教学。

这些发展中的教学目标反映了外语教学的最终目的，即增强学生对外语文化和母语文化差异的认识，丰富学生外语学习的经历，帮助学生突破母语特定文化交际的模式和范围，从而培养学生对外语文化规约的认同和尊重的态度，帮助学生在交际中实现从适应过渡到跨越，进而实现超越的文化融合过程。

二、国内大学英语教学中的文化教学目标

在国内，胡文仲、高一虹指出，对于面向我国国内广大学生的外语教育来说，其目的不仅仅是工具性的，不仅仅是为了学会应付生存的交际技能，更不是为了将中国学生变成西方人。针对我国外语教育的特殊性，他们认为，外语教学的目标就是学生社会文化能力的总体提高，他们把外语教学的目的分为微观、中观和宏观三个层面。在微观层面，外语教学的目的是交际能力；在宏观层面，外语教育的目标是社会文化能力，即运用已有的知识及技能有效地加工社会文化信息，使人格向更加整合、潜能发挥更充分的方向发展，其具体又由语言能力、语用能力与扬弃贯通能力组成。为了具体阐述文化教学与学生人格的关系，高一虹在《语言文化差异的认识与超越》中进一步指出，文化交际能力的培养，应以人的建设为根本，以人格的基本取向为目标。高一虹认为，人格的培养不应是空洞枯燥的道德说教，而应通过具体的教学或训练内容、材料、活动来进行。在她看来，"是什么"和"成为什么"远比"了解什么"和"做什么"重要，也即"道高于器"。总之，高一虹认为，文化教学重要的是将文化能力与人的素质培养这一整体教育目标有机地结合起来。此外，张伊娜在《外语教育中跨文化教学的重点及其内涵》中也阐述过类似观点。她认为，对于工具观的文化教学，其重点主要在于扫除那些语言理解困难的文化障碍，忽略对形成价值观念取向影响至深的文化命题。因此，作者提出要把文化教学从狭隘的工具观中解放出来，将其上升为外语教育培养目标的组成部分，帮助学生在学习、掌握外语的同时形成

符合时代和社会要求的世界观、价值观和价值体系。

除了强调文化教学与培养学生人格、价值观的关系外，学者们还指出应培养学生在真实的交际中、在理解和运用的基础上的创新能力。陈申在《外语教育中的文化教学》中提出要以培养学生的文化创造力作为文化教学的目的。他认为文化创造力是指外语学习者在文化交际的实践中，掌握和运用外国语言文化知识，并与本国文化相互作用而产生的一种创新能力，是学生的一种能动性，一种主动从外国文化的源泉中摄取新东西的能力。同时，他从语言与文化的关系之间存在动态发展的观点出发，认为从长远而言，文化教学应不仅是语言教学的目标，而且是帮助学生获取文化创造力的手段。

综观我国对文化教学目标的界定，可以看出学者们已达成共识：外语教学中的文化教学并不是除了听、说、读、写、译等技巧以外可有可无的另一种技巧。同时，学者们以广阔的社会为着眼点，把文化教学与学生综合能力的提高结合起来，认为文化教学的目的绝不仅仅在于帮助学生掌握一门外语，更重要的是帮助他们形成正确的世界观和人生观，以适应世界的发展。

第三节　外语教学中的文化教学内容

随着改革开放的不断深入，我国同世界各国的交流（尤其是中西文化交流）日益频繁，其规模之大、范围之广、速度之快及影响之深是任何时代所无法比拟的。由于"不同文化在文化取向、生活方式、价值观念、思维方式、时间取向、社会规范等方面的差异的存在"，在多元文化的碰撞与融合中，我们应该辨明优劣、区别真伪，既不能极度崇尚外来文化，也不能绝对维护传统观念。在外语教学中，注重文化知识（既包括母语文化也包括目的语文化及其他国家文化）传授的必要性已成为人们的共识。与此同时，人们已意识到在外语教学中应重视培养学生的跨文化意识和跨文化交际能力。有鉴于此，我们将从价值观、思维方式、非语言交际、语言交际这四方面对文化教学的内容进行探讨，旨在克服文化学习中见树不见林的弊端，以引导学生言语得体。

一、价值观

有学者认为"价值观是文化的核心"。每一个社会都有其独特的价值观念体系，这套体系直接影响人们的思维方式、行为规则、认知准绳、处世哲学、演绎推理模式、评价事物的规范、道德标准。概括地说，一种价值观就是一个概念，它或外显的，或内潜的；它或是指某一个体的特点，或是说明某一群体的特征；它是可能影响着对有效的行为的形式、方法和完结之选择的东西。笔者将从"世界观""人际关系取向""时间取向""活动取向"这四方面来描述中西方文化在价值观方面的差异。

（一）世界观："天人合一"与"天人相分"

中国传统的世界观是天人合一，注重二元的依存和统一，即人与自然、精神与物质、主体与客体、凡与神均合二为一，环抱涵容。而西方则是天人相分，强调二元的并存与对立，即人与自然、精神与物质、主体与客体、凡与神均一分为二，界线分明。

"天人合一"的思想源于儒家。如殷周《易经》"一阴一阳之谓道"的观念中，阴阳依存，统一为道，即太极。春秋战国时期的老子继承了这一"阴阳合一说"。《老子》四十二章说："道生一，一生二，二生三，三生万物。万物负阴而抱阳，冲气以为和。"而汉代董仲舒的"天人之际，合而为一""以类合之，天人一也"初步总结了儒家"天人合一"思想。"天人合一"的命题则是宋代理学家张载第一次明确提出来的："儒者则因明致诚，因诚致明，故天人合一，致学而可以成圣，得天而未始遗人（《易·系辞下》）。"

"天人合一"强调人与自然的统一，人的行为与自然的协调，道德理性与自然理性的一致，这充分显示了中国古代思想家对于主客体之间、主观能动性与客观规律性之间关系的辩证思考。根据这种思想，人不能违背自然，不能超越自然界的承受力去改造自然、征服自然、破坏自然，只能在顺从自然规律的条件下去利用自然、调整自然，使之更符合人类的需要，也使自然界的万物都能生长发展。汉语中有很多成语反映了这种思想，如"天从人愿""天理人情""天怒人怨""吉人天相"等。这种思想同样也能在文学作品中觅其踪迹，如："花迎喜气皆知笑，鸟识欢心亦解歌"（王维《奉简新除使君等诸公》）；"人生有情泪沾臆，江水江花岂终极"（杜甫《哀江头》）；"高树多悲风，海水扬其波"（曹植《野田黄雀行》）。读者能通过大自然中的花、鸟、树、风、江花、海水等感应喜、怒、哀、乐等各种思想感情，做到"天人感应"。在"天人合一"思想的指导和影响下，中国人在思想意识、思维模式以及言语观方面都倾向于求整体、求笼统、求综合、重知觉，迥异于西方人的思维方式和语言观。

西方"天人相分"的世界观将世界看成由众多各自独立的物体机械结合而成，每个物体都可以脱离整体和其他物体而独立存在。许多哲学家的理论都体现了这种"天人相分、二元对立"的世界观，他们把灵魂、精神、上帝等与现实的客观世界区分开来，把人与自然、主体与客体对立起来。如古希腊哲人泰勒斯、赫拉克利特等把统一的世界划分为"元素"和"灵魂"两个世界；柏拉图的"理念"高于"现实"；亚里士多德区分"形式因"及"质料因"；基督教认为上帝创造人间世界；笛卡尔提出"物质"与"心灵"两种实体论；黑格尔提出"绝对精神"决定"现实事物"的学说等。希腊著名的物理学家阿基米德曾说的"给我一个支点，我可以撬起整个地球"，谚语"上帝创造一切，人改造一切"都说明在西方人眼里，人是高于自然的，人是自然的主人，人是超然于自然界之外的，对自然界有绝对的支配和统治的力量。因此，西方文化强调人要凭借自身的智慧和科学的力量征服自然、改造自然。他们不相信天命，重竞争求创新。在"天人相分"思想的指导和影响下，西方人倾向于一切二分，习惯以分析的思想方式和重逻辑的思维方式对待事物。

（二）人际关系取向：集体主义与个体主义

中西文化中人际关系取向是由不同的哲学思想决定的。在中国，人与人的关系表现为群体取向和他人取向，人伦、人情与人缘三位一体，凡事以家庭、社会和国家利益为重，个体的价值只能依存于群体去实现。个人在群体的关系中是依存的一分子，几乎没有"自我"

的空间和余地，其行为是由行动者知觉到这个关系中的其他人的思想、情感和行动所决定的。古代所谓"修身、齐家、治国、平天下"，修身是手段，目的是为了实现"家""国""天下"的和谐，追求整体的利益，这源于统治中国文化的儒家思想——"仁"和"礼"。"仁"是儒家思想的核心，是做人的标准，要达到"仁"，必须纳入大家，融入集体，凡事要以集体为重，以他人利益为重，万事以和为贵，国外学者称这种思想为"无我文化"。而"礼"强调的是等级差别，突出的是等级下的个人权利和义务，强调每个社会成员在社会交往中的一言一行要符合自己的身份。从古至今，这一价值取向引导中国人重视国家、民族和社会利益，形成了中华一体的凝聚精神，铸就了中华民族为国为民、舍生取义、天下为公的民族精神。但是这种取向也有其消极的一面，它会使人们缺乏个人进取精神，缺乏竞争意识，过分看重"关系"，且"从众"心理严重。"先天下之忧而忧，后天下之乐而乐""人贵有自知之明""枪打出头鸟"等都是这种价值取向的真实写照。此外，这种以家、国、天下利益为重的群体价值取向还能从古人的一些文学作品中体现出来。比如："风声、雨声、读书声，声声入耳；家事、国事、天下事，事事关心"（顾宪成《题东林书院联》）；"位卑未敢忘忧国"（陆游《病起书怀》）；"保天下者，匹夫之贱，与有责焉耳矣"（顾炎武《日知录》）。

与中国文化相反，西方文化提倡个体主义，崇尚个人与自我是西方文化价值观的一个基本取向。罗伯特·林德（Robert Lynd）曾经把"个体主义"比拟为适者生存的自然法则，个人只有通过自身的努力，发挥自己的潜在能力，维护自己的权益，才能在社会上立足。在西方文化中，个体总是要使自己独立于他人，自我独立、自我表达和自我实现被认为是最重要的，自我目标的实现主要参照自己的内在思想、情感和意志。因而我们可以把西方的价值观称为"重个人"的价值观。文艺复兴运动之后，崇尚自我的价值取向更加鲜明地突现出来。如塑造独立的人格，直接表达自我，诚实坦率，在学习、工作和社会生活中追求与众不同，标新立异，寻求各种机会充分展现自己，实现自身的潜能。在美国，崇拜个体主义、主张个性自由的态度到了极端的地步，在英语词典中，仅以"self"为前缀的词就有 100 多个。美国总统本杰明·富兰克林（Benjamin Franklin）也把个人主义在其著作中具体化，指出"上帝帮助自助者"（God helps those who help themselves）。崇尚自我的价值观有利于培养健全的人格和开放的个性，这是开发一个人创造力的前提和源泉。

（三）时间取向：圆式时间观念与线式时间观念

时间是一种无声的语言。它蕴涵着丰富的文化内涵，具有特定的顺序、结构和意义。不同的民族由于受到不同的时间规范的支配，对时间有着不同的理解和看法，有着不同的时间取向。有学者认为，东方人的时间观念属于圆式时间观念，而西方人则属于线式时间观念。

中国的圆式时间观念深受儒家思想的影响，儒家思想主张回归自然，回归过去。此外，由于一直受儒家思想的影响，中国又是一个传统导向的社会，即传统的思想延续至今，为大家所认同，规范人们的行为。因此，中国是个以过去取向为主的社会，人们常常向后看，立足于过去。中国文化的圆式时间观也常见于文学作品之中，如"日月光华，旦复旦兮。

春与秋其代序"（屈原《离骚》），"代序"即时序环转替换。中国人虽然也叹息"岁月不待人"（陶渊明《杂诗十二首》），"但悲时易失"（韩愈《幽怀》），然而中国是农业文化，时间显得十分充足，做事慢慢来是一种主要倾向。人们相信失去的东西还有时间补救，所谓"失之东隅，收之桑榆"（《后汉书·冯异传》）讲的就是这个道理。人们对"时过境迁"有心理准备，并慢慢地期待着"时来运转"。中国人常把"你着什么急"挂在嘴边，还经常可以看到藤架下的品茶者、晨练太极的老者，这些都说明中国人不像西方人（尤其是美国人）那样有强烈的时间紧缺意识，而是觉得时间非常充足。人们修身养性，重在回顾往日的言行。"吾日三省吾身"（《论语·学而》），意在反省自己过去是否有"不忠""不信""不习"的过失。这就使得历史的传统观念在这些文化中显得至关重要，人们做决定或判断真理往往要参照过去；循规蹈矩成为一种社会典范；人们崇敬祖宗，敬老尊师，重经验，重年龄。此外，传统的"知天命""畏天命""生死有命，富贵在天"的"信天由命"的人生观也与过去取向的时间观密切相关。

受线式时间观念的影响，西方人一切着眼于未来，未来取向是他们的重要价值观念。在西方文化中，"时间好比一条直线，是一种线性的单向持续运动。时间是'行进、流逝、飞行；是河流、大江、瀑布'。而且根据犹太基督教的传说，时间不是圆式的周而复始的运动，它是有始有终的"。文学家们把时间比作"一切事物的吞食者"（奥维特）、"偷走青春的神秘窃贼"（弥尔顿）和"急驰而来的带翼飞车"（马维尔）。莎士比亚认为时间的"步伐轻快得令人眼花缭乱"。民间谚语"岁月不待人"也说明，线式时间观念使西方人总是觉得时间一去不复返，因而其有着强烈的紧缺意识。这就促使西方人凡事向前看，一切着眼于未来，并期待将来比现在更美好，将来才是幸福的所在；他们往往很乐观，重视革新和变化，不墨守成规。因此，他们在日记中喜欢记下对未来事情的安排，把精力和努力都放在实现近期规划方面。

（四）活动取向："求稳"与"求变"

中国封建社会的一体化政治结构，要求社会和个人的信仰及观念一元化、一体化、同步化，造就了传统文化的"大一统"思想。受这种思想的影响，人们希望社会稳定，国泰民安；希望家庭稳定，生活平静，实现"安居乐业"，并能"知足常乐"。在"忠恕"和"仁爱"的中庸哲学指导下，中国人很少有激进的行动，基本上是"温和"与"缓进"的，强调顺其自然。"统一"和"稳定"是社会发展的保证，这当然包括家族、家庭、社会和国家乃至个人的社会地位、社会关系等方面的稳定。中国社会在稳定中求发展，使得几千年的文化得以延续和保存完整。这种价值观与儒家、道家思想以及佛教有关。儒家倡导三纲五常，宣扬礼乐教化，"礼"要求社会秩序化，"仁"要求人伦关系规范化。道家倡导"无为"，而佛教主张通过冥想和反省来获得自我认识、自我拯救及自我内心的平静。稳定价值观的积极性在于，促使社会和谐，家庭和睦，人的内心平静，生活恬淡。消极性在于，中国人安于现状，不求进取，缺乏创新精神，社会发展缓慢。

变化是西方人（尤其是美国人）所追求的。他们喜欢独辟蹊径，标新立异，并且不断创新。小到个人服装、家居和建筑各具风格，大到科技创新，无不体现变化的真谛。在他们心目中，变化体现出不断打破常规、不断创新的精神，而且是永无停顿的创新。他们不执着于传统的秩序，不甘受制于家庭、经济、教育乃至个人能力等条件。这种变化还表现在不同形态的流动方面，如地域、职业及社会地位等方面的流动，就在这种变化过程中给人们带来了更多的机遇、财富。变化这种价值观与海洋文化有直接的关系。海洋文化的实质就是征服自然，从而获得个性解放，这个过程本身是运动变化的过程。此外，西方人"求变"也同其求异性思维有着密切的联系。求异性思维使西方人形成个体主义，勇于探索，敢于挑战甚至否定前人、别人、智者、权威的名言、结论，不随意苟同他人；喜欢各抒己见，思维方式趋于多元化，注重多思路、多角度、多侧面、多层次、多方法，寻求新的方面、新的途径和新的办法；重视追根穷源，不断处在"为什么""是什么""为什么"这种无限的反复推进的过程；具有发散性、开放性，而非收敛性、封闭性，因而有利于发挥创造精神。变化这种价值观的优点是：人们具有冒险精神、竞争意识和极强的创造力，因此社会进步快。缺点是：人际关系冷漠，家庭易出现危机，社会易出现暂时不和谐。

二、思维方式

任何一种类型的思维方式都是在一定的自然环境、生产环境和社会组织环境中，经过人们思维活动的逐步演变和长期积淀而形成的。由于不同的地理环境、历史背景、政治制度、经济体制、风俗习惯、宗教信仰以及不同的哲学观、伦理观、价值观、审美观、时空观等因素，东方（以中国为代表）和西方（古代以希腊、罗马为代表，现代以西欧与北美为代表）的思维方式从总体上看具有不同的特征。东方人偏重人文，注重伦理道德，西方人偏重自然，注重科学技术；东方人重悟性、直觉、意象，西方人重理性、逻辑、实证；东方人好静、内向、守旧，西方人好动、外向、开放；东方人求同、求稳，重和谐，西方人求异、求变，重竞争。

（一）"重人伦"与"重科学"

中国半封闭的大陆型地理环境和小农经济哺育了儒家思想。在《中国思想通史》（第一卷）中，侯外庐先生指出，周朝以后中国人"以伦常治道的人生智慧为唯一关心的问题，而无暇论究好像不着实际、不合实用的希腊智者所醉心的宇宙根源问题，以及认识自然与一般知识技能问题"。侯先生的观点和"天道远，人道迩，非所及也，何以知之"（《左传·昭公十八年》）的意义是一致的。即天道是彼岸世界的事，不可及亦不可知，人际关系（人道）则现实得多，于是成为人们注视的中心。这种以人道、伦常为视觉焦点，轻自然、重伦常，反天道、重人道的思维方式，就成了儒家学说的基础。这种思维的中心在于伦常治道，在于确立和论证君臣之义、父子之亲、夫妇之别、长幼之序、朋友之信的人伦关系，在于维护君臣关系和封建专制，在于安邦治国。因此，我们可以说儒家学说是伦理哲学和政治哲学，是致意于明智做人之学。它以维护封建宗法制的伦理道德为评判标准，以"仁""礼"为中心，主张"仁、义、礼、智、信"，"诚意、正心、修身、齐家、治国、平天下"，倡导听天由命，顺应自然，体认天道，以天道为人道，以立己为起点，以平天下为归宿，重伦理纲常，重道德修养，重人际关系，重社会秩序，重安定和谐，重现实，重致用，轻自然，轻功利，对探索自然奥秘缺乏兴趣。在这种学说的影响下，人们关心的是人道，而非天道；是人生之理，而非自然之性。这也导致了中国传统的思维方式具有"重人伦"的典型特征。然而，西方文化的发源地希腊半岛及其附近沿海地区的开放性，海洋型地理环境和手工业、商业、航海业的发展，引起了古希腊哲学家对天文、气象、物理和数学的浓厚兴趣，逐渐形成了西方注重探索自然奥秘的科学传统。与中国古代人不同的是，西方人大都是为了追求知识而去探索自然的奥秘，自然界就成了西方传统思维方式的视觉焦点。西方哲学是求知识的学问，主体是自然哲学、科学哲学，注重对宇宙、自然的探索和认识。哲学家爱智慧、崇理性、尚思辨，以认知自然为视觉焦点，崇尚自然，认识自然，探索自然，最终征服自然。他们追究宇宙起源，探索万物本质，分析自然构造，寻求物质元素，诘问人生目的，重视本体论、认识论和方法论。由于西方哲学与科学密切相关，身兼自然科学家的哲学家自古以来比比皆是。如"英国唯物主义和整个现代实验科学的真正始祖"培根就发展了崇尚自然、以自然为研究对象的思维传统。他认为自然才是至高无上的，人不能驾驭其上，人只有认识自然，才能掌握自然。他相信"知识就是力量"，人可以用知识战胜自然。此外，笛卡尔、莱布尼兹、洛克、康德、罗素、维特根斯坦、马赫、皮亚杰、爱因斯坦等既是自然科学家又是哲学家，而这种情况在中国是极少有的。崇尚自然、研究自然的致思倾向，极大地促进了自然科学的发展。随着自然科学的发展，西方人对自然的研究也从"分门别类地孤立研究"到"各学科互相渗透地研究"，以自然界本身的原因说明自然现象，从物质的内在结构说明其种种属性，从而产生了以实验为基础的逐层深入的逻辑分析方法和种种推断、证明、解释的思维形式，形成了西方"重科学"的思维方式。正如马克思所说"新的自然观的基本点是完备了：一切僵硬的东西溶化了，一切固定的东西消散了，一切被当作永久存在的特殊的东西变成了转瞬即逝的东西，整个自然界被证明是在永恒的流动和循环中运动着"（《马克思恩格斯全集》第 20 卷）。

（二）直觉经验性与理性实证性

中国传统思维具有内倾性特征。内倾性强调向内寻找，如"反求诸己""反身而诚""反求自识"等，这种内省的方式往往不能用明确的言语表达，人们也就只能靠感觉、体验、意会、领悟来把握它，而无须理性的、逻辑思维的成分。而直觉思维就是一种超越感性和理性的与内倾性密切相关的内心直觉方法。它通过直觉、灵感、顿悟，而非逻辑推理，直接而快速地把握事物的内在本质和规律；以悟性为核心，重直观内省、轻实测论证，重内心体验、轻实验实证，重直觉领悟、轻理论分析。这种思维在中国传统文化的"儒、道、佛"中都有所体现。如孔子认为"内省不疚"，孟子主张"尽其心者，知其性也，知其性则知天矣"（《孟子•尽心》），都意味着其认同由心的内省以领会宇宙的根本规律。李翱提出"感而遂通天下""不应于物""我以心通""其心昭昭然"，强调"人心"具有直观的特殊灵感和最高的智慧，不需要接触外界事物，便能无所不知，无所不通。庄子认为"道不可言，言而非道"，主张以无知无欲无思之心去直觉体悟宇宙本体。中国的禅宗，极力主张"顿悟"说，认为人人自心本有佛性，不需诵经坐禅和累世修行，提出"一闻言下便悟，顿见真如本性"（《六组坛经》），强调"不立文字""直指人心"，提倡"心净自悟，顿悟成佛"，力求排除语言文字对思维的束缚，在超时空、非逻辑的精神状态下实现绝对超越，进入佛性本体境界，这也是意会体悟的直觉主义思维方式的体现。如前所述，西方人的视觉焦点在自然界，他们有崇尚自然的致思倾向。这种致思倾向有力地促进了西方近代自然科学的发展，同时使思维方式又有很强的实证性特征。与古代科学以经验为主不同，近代科学以理性为主，十分重视科学方法对科学发展的作用。英国近代实验科学的始祖弗兰西斯·培根（Francis Bacon）在亚里士多德（Aristotle）的逻辑著作《工具论》的基础上完成了《新工具》的创作，系统阐述了归纳法，强调观察、经验、事实、实验、例证、分析、实证，主张用归纳的、理性的方法去整理感性材料，把个别的现象上升到一般的理论。培根重视观察和实验、重视例证和归纳的科学方法论的思想是西方思维方式的主流，受这一思想的影响，西方注重实证的特点经久不衰。法国哲学家孔德（Comte）在19世纪三四十年代创立了实证主义，认为科学的使命是发现经验世界的规律，这只有靠观察和实验才能做到，这样取得的知识是实证的知识，只有被实证科学所证实的知识才能成功地运用到人类实践的各个领域。奥地利物理学家马赫和法国哲学家阿芬那留斯创立了第二代实证主义"马赫主义"。到了20世纪20年代，德国哲学家石里克等创立了第三代实证主义，即逻辑实证主义，直接把实证和逻辑连成有机的一体，把"直接证实"改为"间接证实"和语言表述的证实（约定主义），用或然性的经验基础代替确实无误的经验基础，用概率的假说来代替证明的知识，实证性成了西方思维方式的一大特征。

此外，逻辑性也是西方思维方式的一大特征，他们通过逻辑论证和推理认识事物的本质和规律。古希腊哲学家亚里士多德开创的形式逻辑使西方思维方式具有理性、分析性、实证性、精确性和系统性等一系列特征。17世纪，英国哲学家培根发展了逻辑学，创建了归纳法，强调观察、经验、事实、实验和实证。此后，穆勒等人将归纳法与演绎法相结合，创立了现在通常所说的形式逻辑。17世纪60年代，德国的莱布尼兹将数学方法引入逻辑学，提出了数理逻辑的思想。18世纪末至19世纪初，德国的黑格尔提出了辩证逻辑，马克思、恩格斯则以唯物主义改造了辩证逻辑。总之，西方思维的公理化、形式化和符号化是和逻辑思维的发展密不可分的。正如爱因斯坦所说，"西方科学的发展是以两个伟大的成就为基础的，那就是：希腊哲学家发明的形式逻辑体系（在欧几里得几何学中）以及通过系统的实验发现有可能找出的因果关系（在文艺复兴时期），而中国的贤哲却没有走上这两步"。

（三）整体性与局部性

在中国，由于自然科学没有发展成为近代形态，没有一个分门别类地精确研究的阶段，进入近代之后，中国自然科学业基本上是古代科学的延续，表现在思维方式上，就是一直保持整体性思维特征。"天人合一""知行合一""情景合一"正是中国整体性思维方式的浓缩。"天人合一"视天道与人道为一体，天中有人，人中有天；"知行合一"强调认知与行为的一致；"情景合一"将主体意向、个人情感与描写客体融合为一。整体性思维把人与自然、人间秩序与宇宙秩序、个体与社会看作一个不可分割、互相影响、互相对应的有机整体。在这个整体结构中，身心合一，形神合一，精神与物质、思维与存在、主体与客体合一。"道""气""太极""理"是整体的基本范畴，阴阳、五行、八卦是整体的基本要素。它不以自然作为认识对象，不把认识自然作为目的，而是以主客一体实现"尽善尽美"的整体和谐境界为目标。它注重自然和谐，习惯于融会贯通地把握事物，而不主张从局部和细节上把握事物；注重整体的关联性，而非把整体分解为部分加以逐一分析研究；注重结构、功能，而非实体、元素；注重用辩证的方法去认识多样性的和谐和对立面的统一。因此，整体性思维对世界的把握是笼统的而不是精细的，世界在本质上是某种从混沌中产生出来的东西，它一产生便是一个整体，一个不断变化、不断流转的过程。如张载的"元气说"就是以用"气"（或"理"）解释万事万物，把人同自然界结合为一体，人参与到自然界中，自然界渗透于人的"心"中。总之，中国传统的整体性思维追求和谐和辩证，追求公允协调、互补和自行协调，以此达到事物的平衡和稳定，而非极端。

在西方，柏拉图首先提出了"主客二分"的思想。15 世纪下半叶到 18 世纪末是西方自然科学分门别类地搜集材料和整理材料的时期，也是自然科学取得长足进步的时期。这一时期主要采用以观察和实验为基础的归纳法和数学演绎法，从定性走向定量，从宏观走向微观，以孤立、静止、片面的观点考察和分析事物，于是形而上学的思维方式占主导地位。正如恩格斯所说，"把自然界分解为各个部分，把自然界的各种过程和事物分成一定的门类，对有机体的内部按其各种各样的解剖形态进行研究，这是最近 400 年来在认识自然界方面获得巨大进展的基本条件"。如在数学方面，耐普尔创立了对数，笛卡尔创立了解析几何，莱布尼兹和牛顿分别创立了微积分；在天文学方面，哥白尼创立的"日心说"开创了一个新时代，开普勒发现了行星运动三大规律，成为天体力学的真正奠基人，伽利略制造出第一架天文望远镜，发现了"新宇宙"，牛顿在前人研究的基础上发现了万有引力定律，做出了划时代的贡献；在化学方面，波义耳批判了"四元素说"和炼金术的种种谬误，确立了比较科学的化学元素概念；在生物学方面，哈维确立了血液循环学说，林耐创立了生物分类法，确立了生物界的秩序。然而，所有这些学科都是孤立地、静止地进行研究的，每个学科只看到自己领域里的局部材料，没有把自然界的事物视为运动着的有联系的整体，自然科学发展的这种状况深刻地影响着人们的思维方式，使得西方人的思维方式呈现出典型的解析性特征。解析性思维明确区分主体与客体、人与自然、精神与物质、思维与存在、灵魂与肉体、现象与本质，并把两者分离、对立起来，分别对这个二元世界做深入的分析研究，主张通过对事物整体的逻辑分析来把握事物的本质和规律，因此它就具有孤立、静止、片面即形而上学的特征。

（四）模糊性与精确性

由于没有关于细节的精确研究，中国传统思维的模糊特征得到充分的发展。在古代，人们把宇宙看作混沌的整体，因此思维对象是模糊的，思维主体也是模糊的，人们只能以模糊的思维去认识模糊的整体，也就难以准确认识事物的本质。这种模糊性的思维方式，重视对事物做质的判断，而忽视做量的分析；描述事物重求其似、其"神"，不甚求其真、其实，不甚求其精确、清晰，往往带有朦胧的猜测成分；其思维范畴往往具有不确定性和多义性；在方法上，讲究"设象喻理""刻意神似"，"只可意会，不可言传"，疏于分析实证，重视直觉体悟，缺乏逻辑推理，这种思维方式只能给人们提供关于事物的模糊整体图景。如关于宇宙起源问题，《老子》曰"有物混成，先天地生"，周敦颐则认为"乾坤二气交感，化生万物，万物生生而变化无穷焉"。这种关于宇宙生成的模糊图景，无科学依据可言，只是臆想和猜测的结论。此外，关于具体问题的论述也用"设象喻理"的方法。如关于形神关系的论述问题，嵇康说"精神之于形骸，犹国之有君也"；范缜则以利刃比喻神形，以"国君""利刃"喻神形，形象而易解，通俗而不失机智。但这样的说理终究只是比附，理论本身并不明确清晰，缺乏令人信服的逻辑力量，而且用整体、联系、发展的而非片面、孤立、静止的观点考察事物，事物的界限不易分清。

相比之下，由于西方近代实验科学注重对事物分门别类、分析解剖，重视定量分析和精确计算，因而促使数学、力学、天文学、生物学、化学、物理学等学科得以确立与发展，使得精确性成为西方近代思维方式的一大特征。近代数学的巨大发展，正是近代自然科学对精确性要求的结果，数学不仅是知识，也是思维的工具，逻辑和数学汇合成数理逻辑，使思维更趋精确。如天文学的发展，有赖于大量的天文观测，如果观测结果不精确，就缺乏可信的依据。丹麦著名的天文学家第谷，在20多年的天文观测中，取得了比前人准确50倍的结果，几乎达到肉眼观测精确度的极限，他所做的是望远镜发明以前最卓越的天文观测工作。此外，西方人的推理一般是命题型的：从某个初始命题出发，按照一定的规则，依次推出一系列的命题系统。如古希腊德谟克利特从"原子是不可分割的最小微粒"推出古代原子论。这种推理要求初始命题十分明确，推理程序非常严密，因而显得精确。总之，西方人崇尚科学和理性，注重思维活动的严格性、明晰性和确定性，注重思维程式的数学化、形式化、公理化、符号化和语言的逻辑性，其思维方式必然带有精确性。

综上所述，中国先哲的思维沿着政治伦理的方向发展，而西方智者的思维却沿着科学认知的方向前进。中国思维具有阴柔偏向，含有艺术家的素质，力图求善；西方思维具有阳刚偏向，含有科学家的素质，力图求真。

三、非语言交际

非语言交际指的是在一定交际环境中除语言因素以外的，对输出者或接收者含有信息价值的那些因素。这些因素既可人为地生成，也可由环境造就。我们日常生活当中有许多非语言交际的实例，如中医看病讲究"望、闻、问、切"，其实就是利用非语言交际对患者进行观察；京剧演员强调"唱、念、做、打"，其中"唱、念"是言语艺术，"做、打"是非言语表演艺术。

作为交际行为，语言交际在表达思想内容方面的作用非常突出，非语言交际则可以对语言交际行为表达的意义进行重复、否定、代替、补充、强调、调节，特别是可以适宜地传达不宜用语言直接表达的隐含信息。人类学家伯德惠斯特尔（Birdwhistell）曾对同一文化的人在对话中的语言行为和非语言行为做了一个量的估计，认为语言交际最多只占整个交际行为的30%左右。对于非语言交际的重要性，萨莫瓦尔（Samovar）等人明确指出："绝大多数研究专家认为，在面对面的交际中，信息的社交内容只有35%左右是语言行为，其他都是通过非语言行为传递的。"此外，有研究表明在课堂教学中课堂教学效果的82%

是通过教师的表情、举止等非语言手段实现的，而只有18%的信息是通过语言行为达到的。

非语言行为是一种传递信息、交流思想的方式，是一种社会现象，同时也是一种文化形态，各民族文化的非语言交际行为既有共性，又有独特性。无论哪一个民族，手碰到火都会本能地往回缩，高兴时会自然地露出笑容，这就是民族间非语言交际行为的共性。然而，由于不少非语言行为是人们在特定的环境下习得的，民族间的非语言交际行为也有着巨大的差异。如果不了解非语言交际行为的文化差异，就可能出现交际障碍，甚至会导致严重的冲突。例如，美国前总统尼克松有一次去巴西访问，下飞机时举手做出"OK"的动作，惹恼了巴西全国，因为这一手势在巴西被视为下流的动作。结果，美国人向巴西人道歉。一般来说，非语言交际的研究内容包括三个方面：体距学（proxemics）、身势学（kinesics）和副语言（paralanguage）。因此，我们将从体距和体触行为、体态语、面部表情、目光语等方面来探究非语言交际行为的文化差异。需要说明的是，非语言交际具有多种手段的协调配合性，如目光可能与手势或头部动作相配合来表示某种意义。因此，分类只是一种人为的实用手段，并非彼此绝对独立的现实存在。

（一）体距和体触行为

"体距学"这个术语是由霍尔首先提出的。它研究人们在交际时保持相互间身体的距离并由此而体现出来的特定的含义。他在研究人如何利用空间和距离来表达思想和传递信息时把人际距离划分为四个区域：①亲密距离（intimate distance）：大致从实际接触到18英寸之间。这个距离是亲密朋友、家庭成员、莫逆之交等关系最为密切的人的交际距离。在这一区域内，交际双方可以进行身体接触，如接吻、拥抱、贴身等，说话的声调一般也比较低而轻柔。②个人距离（personal distance）：约在18英寸至4英尺之间。老同学、老同事、关系融洽的邻居、师生之间交际时所保持的距离属于这个区域。③社交距离（social distance）：约在4英尺至12英尺之间。进入这个区域的人彼此相识，但并不熟悉，他们因为这样那样的原因而交际。如家庭主妇与请来的清洁工之间谈话的距离大约为4英尺。④公众距离（public distance）：在12英尺至视觉和听觉的有效距离之间，如演讲、集会、报告会等场合。

一般说来，人们交际中的体距会受到文化因素的影响，人们对待体距的态度反映了不同的社会价值观念、传统习俗和生活方式。美国伊利诺州立大学布罗斯纳安（Brosnahan）教授将中国和英语国家非语言交际的差异概括为"聚拢型"和"离散型"，即中国人更具有"接触文化"的特征，英语国家更具有"非接触文化"的特征。首先，美国人具有很强的"privacy"意识，同时他们的空间领域感亦很强烈。"Good fences make good neighbors"就反映了美国人往往通过设置障碍物的方式来防止受到他人的无端干涉的心态。在家里，如果可能的话，每个孩子都拥有自己的卧室，一个仅属于自己的天地，没有孩子的许可，即便是父母也不能随便进入。美国孩子都明白"Knock before you enter"这一处世规则，这既是对个人行为的约束，同时也使他们学会了尊重别人的隐私。在公共场所，他们经常用墙、门及夹板把个人工作或生活的地域与他人隔离开，学校图书馆的书桌以及教授、律师、公司职员的办公场所都有各种不同形式的地域划分。因此，到美国人家里做客，客人一般只能在客厅里活动，除非主人邀请，客人绝不能出于好奇提出参观卧室、厨房等要求，否则就会被视为无礼。然而，受传统文化、家庭结构、人口密度、集体主义思想教育等多重因素的影响，中国人的空间领域感不像美国人那样强烈。比如，在拥挤的公共汽车上脚被踩了，中国人一般不会做出强烈的反应。在影院、剧场把头倚在前排的靠背上并不鲜见。在长途汽车或火车上，打瞌睡的人把头靠在邻位之人的肩上，甚至会受到保护而不被打扰；自然地凑过头去看他人正在看的报纸，看他人正在写什么、做什么也不足为奇；在公园里打牌下棋的桌子周围围观，更是屡见不鲜。

其次，我们还要注意中西方人在空间利用方面也存在着差异。例如，英美人交谈时喜欢面对面，这样有利于坦诚相见，进行目光交流；而中国人倾向于并排而坐，这样有利于"促膝谈心"，而且还可以避免面对面可能给人带来的"受审"式的感觉。又如，英语国家的人用餐一般用长方形的桌子，男女主人分坐在长桌两端；中国人习惯用圆桌，男女主人坐在一起。在英语国家的餐桌上，最显贵的位置是女主人右侧的男主宾位和男主人右侧的女主宾位，第二等座位是女主人左侧的男宾位置以及男主人左侧的女宾位置；中国餐桌最显贵的位置往往是面向餐食正门的座位，第二等座位是主宾的右侧靠近面向门的座位，然后依次围桌排列。

最后，中国和英美国家在体触行为方面有很大的差异。中国人见到婴儿或很小的孩子，总想摸摸、拍拍、搂搂或亲亲他们，以示亲近和爱抚，而西方人却会感到别扭甚至反感。因为在他们自己的文化中，这种触摸动作被认为是无礼的，是对个人的不尊重。此外，在中国同性别的青年间相互搂抱肩膀和腰是友好的表示，并无不纯洁之意，异性之间的接触则较为谨慎和含蓄。而在英语国家刚好相反，异性之间的接触比较自由，不必回避他人，而同性之间的勾肩搭背甚至手拉手则被认为有同性恋之嫌。另外，当通过拥挤的人群时，英语国家的人多用双手触碰别人的身、手、肘或肩部，分开一条路。他们认为中国人不用手分路，而用身体躯干挤过人群的行为是不礼貌的。最后，在排队时或人群拥挤的地方，英语国家的人对相互碰撞或距离过近都极为敏感，万一碰撞了他人则一定要表示歉意。

（二）体态语

在讨论中西方体态语的文化差异之前，我们有必要对有关"体态语"的术语进行梳理。很长一段时间，人们对"体态语"的一些术语混淆不清。如英语中有 body language、body movements、gesture、body behavior、kinesics 等；汉语有体态语、身体语言、态势语、手势语、体语、体语学、身势学、身动学等。针对以上现象，毕继万认为："有关体态语的术语可分为两类，一类是体语（body language），包括英语中的 gesture、body movements、body behavior 和汉语中的身体语言、手势语、态势语和体语；另一类是身势学或体语学"。法斯特（Fast）在《体态语》一书中对体态语进行了解释，认为体态语是用以同外界交流感情的全身或部分身体的反射性或非反射性动作。而 kinesics 是伯德惠斯特尔创造的一个词，指研究体语的学科。他认为在意义和情感的表达手段中，有 65%以上是靠面部表情、动作、手势、姿势等身势语完成的，光人的脸就能做出大约 250 000种表情。

体态语和有声语言一样，也是文化的载体。相同的体态语行为在不同的文化中可能表示不同的含义，完成不同的社会功能，这就容易引起误解，给跨文化交际造成困难。就走姿而言，美国伊利诺州立大学布罗斯纳安教授在中国调查发现，中国人普遍感到英语国家的人走路时"傲气十足"。布罗斯纳安问一名中国学生，他对英语国家的人行为举止最反感的是什么，这位中国学生冲动地说道，他最为气愤的是英语国家的人走路时胸腹高挺，大摇大摆，"好像整个世界都归他所有一样"。在布罗斯纳安看来，英语国家人的标准走姿是军人武士式的，中国人是文人雅士式的。他说："在中国人看来，英语国家的人自由自在地行走时，神气活现、贪得无厌、垄断独霸、专横跋扈、盛气凌人。"英语国家的人则"可能将中国人的走路姿势看成是畏畏缩缩、羞羞答答，或者怕出风头"。此外，在交际中"谁站谁坐"，中西方也存在差异。一般说来，在西方站立者通常是在年龄上长于或在职位、地位上高于坐者，在交谈中扮演主导角色。因此，交谈一方采取站立姿势或来回走动，意味着他位尊职高，有权决定谈话过程的进度。而在中国，情况正好相反。一般而言，晚辈或地位较低者以站示礼，倾听意见，处于被动地位；长辈或位尊者常坐着，处于支配地位。

就坐姿而言，不同文化之间也有差异。英语国家的坐姿比较随便，以美国人最为突出。他们习惯将一只脚踝压在另一条大腿上，也就是我们常说的架"4字腿"，甚至其会将双脚翘到桌面上。延森（Jensen）对此做了说明："美国人双脚翘到桌面上，是一种轻松自在、不拘礼节的表示，往往还是对对方的一种敬意。但对一些拉丁美洲以及亚洲人来说，这种行为是粗鲁无礼或自命不凡的表现。"在开罗曾发生过这样一件事情：一位英国教授上课时身体往椅子背上一靠，双脚翘起朝向学生，这种行为激怒了埃及学生，学生们示威游行强烈要求开除这位英国教授，因为这种行为是对穆斯林传统的侮辱。而中国人传统的坐姿是"正襟危坐"：上身与大腿、大腿与小腿这两处的角度形成直角，挺直腰杆，收紧膝盖。就点头而言，大部分国家用点头表示同意，用摇头表示不同意，但在因纽特人那里，情况则完全相反。此外，锡族人用两种不同的形式表示"yes"这一概念。他们对事实性的问题（如"Are you a student?"）用点头表示"yes"；但当他们对别人的看法表示同意时（如"Will you go with me?"）则用摇头表示。希腊人用"摇头"表示"yes"，但表示"no"时则用面部向前、头部后仰的动作来表示。据说有一次一个英国人准备在港门乘船去一个小岛，他问一个希腊人去小岛的船是否已经离开，这位希腊人摇了摇头（意思是"离开了"），但这位英国人理解为"还没有离开"，为此他在那里等了几个小时。

就手势而言，民族与民族之间的差异非常明显。如美国人用大拇指和食指做成一个圆圈来表示 OK；在日本它是代表钱的符号；在法国是表示零的符号；在马耳他、土耳其和希腊，则代表与男同性恋者相关的一些意义；对阿拉伯人就意味着极度的敌意；对意大利人来说其有极其下流的意思。在向欢迎群众致意的手势方面，中国和英语国家也是有差别的。中国人在向欢迎群众表示感谢时，往往双臂高举，两手在头上方相握向群众前后摇动。而在英语国家，这一动作是用于表达优胜者高兴的心情，来源于拳击比赛中裁判握住优胜者的手高高举起的动作，现已成为运动员取得冠军称号后向观众表示胜利的习惯手势。据说，前苏联领导人赫鲁晓夫访美时，在飞机舷梯上向前来欢迎的美国人曾做这一动作，结果激怒了美国人，他们以为赫鲁晓夫有意向美国人示威。英国前首相丘吉尔也犯过类似的错误。众所周知，掌心朝外的 V 手势代表着"胜利"。在第二次世界大战期间，丘吉尔在检阅时，本想祝愿英军取得胜利，可无意间做了一个掌心朝内的 V 手势（这是一种下流的、猥亵性的动作）。此外，在马路上要求搭便车时，中国人和英语国家人的手势也是不一样的：中国人伸出一只手臂，手掌向来车张开，作拦车状；美、英、加等国人面对开过来的车辆，右手握拳，拇指跷起向右肩后晃动，但在澳大利亚和新西兰，这一动作被看作淫荡之举。值得注意的是，在叫人的动作上，中英之间往往也会产生误解。叫人过来时，英语国家有两个常用动作：一是食指朝上向里勾动，在中国，这一动作却给人以不正派之感；二是用手掌向上或向左朝自己方向招动的方式招呼成年人过来，对幼儿和动物则手掌朝下向自己方向招动。中国人正好相反，即招呼成年人时手心向下，招呼幼儿和动物时手心向上。

（三）目光语

中国古代许多成语都与眼和眉有关，如扬眉吐气、眉飞色舞、目瞪口呆、暗送秋波、画龙点睛等。此外，从莎士比亚的"仿佛他眼睛里锁藏着整个的灵魂"，到音乐歌谣的"不要说，你的眼睛已经告诉了我"，都说明目光语在人际交往中有着重要的作用。

目光的礼节、各种凝视行为及目光在交际中的功能反映出不同的文化背景及不同的民族文化心理。首先，不同文化的目光接触方式和规则并不完全相同。法斯特教授曾讲过这么一件事：有一次他和朋友乘电梯下楼，途中进来一位漂亮的少女。教授的朋友上下打量着她，那位少女的脸越来越红。当电梯门开时，那位少女一边跨出电梯一边回过头来对教授的朋友吼道："你没见过女人吗？你这个老色鬼！"望着气呼呼走出电梯的少女，他不解而狼狈地问法斯特："我到底做错了什么？"他错就错在"贪看"——紧盯着别人看意味着在用目光"抚摸"对方的身体，从而触犯了非语言交际中最重要的规矩。又如两个阿拉伯人在一起交谈时会用非常热情的目光凝视对方，因为他们认为双目是个人存在的钥匙。如果从美国文化角度来看，这种目光是不适用于两个男人之间的，这种长时间的凝视常常是同性恋的亚文化群使用的非言语代码的一部分。有教养的英国男子认为直接注视与之交往的人的眼睛是一种绅士风度。法国人则特别欣赏一种鉴赏似的注视，这种眼光看人时传达了一种非言语信号：虽然我不认识你，但我从心底里欣赏你的美，所以法国男子在公共场合对女士的凝视是人们公认的一种文化准则。中国人则把紧盯着自己看的目光当成不怀好意或是一种明显的挑衅。

其次，不同文化的沉淀造成的视向差异同样不容忽视。南美印第安人维图托部族和博罗罗部族的人讲话时习惯用眼睛看着不同的方向。黑人、奇卡诺人、美洲土著人和波多黎各人的另一种常见的眼睛动作就是避免目光接触，以此作为承认和尊重主从关系的非言语表示。如有一位 15 岁的波多黎各少女在纽约一所中学念书，一天，因被怀疑在洗浴室抽烟被人抓住。尽管这女孩品行一直不错，但校长与她谈话时，她老是低头看着地板，没有正视校长。所以校长认定她是因为触犯了校规而心虚，于是勒令她退学。多亏该校有一位教西班牙文学的教师对波多黎各文化有所了解，他向校长解释说：在波多黎各，好女孩是出于尊重和服从才"不向大人正视"的。

再者，在目光交流的时间方面，各民族之间也是不同的。英语国家的人比中国人目光交流的时间长而且更为频繁。他们认为缺乏目光交流就是缺乏诚意、为人不诚实或者逃避推托，也可能表示羞怯。英美人有格言："Never trust a person who can't look you in the eyes."（不要相信不敢直视你的人）。中国人却为了表示礼貌、尊敬或服从而避免一直直视对方。在中英交往中，英语国家的人会为中国人回看时间过短而反感，认为他们看不起自己，或者认为中国人表情羞羞答答，目光躲躲闪闪；中国人却感到英语国家的人在交谈过程中总爱死盯着人，中国青年女子对于英语国家的男子这种盯视有时就极为反感。此外，在终止回顾目光的方式方面，中国人和英语国家的人也大不相同。英语国家的人（特别是女子），习惯于眼睛旁顾，给中国人的感觉是态度冷淡、漠不关心或心中不满，因为中国未成年子女对父母的批评不服时就是头偏向一边，目光旁顾。中国人（特别是女子）却习惯于目光下垂，并且其他人在长者或上级面前也有这种表现。这是一种谦逊、服从或恭敬的态度。但英语国家的人却感到难以理解，因为英语国家的男子认为中国女子目光下垂"是中国大男子主义文化的间接凭证"。

（四）面部表情

人类的感情或欲望，在无意识中形成身体行为的变化而表现出来，而利用面部做出的变化更是难计其数。白居易的名句"回眸一笑百媚生，六宫粉黛无颜色"，写出了最微妙的表情效果。水门事件发生当年尼克松一边回答记者提问，一边随手抚摸自己的脸颊和下巴。这些微妙的动作他以前不曾有过，他的身势语言已是一份"供词"，表明了他与水门事件有牵连。

面部表情对于交际的重要性是众所周知的，但表情中的多种文化内涵却难以估量。研究表明，人类的情感类型以及表达这些情感的面部表情是相同的，但是各种文化在控制、显露表情的程度和规则上有差异。经过调查和研究，有学者发现，比起美国人，日本人很少表现出否定性情感，他们的文化更多地要求其成员在公共场合抑制否定性情感的显露，这种差异也被称为文化显露规则的差异。总的说来，东方人比较含蓄，感情不轻易外露，不像在西方人（尤其是拉丁语系人）身上那样，可以看到七情六欲的明显展现。中国人习惯用面部来遮掩感情，而不是显露感情。中国俗语"看脸色办事"和"给人脸色看"更将面部表情运用到了出神入化的境界，所以"察言观色"与"to read one's face"便成了跨文化交际中必不可少的手段之一。此外，笑脸不只是快乐和友好的表示，也能传递道歉与谅解的信息。如日本的微笑还可以表示羞怯、忧伤甚至愤怒等情感；在公共汽车上因急刹车而踩了别人的脚，微笑就等于说"对不起，请原谅"；与陌生人相遇或相撞时，露出微笑是为了向对方表示自己没有敌意；从事服务行业的人脸上常带微笑则是欢迎和友善的表示。汉民族在贵客来到时，笑脸相迎才合情理，而美国的印第安部族却以开怀大哭迎接客人的到来。

四、语言交际

交际礼仪和习俗是指某文化成员在特定类别的交际活动中共同遵守的规则或习惯。我们也可称之为"交际规约"，具体地说，就是交际参与者在文化认同和接受的范围内选择"什么时候说话，什么时候不说，说的时候说什么，对谁说，什么时候、什么场合、以什么方式说"等。文化不同，规约自然也不相同。比如，中国人请客或会见别人，时常是在几天甚至是一两天前才邀请或约定，而英美人则习惯提前一两个星期或更长的时间邀请客人。也就是说，交际规约与特定社会文化有着密切的联系，交际规约的差异往往是文化差异的反映和折射，也是人类交往中误解和冲突时常发生的重要原因之一。因此，下面我们就中西文化在"称谓语""恭维语""邀请"等言语交际行为中所表现出来的差异进行阐释。

（一）称谓语

称谓是习俗礼制与语言的结合体，是关于人际的叫法、称呼的语言习俗。称谓语不仅是语法单位，还是言语交际单位和语用单位。作为引导交际的"先驱者"，称谓语强烈反映出交际双方的社会属性、价值观念，并与他们所属的社会文化、民族心理、政治背景、道德传统密切相关，是民族传统文化和历史的积淀。不同语言的称谓语体现了不同的民族文化。

一般来说，称谓可分为亲属称谓和社交称谓两大类型。研究表明，英汉称谓语在称谓体系方面存在着较大的差异：汉语称谓语要比英语称谓语繁细致得多。首先，由于受封建宗法观念的影响，中国人高度重视血缘关系，过分强调等级差异，汉语亲属称谓系统也因此繁复多样，一直遵循"长幼有序，男女有别，亲疏分明"的传统观念。如有辈分之别（即便是 50 岁的老人，只要比对方辈分低，对方哪怕只是一个 5 岁的孩子，也要按辈分称呼）、直系与旁系之别（直系比旁系关系更为密切）；男女之别（称丈夫为"当家的""掌柜的"，称妻子为"屋里的""做饭的"）、长幼之别（兄弟姐妹之间按长幼排序称呼）；父系与母系之别（"叔叔"属父系，而"舅舅"则属母系）。相比之下，由于西方强调法制，没有烦琐的礼教传统和名分观念，并且西方人崇尚平等、自我尊严与自由，因此英语亲属称谓则相对贫乏，且指称宽泛、语义模糊，除区分辈分外，亲疏、内外、长幼甚至男女性别都可忽略不计较。如一个 cousin 就相当于汉语的"堂兄""堂弟""表哥""表弟""堂姐""堂妹""表姐""表妹"8 个词，一个 aunt 就相当于汉语的"姑母""姨母""伯母""婶母""舅母"5 个词。此外，汉语中的亲属称谓还有泛化使用的倾向，常见于非亲属之间。年轻人对长辈称"叔叔""阿姨"，对平辈称"大哥""大姐"是常事。然而，在英语社交中亲属称谓并不泛用。如果我们对母语是英语的长辈称"Uncle Jenkins""Auntie Brown"，对方听了会觉得不顺耳。有位德国老太太就曾抱怨说："我爱北京，但不喜欢被称为奶奶。"在西方，只有在关系十分密切的情况下才使用此类称谓，如"Uncle Don""Auntie Mae"等。

其次，在社交称谓方面，英汉语差异也较显著。第一，由于受封建宗法等级社会文化中的官本位思想的影响，汉语的身份类称谓种类多，范围广，且头衔性称谓使用频率高。汉语中身份类称谓可细分为三种：姓 + 职务；姓 + 职称；姓 + 职业。类似李院长、胡教授、朱老师等称谓。然而，在英语中，英语身份类称谓种类少，且头衔性称谓对象一般只局限于皇族，政府上层，宗教界、军界或法律界人士，可以是衔称 + 姓氏，也可以是衔称 + 教名。如 Queen Elizabeth（伊丽莎白女王），President Obama（奥巴马总统），Father White（怀特神父）、Colonel John（约翰上校），Judge Harley（哈利法官）等。在学术界，Doctor（博士）和 Professor（教授）的头衔称谓较为普遍，但 teacher（老师）则不作称谓使用。在英国，对教师通常采取以下三种称呼：Sir，Miss 或者称号（Mr./Mrs./Ms./Dr./Professor）+姓；称号（Mr./Mrs./Ms. Dr./Professor）+姓或者直接称呼 Sir，Miss；在大学为称号（Mr./Mrs./Ms./Dr./Professor）+姓或直呼姓名。与此同时，还要注意英语中的一些特殊称谓，如 Mr. Chairman（主席先生）、Mr. President（总统先生）等。第二，由于受尊老敬老的传统和"长者为尊"的观念影响，汉语社交称谓的另一个特点是"老"化称呼，如"老人家、老大爷、老先生、老大娘、老伴、老公、老婆、老板、老表、老师、老张、老李"等，连外国人也是"老外"。中国文化中"老"字代表见多识广，足智多谋。而西方文化忌讳"老"字，因为"老"意味着"年龄大、体衰、保守、无用、失去活力和创造力"等。他们喜欢被直呼其名，这样才感到自然亲切。在英语中，尊称的通用形式为"Mr." "Ms." "Mrs." "Miss" "Sir" "Madam"等，前四者可与姓或姓名连用。第三，在敬称与谦称的使用方面，英汉社交称谓也存在着差异。受"尊人不贬己"礼貌原则的影响，英语中虽然同样有敬称，但绝少有谦称。这是因为西方人崇尚和提倡自信，对人有礼但不过分自谦。由于受中国传统礼教，即"夫礼者，自卑而尊人"（《礼记·典礼》）的影响，中国传统文化主张"贬己尊人"，因而汉语中自谦语很多，如"愚""在下""鄙人""不才""小可""晚辈""末学""后生""卑职""下官"等。除此之外，汉语中还有许多代为亲属表示谦虚的词语，如"小儿""犬子""内子""小女""小婿"等。这种擅自代为人谦的情况在西方人看来是不可思议的，西方人强调平等的权利，哪怕对子女，父母也将其当作一个独立的人格来看待，并不认为有支配他们的绝对权力。

（二）恭维语

恭维语是英汉文化所共有的程式化的言语行为，被誉为"口头礼物""社交场合的润滑剂"，具有缩短交际者之间的社会距离、维系人际关系、开启话题以及缓解矛盾等作用。但是，受社会心理、文化取向、价值观念等因素的影响，恭维语的功能、话题内容、结构模式、反应方略等方面深深地打上民族文化的烙印，折射出各自民族独特的文化特征。

1. 恭维语功能的差异

根据赫伯特（Herbert）、霍姆斯（Holmes）和沃尔夫森（Wolfson）的调查和统计，英语中恭维语的主要功能为：一是表示欣赏；二是由于人们的社会地位和角色关系不固定，约有五分之四的人，尤其是女性，使用恭维语来协调交往中双方关系的"一致性"，即恭维者把它作为一种融洽社会关系、增进彼此感情或交情的手段。然而，由于价值观念、思维方式的不同，来自不同文化群体的人对恭维功能的认识也不同。在中国文化中，恭维语似乎不是有力的协调"一致性"的行为。根据贾玉新的调查，汉语中恭维语的功能主要表现为：使对方感觉良好；欣赏；利用他人。其中，"利用他人"是中国文化中恭维语的一个主要功能，也是不同于美国文化恭维语的一个重要方面。总之，恭维语既可能是恭维者对人、对事、对物由衷的赞叹，也可能只是一种礼节性的寒暄（尤其是在美国），所以听者大可不必认真，对恭维者说声"谢谢"就行了。比如当美国人恭维说"你英语讲得很好"

时，不能有飘飘然的感觉，也许这只是美国人的一种礼节性的寒暄。因此，很多中国人觉得美国人"滥施恭维，缺少诚意，令人难堪"。

2. 恭维的话题内容的差异

恭维是一种积极的礼貌策略，是对他人具有的某种优势进行的积极评价，因此它所涉及的话题应该是包罗万象的。根据沃尔夫森的调查表明，西方绝大多数恭维的话题都涉及外貌、行为、能力、成就和财物等几个方面，尤其以恭维他人的外貌和能力、成就最甚。

在西方文化中，恭维他人的外貌是非常普遍的现象。尤其是女性穿了新衣服、做了新发型等，只要其有了变化似乎就必须受到恭维。不管年龄、社会地位、职业如何，女性的外貌永远是被恭维的对象，因为不管地位高低，她们永远被当作女人。沃尔夫森还认为男性称赞女性的容貌、身材、穿着打扮等，可以说是非常平常的事情。比如：在西方，一位女教授正往一间办公室走去，迎面过来的一位男同事赞美道："Hi，cute outfit!"（喂，好漂亮的外套！）一位女医生走进一家餐馆吃饭，恰好遇见她的一位男同事，这位男同事会这样赞美她："I'm very impressed with your figures."（我很欣赏你的身材。）当西方女性受到如此恭维时，她们不会感到害羞，相反会认为男性的话语十分得体。而在中国，男性恭维女性的外表时，有可能被视为轻佻无礼之徒而遭遇冷嘲热讽；称赞朋友妻子的男人也会被认为别有用心，因为中国人信奉"朋友妻不可欺""男女有别"。究其原因，贾玉新认为，美国人比较喜欢变化、差异，因此凡是变化、新意都有可能受到恭维；而中国传统文化所强调的是"趋同"。此外，根据霍夫斯泰德（Hofstede）的价值维度理论之一"对不确定性的规避"，在不确定性回避程度低的国家和地区中（如美国）人们对于差异表示出好奇，而在不确定性回避程度高的国家和地区中（如中国）人们认为差异代表着危险。

另外，在恭维他人能力方面中西文化也迥然不同。在西方文化中，涉及别人能力的恭维是很严肃的判断，而且只有那些拥有评价能力、社会地位较高的人才有资格这样做。因此这类恭维通常是上级对下级进行的，以维持上下级之间的融洽关系。而在中国正好相反，这种现象与我们传统文化的"他人取向的集体主义"和"关系取向"是密不可分的。值得注意的是，自己的家庭成员也可能成为恭维的对象。由于中美两种文化关于"自我"（self）和家庭概念的认识不同，美国人倾向于家庭成员之间互相恭维。如母亲会对自己的女儿说，"You look lovely，darling."而中国人则倾向于恭维对方的家庭成员，尤其是对方的孩子，而较少"自吹自擂"。例如，老李对朋友老张说："啊，你家孩子真漂亮！"但是随着时代的发展，现在中国父母也喜欢在众人面前，赞扬自己的独生子女，以自己子女的特长为赞美内容。

3. 结构模式的差异

霍姆斯认为英语赞扬是一种高度程式化的言语行为，它主要表现为以下四种主要句式（见表4-1）。

表 4-1　英语最常用的四种赞扬句式

序号	英语赞扬句式	使用率（%）
A	（a）NP BE（really/very）ADJ e. g.：Your hair is really great. （b）NP BE LOOKING（really/very）ADJ e. g.：You're looking terrific.	41.4
B	I（really/very）LIKE/LOVE NP e. g.：I simply love that skirt.	15.9
C	（a）PRO BE a（very）ADJ e. g.：That's a very nice coat. （b）PRO BE（really/very）（a）ADJ NP e. g.：That's really great juice.	13
D	（Really/Very）ADJ（NP） e. g.：Really cool earrings.	7.7

　　而根据贾玉新的调查，汉语恭维中 NP（ADV）ADJ 结构（如：你的这件羊毛衫真漂亮、你穿这件夹克真漂亮等）占 67%，是恭维语的主导结构。但是在英语国家出现频率极高的"I like/love NP"句式在中国文化中则几乎失去了其恭维性。此外，汉语恭维中的形容词常与副词连用才能表达其恭维性，如"真漂亮""太好看了"等。

　　在"人称"使用方面，以英语为母语者在恭维语中第一人称词使用的频率高于其在汉语恭维语中的使用频率（见表 4-2）。由于传统西方社会是三个自我取向的社会，交际的核心是以自我为中心的交际定式。在这种交际定式下，西方人使用恭维语被认为是通过顾及被恭维者的利益来维护被恭维者的面子的，所以恭维者与被恭维者之间的关系是协调平等关系。

表 4-2　汉英恭维语在人称使用上的差异

主语人称	汉语		英语	
	使用率（%）	例句	使用率（%）	例句
第一人称	3.7	我真羡慕你。	32.8	I like your hair that way.
第二人称	64.1	你真行！ 你歌唱得真好。	29	You've done an excellent job with the sources you had. Your hair looks good.
第三人称和无人称	32.1	裙子很漂亮。 好球法！	38	That's a nice sweater. Nice job.

此外，与英语不同的是，隐性恭维语在汉语中经常使用。这种恭维语往往没有明确的褒扬成分，它以间接的方式表达对他人的积极评价，是需要结合特定语境的各种因素才能确认的恭维句。如："（一位年轻棋手对一位上了年纪的棋手说）今天我体会到姜还是老的辣""你姐夫说得对，我要是有你一半能干就好了"。这些例子说明，隐性恭维语在语意上具有间接性，说话人的恭维态度不是通过显而易见的方式表达出来，而是需要听话人根据相关语境去领会的。也就是说，在中国文化中，人与人之间的一致性在相当程度上不是靠语言来直接协调的，更多的是依靠意会，借他人之口来实现。这种现象是同中国传统文化分不开的。中国文化是高语境文化，汉语的表达方式往往比英语间接、迂回，恭维者运用含蓄而间接的隐性恭维语可以在不知不觉中赞美对方，从而取得比直接称赞更好的效果。此外，中国社会还是一个差序格局的社会，非常讲究尊卑亲疏，对人与人之间地位的差异比较敏感。这就导致对上级或不太熟悉的人进行直截了当的恭维往往会被认为是"溜须拍马"。而隐性恭维语是隐藏的、间接的，不像显性恭维语那么"露骨"，省去了被恭维者回应的必要，不需要被恭维者正面做出接受或拒绝的回复，减少了许多重面子、讲谦虚的中国人的为难之处。这对于被恭维者来说，容易"笑纳"；而对于恭维者来说，也避免了"拍马屁"之嫌。

4. 应答方式的差异

对恭维语如何解释、如何回应是个很复杂的问题。绝不像有些学者认为的，"我们常常看到英语国家的人受到称赞时，总是乐意接受，并总以'thank you'进行回答。而汉语民族的人受到称赞时却显得一副不好意思的样子，并总是说自己'差得远''哪里哪里'等"。波梅兰茨（Pomerantz）就认为，人们在接受赞美时，有两种矛盾心理。一方面，被赞美人认为赞美人对自己的赞美很中肯，符合自己的心理预期，想在回应中予以确认。另一方面被赞美人潜意识里又觉得在回应时不应该赞美自己，自我赞美是不礼貌的表现，有时甚至会受到赞美人的否认。如何在这两种矛盾心理中找到平衡，如何对恭维语进行回应是一个值得我们思考的问题。

国内外有许多学者对恭维语的回应方式做过研究。波梅兰茨在对恭维应答的常规方式进行调查研究后，总结出五种不同的应答策略：升级（upgrade）、弱化（scale-down agreement）、贬低（downgrade）、转移（reassignment）与回赠（return）。在波梅兰茨研究的基础上，赫伯特将恭维语的应答分为12种：感谢式、评价式、升级式、评价来历式、回敬式、转移式、弱化式、否定式、限定式、质疑式、沉默式、请求解释。在国内，就"大学生在外貌和行为两方面的赞扬及应答"，李悦娥等通过对国内某大学200多名男女本科学生所做的问卷调查，发现汉语恭维应答包含14类：感谢、赞同、夸耀、降级、回赞、不赞同、质疑准确性、质疑用意、转移赞扬、提供事实、转移焦点、确认、忽略、复合式。总的来说，应答赞扬的基本方式包括接受/同意、拒绝/否定和转移/回避三种，但是不同文化之间还是呈现出很大的差异（如表4-3）。

表 4-3　汉英恭维语之应答方式差异　　（单位：%）

应答方式	贾玉新	李悦娥　冯江鸿	霍姆斯（N.Z.）	赫伯特（U.S.A.）
接受	21.1	37.5	48.1	36.4
感谢	16	32.5	15.3	29.4
评价	3.7	0.75	32.8	6.6
升级	1.4	4.25	—	0.4
回避	11.8	17.25	24.3	29.6
评价来历	8.4	8	8.8	19.3
转移	2	7	11.7	3
回敬	1.4	2.75	3.8	7.3
拒绝	41.7	24.75	27.5	34.1
弱化	10	9	9.2	4.5
质疑	5.7	2.75	3.3	5
否定	15	6.5	6.7	10
限定	0	—	—	6.6
沉默	0	6.5	3.3	5.1
请求解释	11	2.75	5	2.9
复合式	—	17.25	—	—

从上表我们可以得出以下结论：

（1）在英语国家文化中的恭维语应答中，"接受"是使用较多的策略，一方面是对自己的肯定，另一方面是对别人鉴赏能力的认可。例如：A: Your watch is very beautiful! It really is.（你得手表真美啊，真的。）B: Thank you!（谢谢你！）而一般说来，中国文化中，受恭维者习惯用"否认"或"自贬"的方式回应。如以"哪里哪里""惭愧惭愧"等"拒绝"的方式来应答，以表示被夸奖的人的谦虚有礼。又如：A:"你这条裤子真漂亮！"B:"漂亮什么？穿了好几年了。"但是，值得我们注意的是，李悦娥等人的调查结果表明，当代中国大学生在恭维语应答中也以接受为主。这就说明"同一文化中的不同文化群体会因其受外来文化影响程度的不同而在言语行为上有所不同，言语行为的文化多样性不仅存在于不同民族文化之间，也同样存在于同一民族文化之内"。

（2）"沉默"在中国文化环境中是比较常用的应答方式。在西方社会里，虽然微笑也能表示友好，但人们较少在接受称赞语时使用它。汉语则不一样，这与中国人鄙视"拍马屁"有关，中国人相信"忠言逆耳"，不习惯轻易赞美别人，也不习惯轻易接受赞美，一些人甚至认为寒暄式的赞美是多余的，属于没话找话，甚至对直白的赞美抱有戒心。此外，中国人比较内敛，因此通常会用较为含蓄的方式，如肢体语言（微笑、点头等）来接受别人的赞美。如：甲："你今天真精神。"乙："……"（微笑／点头）。

（3）在我国的文化环境中，有可能会出现由一个以上应答组合而成的复合式。如："谢谢，你也一样"是感谢＋回赞复合式；"是啊，××牌子的，你也来一件"是感谢＋提供事实＋转移焦点复合式。总之，在使用恭维语时，中国人强调一种"您行，我差远了"的"水落石出"式的交往态度，既要抬高对方，又要贬抑自己；而西方人强调一种"您行，我也不差"的"水涨船高"式的交往态度，既尊重对方，又显得自信。

（三）邀请

邀请这一言语行为是各社会、各群体所共有的普遍性言语行为。它是打开有效交际之门的钥匙，是保持人际关系的和谐和社会交际活动正常运转的方式。人们日常交往中的约会、访问、宴请、聚会、庆典等无不涉及邀请。然而如何发出邀请，对其如何解释，如何反应等却因文化不同而迥异。贾玉新结合沃尔夫森的研究成果对中国文化和美国文化中"邀请"这一言语行为进行了系统的比较（见表4-4）。

表4-4　中美"邀请"行为之文化差异

比较方面	中国文化	美国文化
社会分布	亲朋好友或受益者与施益者之间	包括陌生人在内的各式各样的人之间
社会目的	情感性、工具性：叙旧，利用或感激别人	工具性：社交，或利用别人
预约	通常无预约	要事先预约，有的要在一个月以前预约
邀请方略	一般无邀请"话头"；真实邀请；"不请自来"	有邀请"话头"；有形式邀请和真实邀请的区分；无"不请自来"

按照上表，我们认为在邀请方略方面，中美文化存在着较大的差异。首先，中国人有一种"不请自来"的习惯，他们可以随时随地地去拜访别人，赶上吃饭时间，客气一番之余也会吃一顿。但是这种习惯在美国是被忌讳的，即使是到亲属家去看望也要先打招呼，邀请朋友要事先约定，"不请自来"在美国是侵犯个人隐私的不礼貌行为。其次，美国人发出的邀请有真假之分，在美国人看来假邀请言语行为的实施主要是为了体现人际功能，用来建立、维系、发展和谐友善的人际关系，以满足社交的礼节性、应酬性、礼貌性的需要。由于文化的差异，中国人经常会把"假邀请"误认为"真邀请"。在日常生活中，你可能曾听到过"Please stop in at anytime, we can have a dinner sometime, I will call you?"仔细观察以上用语的语境及邀请用语的功能，可以发现这些用语都具有结束交谈的功能，是一种结束的信号，而并无向你发出邀请之意。这些语句要比直接说出结束语更为婉转、得体、效果更佳。而美国人的真正邀请与这种"邀请"截然不同，它毫不含糊，表达的内容格外明确，体现出以下四个特征：有明确的内容；有明确的地点；有具体的时间；请求答复。比如：I would like to invite you for a reception at my house at 8 Friday evening. Can you come?

综上所述，中西文化在价值观、思维方式、语言交际、非语言交际等方面存在一些差异，并且这些差异会给我们的交流造成一定的障碍，但同时也使得人类文明更加丰富多彩，使交流更具有挑战性和创造性。然而，我们也要清楚地意识到，人类各民族的语言结构、思维和文化也有很多相同或相通的地方，我们也可把它们称为"文化的共性"，这也是不同民族的人们交流的基础。高一虹认为，"在交际中，我们追求的应是'求同探异'，而不是'求同存异'。也就是在同的基础上，发现和探究差异，最终超越差异。只有这样，才能实现深层次的沟通或相遇"。也就是说，文化不但具有民族性，还具有时代性和世界性。文化的民族性反映的是文化的既往历史；时代性反映的是文化的现实状态；世界性则是覆盖整个地球、贯通整个人类的文化特性，它超越了特定民族、特定地区的文化局限性，将不同民族的具有普遍意义的文化属性糅合为一，将特定民族的文化素质提升到新的高度。

第四节　外语教学中的文化教学原则

根据现代教学论的观点，教学原则是根据一定的教学目的、任务，遵循教学过程的规律而制定的对教学的基本要求，是指导教学活动的一般原理。教学活动是一个有机的整体，教学原则作为指导教学活动的一般原理也应有整体性的特点。因为在整个教学活动中，教学原则既是教学活动的出发点，又是教学过程的总调节器。它在一定程度上决定着教学目的的确定、教学内容的选择与安排、教学方法的选择和教学组织形式的选择。有效的教学需要完整的教学原则体系的指导，即有针对教学过程的目的、内容、活动和结果诸成分的系统原则，对教学全过程提供有效的指导。因此，每条教学原则都要按逻辑顺序同教学过程的每个主要环节及其主导因素相符合，这样教学过程的各个环节就都有调度依据，并发挥其最优作用。

一、以往外语教学中的文化教学原则

以往的文化教学原则大致分为以下三条：相关性和实用性的原则、循序渐进或层进性的原则和多元互动的原则。

（一）相关性和实用性的原则

语言学界普遍认为，文化内容是方方面面的，涉及社会生活的各个层面，但是在大学英语教学中由于各种客观教学条件的限制不可能面面俱到，因此在实际教学过程中需要遵循相关性和实用性的原则，着重传授那些与学生所学的内容密切相关、与日常交际所涉及的主要方面密切相关，以及与文化交际密切相关的文化内容。并且相关教学内容要有广泛的代表性，应属于主要目的语国家中有代表意义的主流文化。鲍志坤在《也论外语教学的文化导入》中谈到文化内容的纷繁复杂，提出在教学中应该遵循"适度的原则"和"主流的原则"。虽然这种提法与大家公认的原则不尽一致，但是笔者认为，从本质上讲相关性原则和"适度的原则"是相通的，实用性原则和"主流的原则"是相通的。为了保持一致，在这里统一称作相关性和实用性的原则。顾弘和张燕在《论外语教学中的"文化导入"》中又进一步解释了相关性和实用性的原则，并提出文化教学"既要做到从文化的角度学习语言，又要做到从语言的角度学习文化"。

（二）循序渐进或层进性的原则

林汝昌在《外语教学的三个层次与文化导入的三个层次》中提出"外语教学应考虑以下三个层次，语言的结构层次，语言结构的文化层次，语言的语用文化层次"。指出文化导入的三个层次是不可分割的有机体，只是在实践中各有所侧重。之后，曹文在《英语文化教学的两个层次》中提出："文化教学存在两个层次，即文化知识层（culture knowledge）和文化理解层（culture understanding）以及连接这两个层次的文化意识（culture awareness）教育"，并做了进一步的解释："文化知识层培养的是具有观光客型生存技能（tourist-type survival skills）的语言学习者，而文化理解层培养的是具有参与者型文化交际能力（participant-type intercultural skills）的语言学习者"，最后强调"文化教学的定位应是以文化知识为起点，文化意识为桥梁，文化理解为最终目的"。王开玉在《走出语言系统：由"外"向"内"》的文章中也提出：文化教育具有"阶段性"，也把文化教育划分为"文化知识层次的教学与文化理解层次的教学"，"文化知识层的教学主要传授的是知识文化，……不直接影响交际的背景知识。文化理解层次的教学主要传授的是交际文化，即直接影响交际的背景知识和文化模式"。纵然这些学者的提法不尽相同，但都体现了外语文化教学的另一个公认的原则：高校英语文化教学具有阶段性或者层次性，在教学中应该遵循循序渐进或层进性的原则，即应根据学生的语言水平、接受能力和领悟能力确定文化教学的内容，由浅入深，由简单到复杂，由具体到抽象，由现象到本质地进行文化教学。

（三）多元互动的原则

苏向丽《跨文化交际中多元互动的语言文化教学》中在进一步分析世界形势和趋势以及在总结多年来文化教学的经验的基础上又提出了："为了适应时代的发展，与多元的社会和跨文化交际的语境相配合，语言文化教学应采取多元互动的原则。"文中作者从"多元互动的教学原则与策略""多元文化互动原则在语言文化教学中的应用""多元互动的语言文化教学的优势"等三个层面对多元互动原则做了进一步的阐述和说明，并指出多元文化互动的原则及教学策略旨在通过"对比互动"等一系列的训练使学习者增强文化差异的敏感度，在保持自己文化身份的基础上"接受另一种文化的存在，以敏感和包容的态度向'第三位置'靠拢，从而培养自己的文化洞察力"。

上述三条教学原则虽然可以对文化教学起指导作用，但从总体上说，是不够完整的，未涉及教学过程的其他环节。笔者针对教学过程的其他环节提出以理解为目标的原则、有序性原则、对比性原则、知识传授与实践相结合的原则，以完善文化教学的原则体系，从而有效地进行文化教学实践。

二、对文化教学原则的补充及探索

（一）以理解为目标的原则

以理解为目标的原则，是指英语教学中的文化教学应该"以文化知识为起点，文化意识为桥梁，文化理解为最终目标"。文化知识的导入只是文化教学的第一步，其目的在于培养学习者的文化意识。文化意识是指学习者对文化间差异的敏感性，它是文化理解的基础。文化理解是指学习者能够以客观、正确的态度看待、理解母语文化和目的语文化，并能够在文化交际中以得体的行为方式与非本族语者进行交往。这一原则是由教学受制于社会需要的规律所决定的。当今，不同文化之间的交往日趋频繁，这已经是不可回避的现实。文化理解是国际交往的桥梁，没有对自身及彼此文化的正确理解，就不可能实现国际，即不同文化间的顺畅交流。没有对母语文化和目的语文化的正确理解，英语学习者就不可能真正获得文化交际的能力。此原则对教学有如下要求：

（1）实施文化教学时，不应过分强调知识的灌输和行为的简单模仿，应通过对目的语文化的分析和解释等手段使学习者认识到目的语文化与本族文化的异同以及异同之渊源。

（2）进行教学评价时，应该侧重学习者对目的语文化的共情能力，而不应强调他们对非本族文化的排斥或接受情况。比如，在讲授美国人对老年人的态度时，就不应以中国人对老年人的态度为标准去衡量美国人的行为。中国人尊老、敬老，认为老年人由于经历的事情比较多，阅历丰富，因而在处理问题上，一般经验较年轻人多些。我国的俗语"姜还是老的辣"和"老将出马，一个顶俩"等就充分反映了人们的这种认识。然而，在美国这样一个竞争非常激烈的社会里，"老"是一种可怕的现象，因为"老"意味着精力衰退，生存能力降低。因而，在通常情况下，人们都害怕说老，避免说老，在美国，老年人常被称作"senior citizens"。中国人和美国人对待老年人的不同态度与中美文化中深层的价值观、世界观以及不同的社会现实等因素有关。因而，在教授这一文化现象时，就不应简单地判定哪一种是正确的，哪一种是错误的，而应该从一种文化现象的渊源上了解其生成的原因，从而理解其存在的现实。

（二）有序性原则

有序性原则主要包含两层含义：其一是指文化教学内容的编排要体现文化知识本身的逻辑结构及其系统性；其二是指文化教学的活动要结合文化知识本身的逻辑结构和英语学习者的身心发展情况有次序、有步骤地进行，以期使学习者能够有效地掌握系统的文化知识，全面理解目的语文化。有序性原则是文化知识本身系统性的要求，也是教学制约于学习者身心发展规律的反映。文化知识像其他科学知识一样，也有其自身的科学体系。学习者学习文化知识就必须参照其逻辑顺序，掌握其基本结构，否则，就容易难易颠倒，杂乱无章，造成学习上的困难。有序性原则要求：

（1）在文化导入内容的选择上，既要注意各个层次文化知识内部的系统性和序列性，如价值观体系内部的系统性和序列性，又要注意各个层次文化内容之间的相关性，如宽泛的文化环境知识和情境文化知识的相关性或价值观体系和社会规范之间的相关性。

（2）在文化导入内容的编排上，要根据学习者的认知特点和思维发展规律合理地安排不同学习阶段文化导入的内容。学习者的身心发展，尤其是智力的发展，是一个从不成熟到成熟、从不完善到完善的有序过程。学习者的认知发展由简到繁、由浅入深、由粗到精，思维能力的发展也要经历一个由形象思维到逻辑思维，再到辩证思维的过程，记忆也要经过由机械记忆到理解记忆等。根据学习者智力发展的规律，英语教学中文化教学内容的安排要从简单、具体的文化事件到概括性的文化主题，最后才应是对目的语社会的全面理解。相应地，英语教学中文化教学的目标要求也应根据不同学习阶段学习者的学习特点，从以感性体验、感性认识为主逐步过渡到以理性认识和理解为主。

（三）对比性原则

在以往的文化教学研究中，有些学者将对比作为一种教学方法。而笔者将其作为一条原则主要有以下两个原因：第一，在学者们以往提出的教学方法中，几乎每一种方法的实施都离不开对比，也就是说对比几乎蕴涵在每一种方法之中，正如陈光磊在其《语言教学中的文化导入》一文中所说的"文化背景比较法是其他一些方法运用的基础，具有方法论的意义"；第二，文化教学的实施涉及至少两种文化，因而，无论是教学内容的选择，还是教学目标的确定或具体的教学过程，都离不开对比，它不仅是教学方法的基础，也是文化教学整个教学过程的基础。正是基于此，笔者将其作为教学原则。

首先，选择文化教学的内容要遵循对比性原则。我国文化和目的语文化之间有共性，也有个性。共性是本族文化与目的语文化具有的一般共同特点，它对目的语及其文化的学习具有正迁移的意义。个性是本族文化与目的语文化各自具有的特殊性。笔者认为，本族文化和目的语文化的个性是文化导入的重点，而共性与个性的确定只有通过对比才能发现。比如，在词语文化的研究中，有些学者提出词语文化在两种语言中的分布可分为如下3种情况：①某一词语在两种语言中的概念意义相同，内涵意义也相同或大致相同；②某一词语在两种语言中的概念意义相同，但内涵意义不同；③某一词语在两种语言中的概念意义相同，但在一种语言中有内涵意义，而在另一种语言中没有内涵意义。另外，还有些学者将英汉两种语言中的词语文化分为四种或五种情况。这些分布情况就是通过对比确定的，有助于我们决定什么需要介绍，什么不需要介绍。又如，有些学者认为，在英语教学中应重点导入称呼、问候、道谢和告别等言语行为的文化内涵。他们之所以能确定以上言语行为作为文化教学的重点，也是通过比较发现我国的学习者在这些言语行为上易犯文化错误。因此，对比是我们确定文化教学的依据。其次，进行文化教学要贯穿对比性原则。例如，我们在教授称呼这一言语行为时，就可以通过对比让学生明白称呼在两种语言中不同的实施方式及其蕴涵的不同文化意义。中国文化规约中对长幼、上下不同身份的称呼是很讲究的，对长辈、上级的称呼要用一定的称谓。而在英语文化中，人们即使是在称呼自己的长辈、上级，在多数情况下，也可直呼其名。称呼在两种语言中的差异是两种文化差异的体现。中国社会是一个"差序格局"的社会，"权势"在中国起着重要的作用，反映在中国文化的方方面面。而美国社会重视平等的人际关系，"一致性"在社会交往中起着重要的作用。两种不同的文化传统导致了两种语言在称呼及其他言语行为上的差异。通过比较，我们不仅可以让学习者认识到称呼这一言语行为在两种语言中实施方式的不同，而且还让他们明白了言语行为上的差异是深层文化差异的表现，从而使他们在提高文化差异敏感性的同时，加深了对不同文化的认识和理解。

（四）知识传授与实践相结合的原则

该原则要求教师不仅要向学生传授文化知识，还要设法创造机会，使学生能够在真实或模拟的情境中运用所学知识，以加深他们对所学知识的理解，并培养他们运用所学知识的能力。将知识学习与实践相结合的原则既符合知识学习的规律，又符合文化教学的要求。因为知识的学习需要经过选择、领会、习得和巩固四个阶段，它以掌握为目的，以应用为结果。知识的学习过程是掌握，但是仅有掌握是不够的，学习者还须能够运用所学的知识，不会运用就不能算作真正的掌握，真正的掌握在于操纵知识的力量去行动。杜威的"从做中学"和"教育即生活"、陶行知的"生活即教育"、毛泽东的"实践出真知"等都说明了实践在学习中的重要性，语言学习也不例外。因此，在教学中，如果我们只是向学习者传授文化知识，而不给他们提供练习或运用所学知识的机会，他们还是难以获得正确运用文化知识进行实际交际的能力。就像语言形式教学不能培养学习者的语言运用能力一样，单纯的文化知识教学也不能够培养学习者的社会语言能力，这是过去文化教学的失误之处。过去的文化教学过分注重文化知识的传授，将文化和交际分割开来，文化教学以文化信息的输入为主要教学形式。结果是学习者虽然学习了很多文化知识，记忆了很多文化事实，但却仍然无法将所学的知识应用到实际交际中，仍然会经常性地犯文化错误。事实上，介绍和传授文化知识并不是单纯地为了传授而传授，而是为了提高学习者的文化交际意识，培养其文化交际能力，因此，在文化教学中，实践就显得尤为重要。外语学习者对异国文化的学习过程应经历以下四个步骤：学习文化知识，了解其前因后果，做出解释，亲身体验。比如，在教授中英文化在话题选择方面的差异时，首先应向学习者说明两种文化在话题选择方面的差异，即中国人经常谈论一些诸如家庭背景、婚姻状况、个人收入等涉及个人情况的话题，而英美人却把这些情况视为个人隐私；接下来应向学习者解释这一差别是由中国的群体主义价值取向和英美的个人主义价值取向之间的不同所造成的；然后就要创造条件，利用英语角或在课堂上创设交谈的情景，让学习者练习话题的选择，以巩固他们对这方面知识的掌握，加深他们对所学知识的理解，从而提高其运用这一方面知识的能力，为以后真实的交际奠定基础。

三、英语跨文化融合教学中要注意的问题

提高学生的文化素质是教学的关键，也是外语教育的关键。英语作为一门国际语言，能帮助学生了解世界上各个国家和民族的文化历史、社会习俗、政治经济、风土人情等多方面的知识，加深对世界的了解，帮助学生借鉴和吸收外国优秀文化精华，也可以提高学生的文化素质。英语跨文化传播教学就是实现文化素质教育的一条重要途径。在英语跨文

化融合教学中，要注意以下四方面的问题。

（一）正确处理教与学的关系

外语教学是一门实践性很强的课程，应在教授语言知识和培养语言运用能力的同时，着重培养学生自我学习和自我提高的能力。如果学生只是被动地接受，没有时间练习和思考，这样的教学只会扼杀学生学习的积极性。外语学习的首要任务是学而不是教。外语的语言知识和语言技能是需要通过学生的实践才能获得的。也就是说，教师在课堂上不能搞一言堂，而是要提供机会给学生练习、讨论和提问。需要注意的是强调学生在课堂中的积极主动性并不是要抹杀教师的作用，相反，这样更加大了教师的工作难度，更强调了教师的指导作用。在这样的课堂上，教师是课堂活动的设计者和管理者；是学生问题的分析者和解答者。教师还应根据学生的个性特点，适时调整教学方式，培养学生正确的学习方法。

（二）正确理解教材与教学的关系

教材的编写要以学生的发展为宗旨，着重培养学生的创新精神和独立思维能力，使学生获得为适应学习化社会所需要的英语基础知识和基本技能，并在学习的基础上了解文化差异，发展健全的人格，培养合作精神和社会公德意识。教材内容要贴近学生生活，以日常生活为主要内容，逐渐适当增加社会、科技和自然等方面内容的比重，同时适当安排一些文学性的篇章。而且，按学生身心发展规律与兴趣特点设计丰富的语言和语用活动，以利于学生在学中用、在用中学、学以致用，不能为了语法教学的需要而编写在目的语国家的日常生活中根本就不可能出现的对话。即使迫不得已要写，也应当注明对话使用的语境。总之，教材应既体现素质教育的要求，又遵循语言教学的原则。当然，任何教材只能给教师提供静态的语言素材，教师才是教材的活化者。只有通过教师组织学生围绕教材进行活动才能赋予教材以生命力。教师决不能被教材束缚住手脚，而是应该通过教材进行实践教学。通过教材提供的语言素材，开拓学生的视野、扩大知识面、加深对外部世界的了解。在使用课程指定的教材时，亦应鼓励学生根据个人实际情况自学其他参考材料。

（三）正确处理语言知识和语言技能之间的关系

前面已经论述过，语言知识是指该门语言的语音、语法和词汇知识。语言技能是听、说、读、写、译的能力。语言知识是语言技能的基础，没有扎实的语言知识就不可能获得较强的语言技能。而语音技能的提高也会促进学生对语言知识的理解和巩固。在进行听、说、读、写、译的技能训练时，应用语言知识的准确性和应用语言技能的流利性往往会产生一些冲突。只要处理得当就可以消除冲突。但准确和流利不是对立的，它们像一枚硬币的两面，互相依赖。准确是流利的基础，没有准确，流利无从存在；若没有流利，就谈不上进行有效的口头、笔头交际。阅读是信息时代使用最频繁的语言活动，而获得有效的阅读能力与其他语言能力的培养也是分不开的。

（四）全面培养学生主动学习、自我完善的意识

教师在培养学生全面、系统地掌握语言知识的同时，还应强调学生培养自己归纳知识

的能力。当学生抱怨单词记不住时，教师应该告知学生使用什么样的词典，怎样在学习的过程中通过上下文来记忆和巩固已学单词等。教师还可通过使用教材引导学生区分母语和外语的异同，区分语言中所隐含的不同文化和价值观念来培养学生主动学习、自我完善的意识。学生在学习一门外语的时候，更重要的是学会如何学习。这样，学习外语的过程亦可成为一个人提高综合素质、获取宝贵人生经验的过程。

四、把握英语文化融合教学的原则

在进行英语文化传播教学时，有几个重要原则需要把握。

（一）相关性原则

所谓"相关"，是要求所导入的文化内容应该与教材的内容相关，或者是教材的拓宽。文化导入教学应充分利用教材中的语言材料，尽可能与语言教学同行。如在教授英语里的称谓的时候，就可以导入一些与家庭相关的文化。英语中的亲属称谓词比汉语少得多，一个"cousin"就涵盖了"堂／表兄弟，堂／表姐妹"等几种关系。汉语中的亲属称谓繁多，反映了汉族大家庭的现实，也反映了汉族人的宗族观念。而西方社会里，家庭是社会的基本单位，但是它可以进一步分解为个人。在处理个人和家庭关系时，个人的利益和愿望是主导因素，家庭是次要的。中国人重亲情、讲人情，也就是我们所谓的"关系"；西方人重原则、讲公平，关系在他们那里极少存在。这种东西方称谓上的繁简之分，也正好说明了两种文化间的差异。

（二）实用性原则

实用性原则是指文化导入要注重与日常交际的主要方面紧密联系，对于那些干扰交流的文化因素，应该详细讲解，反复操练，做到学以致用。英语教学阶段的文化导入必须遵循实用、分阶段和适度的原则。实用性原则与语言内容密切相关，与日常交流所涉及的主要方面密切相关。在英语教学中，与学生所学知识相关的文化会更吸引学生。文化教学结合语言交流实践，有利于学生对所学知识的掌握，使学生不至于认为语言和文化的关系过于抽象、空洞和捉摸不定，还可以激发学生学习语言和文化的兴趣。比如数字"13"，在英语里代表厄运，那么在与英语国家的人交往时就要注意他们的这种忌讳，不要安排他们住 13 楼、13 号房间，会面的日子也最好不要定为 13 号，还有要特别注意尊重英语国家人的隐私，不要探听对方的收入、年龄、婚姻状况等。与对方的身体接触也要注意，他们比较尊重个人空间，人与人之间较多地保持着一定的距离，尤其是同性之间的身体接触更是不受欢迎。凡是这类直接影响信息准确传递的文化知识，在课堂教学时就要传授给学生，让文化教学与语言教学紧密结合，激发学生学习语言知识和文化知识的兴趣，也使学生了解语言和文化的密切关系。

（三）循序渐进原则

循序渐进原则要求文化内容的导入应遵循阶段性原则，要求导入的文化内容应适应学生的年龄特点、认知能力、培养目标、语言掌握层次和水平，以此确定文化教学的内容，注意由浅入深，由简单到复杂，由现象到本质，逐步扩展其范围。很多时候，看似简单的一个单词、一个短语或是一个句子就可能蕴含了丰富的文化，所以在初级阶段可能较多地涉及由词汇所传播的文化信息、句子和篇章。从量的积累到质的飞跃，学生的英语学习会由当初的被动艰难上升到积极主动地享受学习。

高一虹教授在她的《语言文化差异的认识与超越》一书中，将跨文化交际能力分为"道"与"器"两部分："道"是交际主题的基本取向；"器"是指信息和技巧、行为和结果，都是载"道"之"器"。从文化导入的角度来说，文化导入的初级阶段，即教学生"了解什么"和"做什么"，是"器"，对于年龄层次较低、认知能力较弱的学生是适用的。对于高年龄层次的学生，就要使学生认识到不同文化差异的本质，并进行整体素质的培养，上升到"道"的高度。

（四）平等原则

无论是在教学中还是在实际交流中，我们首先要了解的是两种文化的关系。外国文化是与本国文化彼此相互依存，两种不同文化的关系应该是并存的，是互相学习、互相渗透和互相妥协的，而不是一种凌驾于另一种之上。学习外国文化不是说对方的文化就高于自己的文化，学习是为了更好地交流，不但要吸收他人的文化，同时也把自己的文化传播出去。文化平等还意味着排除文化优越感和文化偏见，不要将本文化的价值观当成衡量其他一切文化的标准，即不要认为凡是与本文化相同的文化就是好的，反之就是坏的。跨文化交流的前提是平等，只有在平等的基础上才能谈交流的成功。不平等的跨文化交流，双方对对方语言的理解再怎么准确，交流再怎么顺畅，对其中一方来说也不是成功的。因此，我们在进行跨文化教学时，要本着平等的原则，去粗取精，吸收外国文化的同时也发展和传播本国文化。

（五）文化本位原则

在英语跨文化传播中，我们要强调学生掌握母语文化的重要性。没有好的母语及其文化基础就不能奢谈外语会学得多好，跨文化交际能力有多强。只有了解本民族的文化，才能在学习外国文化的同时进行比较，也只有这样才不至于盲目模仿推崇别国文化，以致东施效颦，适得其反。有人在吸收外国文化的同时就摒弃了自己的文化，以致任何时候与人交往都以洋化的做派出现，这种做法，不但会引起本民族的反感，甚至真正的"洋人"也会对此不以为然，因而教师在教学内容上也要讲求适度。教师对文化内容的讲解要有原则，主张"实用为主，够用为辅"。对于主流文化中有广泛代表性的内容，应该详细讲解、反复操练、举一反三。另外，由于文化内容的本身就很复杂，因此教师应鼓励学生自己进行大量的课外阅读和实践，增加文化的积累。

跨文化传播，并不是说要全盘照搬目的语国家的东西，不是为了进行跨文化交流就可以不顾我们自己的文化。因此，跨文化英语教学的重点在于立足本族文化。

第五节　外语教学中文化融合的障碍研究

在跨文化交际中，语言文化是构成交际能力的一个重要方面，是包括社会方面的、心理方面的跨文化交际障碍的主要因素。跨文化交际是指操本民族语言的人与非本民族的人之间的交流，也可以指在语言和文化背景方面有着差异的人们之间的交流。众所周知，生活在同一种文化背景的人们在交际时，障碍很少，容易沟通。因为他们都具有相同的文化模式，相似的信仰、价值观和行为准则。这些共同点为他们的交际提供了基础和指导原则。不同民族的语言反映并记录了不同民族文化的发展。特定的文化背景、相异的文化风貌、不同的民族风俗习惯等，对不同民族的语言发展起着根本的制约作用。文化相似性使人们在交际时能减少不确定性，顺利完成交际的目的，节省了人们的时间和精力。而对于那些来源于不同文化背景的人们进行跨文化交际而言，跨文化交际的基础、指导原则以及可预测性均已消失。于是，跨文化交际的障碍就显现出来了。文化障碍是跨文化传播中必然出现的现象，是阻碍跨文化传播顺利进行的主要方面。那么文化障碍是怎样形成的呢？又有哪些表现呢？

一、跨文化融合中的文化障碍因素分析

（一）文化障碍的内涵

对于文化，不同学科的学者针对各自的学科特性有不同的解说。至今，人们对文化的定义已达近200种。但仔细分析后，又可以发现这些定义之间存在着不少共同点。概括起来，可分为表层文化和深层文化两个层次。前者指的是一个社会群体在人际交往中的约定俗成的习惯性定式构成的生活方式和交往方式，如风俗习惯、道德风尚、语言风格、礼仪礼貌、言谈举止的行为规范等。后者指的是精神实质层面，如价值观念、思维方式、情感方式等。深层文化制约着人们的行为方式，并通过表层文化表现出来，因而，每个民族几乎都有自己独特的文化内容和表现方式。正是因为这种文化的民族性，在一定程度上限制了在一种文化中成长的人们对另一种文化的接受，从而形成文化障碍，给语言学习和跨文化交际带来种种困难，甚至导致交际失败。

（二）文化障碍的表现

1.对具有文化内涵的词语的不同理解

词汇的文化内涵具有很强的民族性，每一种语言的词汇随时间的变迁、社会的发展其意义或扩大或缩小，同时有些词由于经常使用逐渐积累了一些联想的意义，都可以称为词汇的文化内涵。在不同的语言中，词汇的文化内涵呈现出不同的情况。在英汉两种语言中实际上只有部分词汇完全对应，而另一部分词汇虽然有局部对应的解释，但在词义或文化内涵上并不是完全相同的。

例如，在人类历史发展进程中，动物一直与人类保持着密切联系并对人类的生存和发展有着深刻的影响。这种依赖与亲密的关系使得人类对动物产生喜爱、同情、厌恶、恐惧等错综复杂的情感，人们也常常借助动物来寄托和表达人的感情，所以英汉两种文化中都有许许多多与动物相关的词汇。下面是一些例句，画线部分是动物名称，括号内是其在英语中所具有的文化内涵。

1）Just look at the way he treats his wife! He is a beast.（凶残的人）

2）Bill is taking his bird to the pictures tonight.（女朋友）

3）Don't listen to her gossip；she is a cat.（心地恶毒的人）

4）I am not a chicken. I just don't want to offend anybody.（懦夫，胆小鬼）

5）She likes to stay at home, but her husband is a bit of a gay dog.（爱玩的人）

6）In the city I was nothing, but there in the countryside I was considered a big fish.（大人物）

7）Don't trust him，he's an old fox.（很狡猾的人）

8）The lions at her party included two famous authors and a musician.（大人物）

9）Come here, you little monkey. What have you done?（调皮鬼）

10）Don't be a pig, Jimmy; leave some cake for your brother.（贪婪、肮脏或没礼貌的人）

11）She has face like an angel, but he is really a terrible wolf.（凶残的人）

分析以上的各个例句，可以发现例1）、7）、9）、11）中的动物词汇的文化内涵在英汉两种文化中是完全对应的，而其他各句中的动物名称因为文化内涵不对应或不完全对应，若直译出本意，就会闹出不少笑话。以例2）中的"bird"一词为例，它本来的意思是"鸟"，后来在口语中又常用来指"人""姑娘"等。随着人类科技事业的发展，"bird"的意义又进一步扩大，可指飞机、火箭、直升机、航天飞机、卫星等任何飞行器。因此，如果不仔细体会这些词汇在文化内涵上的区别，就会形成跨文化交际中的文化障碍。

除了这些具有文化内涵的普通名词外，还有一些专有名词由于出自文学名著或与历史事件有关而具有丰富的文化内涵。如莎士比亚名剧《威尼斯商人》中的 Shylock 现在通常指心肠狠毒、唯利是图的小人。童话故事《灰姑娘》中的 Cinderella 常指那些有才干却一时未得到赏识的人。

2. 对习语的理解和运用

习语堪称语言的精华，是语言的民族形式和各种修辞手段的集中表现，在体现语言的文化特征方面，比其他语言成分更具典型性。因此可以说，习语犹如一面镜子，能够清楚地折射出语言的文化特色。英语习语除了固定的短语或表达法外，还包括成语、谚语、格言和一些俚语。分属两种语言的习语在交际时，可分为3种关系类型：对应、半对应和不对应。例如：

1）Now you have resigned your position in the company, you have burned your boats.

2）Be careful what you say even the walls have ears.

3）Give them advice if you like，it will only be casting pearls before swine. They are incapable of understanding good taste and manners.

4）After all his boasting that he would drive the other company out of business, Mr. Angus had to eat his words for the other company flourished more than his did.

由于英汉双方文化上存在着某些相似之处，有些习语在语义和形象上就巧合地彼此相对应，如例1）中的"burn one's boats"（破釜沉舟）和例2）中的"the walls have ears"（隔墙有耳）。然而巧合毕竟是少数，大量的习语所表现出的文化特征只是部分地对应或不对应，如例3）中的"cast pearls before swine"（把珍珠丢在猪的面前），看起来很像汉语的"对牛弹琴"，但两者意义上还是有细微的差别。英语谚语的意思是"把好东西给不懂欣赏的人"，而汉语的"对牛弹琴"还有"对不懂道理的人讲道理，白费口舌"的意思，而且还用来讥笑说话人不看对象。再如例4）中的"eat one's words"，乍一看似乎与"食言"的意思相近，实际上却相差甚远。此处的英语谚语的意思是"收回说过的话，承认前言有失"。因此，英文中的有些习语因其隐含的特殊的文化内涵通常会出现"貌合神离"的现象，这是英语学习者遭遇的另一文化障碍。

3. 社会规约

学习者在交际过程中仅仅掌握语音、语法和词汇并不能保证有效地进行交际。不同的文化具有不同的特质和风格，体现在交际中就是人们交际的言语、行为所遵循的各种不成文的社会规约，这些规约实际上就是文化规约，可分为民俗、道德规范和法律。简而言之，就是社会规范告诉人们"什么时候该说话，什么时候不说话，说话的时候说什么，对谁说，什么时候什么场合以什么方式说"等。要正确而恰当地运用语言进行交际，人们不仅要知道什么是符合语言的形式规则，更要知道什么是符合文化规约，是文化所能认可和接受的。

一般说来，人们非常了解母语文化中的社会规约；然而对不同文化的社会规约有可能不甚了解或一无所知。因此，当使用不同规约的人们相互交往时，交际障碍的产生是很自然的。规约的文化差异会表现在日常交际的各个方面，包括言语交际和非言语交际。如果学习者在这方面没有经过点点滴滴的积累，在实际交际中失败是在所难免的。只有充分了解了不同文化的社会规约，学习者才能正确地预测来自不同文化的人们的行为，从而达到有效的跨文化交际。

跨文化交际障碍不管是历史方面的、社会方面的，还是心理方面的，主要是由文化干扰导致的。学者吴国华认为，所谓文化干扰可以指在语言和文化背景方面有着差异的人们不知不觉地将本民族的习惯或文化模式套用到所学语言上去的交流，从而产生理解上的偏误，甚至导致交际的失败。在跨文化传播中，一个有效的传播至少包含三个关键要素：传播主体、接收者和经过编码的信息。在不同语言、不同文化背景的传播主体和接收者之间，有一个信息编码的转换过程，在转换过程中，常常会出现意义的丢失或曲解。其中一个原因是信息编码会随着时代的变化而变化；另一个原因是传播主体和接收者都是根据自己的文化背景来出发和理解编码的。这就导致我们在进行跨文化交流时，常常说出一些不得体的话或做出一些不得体的动作，而我们自己却意识不到。在中国学生与外籍教师的对话中，这样的例子屡见不鲜。下面我们来看一些例子。

例1：上英语课的时候，老师走进教室，说：

"Good morning, students."

而学生们起立，齐声回答老师：

"Good morning, teacher!"

这在汉语的习惯中，不但没有什么不妥，反而是对老师的一种尊重，但用英语这样表达就不符合英语的说话习惯了。英语国家中，当老师向别人介绍某人说"这是我的学生"的时候，可以当着学生的面说："He is my student!"但在打招呼的时候是不会称呼他们为"学生"的。老师一进教室一般跟学生说："Good morning, everyone!"，或者是"Good morning, boys and girls!"；而学生的回答中也绝对不会出现"teacher"这种称呼。汉语中的"老师"可以用作称呼语，而英语中却没有一个与此完全对应的单词。在中小学，学生对老师的称呼一般为"Mr." "Miss"或"Mrs."，大学里对教授的称呼是在姓前加"Professor"，不是教授却有博士学位的老师称"Doctor"。当然，对某位教师的具体称呼还与一些别的因素有关，如师生年龄差距的大小、教师本人的脾气性格以及学生与老师关系的远近等，但是无论在哪种情况下，"teacher"都不能作为对老师的称呼语。

例2：我们在路上碰到熟人，习惯性打招呼：

"你好，这是干吗去？"

于是碰到相熟的外国朋友也问：

"Where are you going?"

但这其实是一种很不礼貌的行为。因为在西方文化中，我要去哪儿纯粹是私人事务，你的这种问法是在刺探我的隐私，他们的直接反应就是这是我的事，你这是多管闲事。许多时候，汉语国家的人们随意打招呼的话都是一种并不需要认真回答或者根本就可以不回答的疑问句，而英语国家的人把不回答别人的提问看作是一种不礼貌的行为。而且他们认为提出疑问都是为了达到一种目的。比如我们常常在吃饭时碰到熟人就问："吃饭了吗？"这只是纯粹的打招呼，问这话也没什么目的，并不是真的想要知道你是否吃了饭，被问的人对这话也不会很在意或者认为问话者带什么目的。而同样的话去问英语国家的人，他们的第一反应常常是"Why do you ask me this question? Do you want invite me to have dinner?"也因为如此，在跨文化交际中，在无意邀对方吃饭的情况下，不要问对方"吃了么"之类的问题。跨文化交往中的障碍最主要表现为文化休克。学者胡文仲认为，文化休克是人们对于另一种不熟悉的文化环境的心理反应。一个人从一地迁移到另一地，原来自己熟悉的一套符号、习俗、行为模式、社会关系、价值观念等被另一套新的自己不熟悉的符号、习俗、行为模式、社会关系、价值观念代替，因而在心理上产生焦虑，在情绪上不安定甚至沮丧，在严重的情况下，甚至会产生各种心理和生理方面的疾病。文化休克这种现象在留学生中很常见。如果不及时进行疏通和交流，文化休克的后果是很严重的。因此，减少或消除跨文化障碍是跨文化交际顺利进行的有效保证。

4. 非言语交际

人际交流主要是通过两种形式进行的，一种是语言行为，一种是非语言行为。非语言行为包括姿势、动作、表情、眼神、身体接触、空间距离与位置等。对于非语言行为在交际中的重要作用，国外一些研究的结果表明，非语言行为可占整个交际过程的 70% 以上，可见非言语交际是人们交流思想感情的重要手段。各国各地区的非语言行为有许多共同之处。喜剧大师卓别林的无声影片能被世界各国的观众理解并发出同样的笑声，就是很好的例证。但是由于文化差异，不同文化环境中的非语言行为也有许多不同之处。同一个动作或行为会被不同文化背景的人理解为不同的信息：一种礼貌的行为会被视为失礼；一种得体的行为会被理解为恶意。如中国人叫别人过来，是把手伸向被叫人，手心向下，几个手指同时弯曲几次，而美国人的做法是把手伸向被叫的人，手心向上，握拳用食指前后摆动，但中国人却认为这种手势有轻视他的意思，往往对此很反感。产生这类障碍的原因在于，一方是下意识地做出在其文化中被认为是礼貌的动作，而另一方却是以自己文化中的非语言行为的标准来理解这一动作。在跨文化交际中，由非语言行为引起的交际障碍屡见不鲜，尤其是在政治、商务谈判中，这种障碍会给双方带来不可估量的损失。例如小李在国内的时候是有名的迟到大王，无论开会、上班还是约会，总是迟到，为此没少挨大家的批评。出国前，大家一再告诫他：到了国外可不能这样了！老外可最讨厌别人迟到了！于是到了美国，他第一次去见导师的时候，和导师约好了 10 点钟见面，他特意起了个早，9 点 40 就到了导师的办公室。本想他的早到会让导师大为赞赏，没想到导师毫不客气地请他出去等候，口气里对他的早到还有些不满。这是为什么呢？原来在英语国家里，迟到固然不对，但早到也不是礼貌之举。英语国家的人们时间观念一般很强，定好了什么时间做什么，就会照着定好的时间办，前后误差不能超过几分钟。像小李这样提前 20 分到达，就会打乱别人的时间安排而引起别人的不便，当然会使导师不满意了。

这些例子在跨文化交流中随处可见，还有另外一些涉及面更多的例子存在。所有这些都说明同一个事实：在学习别国语言的同时也要学习该国的文化。我国学生的必修课之一是外语，而其中又以英语最为普及。但在我国的英语教学中，对于跨文化交流中存在的差异明显重视不足。这跟我们的教学、教材也有很大关系：我们在教材编写的过程中只注重语言形式而忽略了其社会意义，忽视了语言在实际场合中的运用，而我们的教学中也只教学生听、说、读、写，极少指导学生怎样运用语言。例如，在我们的中学教材里，有大量如下的句型练习：

What's your name?

My name is Li Ming.

How old are you?

I'm twelve.

Where do you come from?

I come from Beijing.

Are you writing letter to your parents?

No, I'm not.

上述对话都是我们教材中常见的句型。这类对话都是中文的思想＋英文的形式。句子本身并没有错，但学生背会了这些句型后，就习惯地经常运用，而不会考虑什么情况下才可以运用得体的问题。实际上，在英语国家中，除非是警察局、移民局等地方，不会有人主动问别人的名字和年龄。在西方文化中，包括个人收入、婚姻状况、家庭成员等都属于个人隐私，是不可以轻易问及的。如果明知道对方在干什么而发问，那是属于愚蠢的问题，这在西方文化中也是不可原谅的错误。至于其他的一些动作、行为、思想观念方面的差异，也都在要注意的范围之内。我们之所以要进行跨文化方面的学习，也就是为了减少这种不得体的情况出现。

（三）深层文化障碍的主要表现

1. 不同的思维模式

因为看待外部世界的方式不同，不同文化的人们在思维模式上也必然存在着差异：东方文化重整体、重主体、重感悟，而西方民族则重逻辑、重理性、重分析。不同的思维模式决定了不同的词汇结构。比较英汉两种语言不难发现，汉语词汇的结构反映了中华民族的直觉体悟、具象思维和整体辩证的特点；而西方文化的拼音文字，或以音写义，恰恰反映出西方人的抽象思维方式。不同的思维模式可反映在不同语言的句法上。同样比较英汉两种语言，汉语是一种意合语言，词语或分句之间不用语言形式手段连接，而是通过隐含的意义来表达句子的语法意义和逻辑关系。而英语是形义融合，意在则形达，句子之间和分句之间借助某些语言形式手段（如分词、介词、连词、关系代词和关系副词等）连接起来，表达一定的语法意义和逻辑关系。不同的思维方式也决定了不同的语篇结构。一位在韩国执教的美国教师在看了韩国学生的作文后的最初反应是思路不清，英语没有学好。但当他把韩国作家和美国作家的语篇结构做了对比研究以后才发现，问题主要出在思维方式上。美国人通常从抽象到具体，从一般到个别，韩国人则相反，这就解释了为什么美国人读韩国人的文章觉得思路含混不清。因此，加深英语学习者对东西方思维模式的认识，不仅有利于提高跨文化交际水平，而且有助于提高阅读、写作、听力等各方面的能力。

2. 不同的价值观念

每一种文化都会有其特有的价值系统，价值观是文化中最深层的部分，告知人们什么是真善美，什么是假恶丑，应该爱什么，恨什么等。价值观看不见、摸不着，但它却无处不在。人们的言语交际、非言语交际或交际中的规约无不受到价值观的支配，因此价值观可以说是跨文化交际的核心。不理解价值观方面的差异就不能真正理解跨文化交际。

在中国文化的价值观中，由于受到千百年来的儒家思想的教育和熏陶，人们推崇谦虚知礼、温良恭俭，而争强好胜、自我表现的人则会受到冷遇。所以汉语成语中有"枪打出头鸟"一说。而西方文化价值观的核心是个人主义，人们崇尚独立思考和判断，依靠自己的能力去实现个人利益。这一点也反映在日常语言的习惯上和写作方式上。在表达个人观点时，中国人因为重视人际关系的和谐，往往采取委婉含蓄的方式，唯恐直截了当会伤害对方的面子。西方人觉得中国人这是在"绕圈子"，他们认为先把个人的观点鲜明地摆出来才具有说服力。例如，隔壁宿舍的同学找小李一起去玩，小李说："我现在很忙，等过两天吧。"他们谁都不会把这"两天"就真的认为是两天。在中国文化中，两天或三天只是一个泛指。小李到了美国留学，在非常忙的时候，隔壁的美国同学来找他玩，他依照中国人的习惯回答：

"I am busy now. Two days later, OK?"

结果两天后，那美国同学真的又来找他，他哭笑不得地解释："我们中国人说的两天不真的就是两天。"美国同学大惑不解，追着问为什么两天不真的就是两天。小李一时解释不清，于是又敷衍他：

"When both of us have spare time, let's have a cup of tea. I will explain it to you."

结果过几天那名美国同学又来找他，告诉他自己有时间，问他什么时候一起去喝茶。在这里，小李很明显地违反了跨文化交流的原则。在我们国家的人际交往中，大家经常说些彼此都不会很当真的话，比如说"有时间到我家来玩""什么时候大家一起吃顿饭"等，听者并不会真的一有时间就去找对方玩，也不会天天盼着对方来叫自己一起去吃饭，因为我们知道那不过是交往中的客套话而已。而对英语国家的人来说，说这种话就意味着是一种承诺，说了就一定要做。也就是说，在跨文化交际中不要轻易开空头支票，否则会给人留下不守信用的印象。

3. 定式与偏见

定式是指一个群体对另一群体所持有的过于一般化、简单化的信念或态度。定式在形成前只是对某一文化的描述，类似的描述不断被重复就形成定式。有时因为受大众传媒的影响，我们会对没有接触过的另一种文化产生先入为主的印象。例如：日本人努力，美国人随便，法国人浪漫，德国人严肃等。这些实际上就是定式。

定式对跨文化交际有直接影响。因为人们在交往时对对方行为的预测肯定是以对其文化的固定看法为基础的，定式的准确程度与我们对有关人的行为的预测密切相关。但是文化的不断发展以及文化内部亚文化的多样性，使任何有关 A 文化如何、B 文化如何的描述都难以准确全面。我们一旦在定式中加入较强的感情成分，定式就容易发展成偏见，偏见表现在行为上就容易导致歧视，造成跨文化交际障碍。在文化意识没有被充分唤醒的情况下，对文化特征的过分强调可能会使学习者误认为这些特征就是事实，从而形成偏见，忽略具体的交际情景和个体。

二、文化障碍产生的原因探索

语言学家把影响交际的因素归纳为三个方面：观察事物的过程，其中包括信念、价值观、态度、世界观及社会组织；语言过程，其中包括语言与思维模式；非语言过程，其中包括非语言行为、时间观念和空间的使用。学者胡文仲认为干扰交际的文化因素包括语言、非语言手段、社交准则、社会组织、价值观念等。笔者则从以下四个方面对文化障碍产生的原因进行分析。

（一）思维方式与文化障碍

思维是以概念、判断、推理等方式反映客观世界的过程。人们之所以能够反映事物的本质，解决存在的矛盾和问题，就是由于思维能够对进入大脑的各种信息进行深入加工。而人们进行思维活动所使用的工具主要是语言。可以说语言既是思维的主要载体，也是思维的主要表现方式。思维方式因人而异，而来自不同文化背景的人们之间差异就更大。在前面提到，因为看待外部世界的方式不同，不同文化的人们在思维模式上也必然存在着差异。以中国人和美国人对时间和空间的表达方式为例。中国人写地址的顺序是从大到小，先标明国家，然后依次是省份、城市、行政区、街道、住宅区、门牌号。而美国人正好相反，顺序是从小到大，依次是门牌号、住宅区、街道、行政区、城市、州名、国家。在时间表达上，中国人的顺序是某年某月某日某时；而美国人则是某时某日某月某年。这里就包含了两种文化的思维方式的差别：中国人偏好综合思维，重整体、重主体、重悟性，即思想上倾向于把对象的各个部分联合起来形成一个整体；而美国人偏好分析思维，重逻辑、重理性、重分析，即将一个完整的对象分解为各个组成成分，或者是将它的各种属性、各方面等区别开来。这种思维方式的不同是跨文化交流的主要障碍之一。

东西方思维的差异是客观形成的，不能说谁优谁劣。提到这些是为了更充分地了解对方，以便于减少或消除跨文化障碍，提高跨文化交际能力，更好地进行国际交往。在思维方式上，中国人习惯采用归纳思维方式，而英美人则习惯采用演绎思维方式，比如中国人在阐述自己的观点之前往往先陈述事实，而英美人则开门见山直接表达观点。中西方文化差异使跨文化交际产生障碍。

东西方思维方式差异形成的原因是客观的。中国长期的农业社会和小农经济，造成了中国文化的民族心理。这种心理的特点很大程度上是强调一种乡土情谊、一种乡邻情谊。中国人不是常说人生有四大喜事嘛，"久旱逢甘露，他乡遇故知。洞房花烛夜，金榜题名时"。西方人对此却很淡漠。西方人一般没有同乡会，如果在国外遇到一个同乡，西方人也不会很激动。而中国人常讲一方水土养一方人、落叶归根等，本乡本土观念很强，这些都跟中国社会这个大环境有关，带有浓厚的情感。这种感情因素在西方，恰恰表现得很淡薄。近代，西方实验科学迅速发展，与此相适应的思维方式便具有很强的实证性。特别是自工业革命以来，由于受到大工业生产方式所特有的组织性、科学性、民主性的陶冶，公平理论、自我实现理论、竞争精神成为西方人思维方式的典型特点。这种工业文明性格造就了西方人有较强的斗争精神和维护自身利益的法律意识，以独立、自由、平等为处世原则。从哲学和文化体系角度看，对中国人影响最深的是儒家哲学，而西方人是基督教文化。儒家哲学体系里强调的是修身、齐家、治国、平天下，把修身放在第一位，也就是讲究道德文化。这种道德文化里恰恰强调的是一种义。我们的哲学思想强调综合，西方的哲学思想强调的是分析，这就形成了侧重整体思维和个体思维的差异。

人们的思维方式决定着他们对周围信息的编码结构，所以不同的文化有不同的语言编码方式，即不同语言文化的遣词造句、段落安排、篇章结构都是有区别的。在跨文化交流的过程中，人们容易受到先入为主意识的影响，倾向于认为对方也用与自己相同的方式进行思维，用自己的文化标准去理解和衡量对方的文化行为。一席讲话或一篇文章，在甲种文化里的人看来是思路清晰、符合逻辑的，在乙种文化中的人看来却思路混乱，令人费解。而实际上东西方人对外界认知模式是存在着差别的，因而他们在思维模式方面存在着明显的区别。而思维模式差异会造成交际行为、语篇结构、编译码方式、交际风格等方面的不同。东方人的思维模式以直觉、整体、圆式为特征；而西方人的思维模式则以逻辑、分析、线性为特点。比如，中国人的话语或语篇结构呈圆式。他们说话、写文章不采取直线式或直接切题的方法，而习惯于绕弯子，有一个从次要到主要，从相关信息到话题的发展过程。他们往往把对别人的请求、自己的想法、对别人的意见等内容或关键问题保留到最后，或含而不露。

因此，加深英语学习者对东西方思维模式的认识，不仅有利于提高跨文化交际水平，而且有助于提高阅读、写作、听力等各方面的能力。例如人们在表达自己思想的时候，一般是有规律可循的，无论是表达方式还是思维模式，都表现出某种文化的特点。从时间观念的语言形式就可以看出不同文化的不同思维。我们看看下面的两句话：

They stayed until the eleventh day.（Hopi）

They stayed eleven days.（English）

从这两句话的比较中我们可以看出，霍皮语的时间本质是渐渐变晚，他们用数多少天就到多少天这种表示方法。汉语和英语在时间观上的差异也是颇值得比较的。中国人传统上是面向过去，展望未来，在表达上把已经发生的事放在前面，将来的事放在后面。如"前不见古人，后不见来者。"而英语是背靠过去，面向未来。如 But we are getting ahead of the story. 这句话的意思不是"我们正走在故事的前面"，而是"我们正朝着故事的结尾走去"。出现这种情况，是由不同的逻辑思维方式决定的。有学者把人们的思维模式和说理方法归纳为四类：第一类是采取了普遍接受的概念说理；第二类强调用事实来进行归纳和验证，而不大相信抽象概念；第三类属于直感式，他们前后一致和整体协调，常引经据典，崇尚权威；第四类是马克思的辩证说理方式，可以基于事实推断，也可以从反面论证。因而除了上述分析的几方面外，东方人和西方人的思维方式还有很大的不一样，具体可总结为下列几点：

（1）西方人强调敢于发言，即使是面对上司或权威。他们把沉默理解为或多或少的尴尬、羞怯或不满。东方人在上司或权威面前常保持沉默或服从的态度，以示恭敬，他们认为言多必失。

（2）西方人常会帮助对方把一句没说完的话补充完整，以说明自己在认真听，而东方人认为在对方说话的时候插嘴是不礼貌的行为，他们宁愿妥协也要等到对方说完。

（3）英语思维中是偏重规律、重客观事实的。西方人说话常直来直去，他们把拐弯抹角看作思路不清或缺乏诚意。因此，他们写文章也是先提出结论，再来逐步论证，采用的是演绎法。知道这一点，对于我们理解西方人写的文章也大有好处：我们常常在文章或段落的开头就可以看到关键的句子从而理解整个篇章或段落的意思。而汉语思维中则常常体现伦理及人文关怀，东方人说话喜欢迂回曲折，语言里充满了禅机和暗示，而直来直去是对对方情感缺乏考虑的表示。东方人写文章常常先摆事实讲道理，最后再来总结，采取的是"归纳法"。日本有家钢铁公司为了帮助其雇员与不同文化的西方人打交道，曾编写了一本名为《日本国土与人民》的书，对东西方人交流的特点做出如下概括："西方人习惯于以十分肯定的方式表达自己的意见，与此不同的是日本人经常是在充分考虑了对方的感情与看法之后才讲话和采取行动。而且日本人的习惯是不给一个斩钉截铁的是或否的答复。"

中国先哲以儒家思想为代表，对中国社会影响甚大，关注世界、认知世界并非出于对自然奥秘的好奇，而是源于对现实社会政治和伦理道德的青睐。连淑能教授曾在其著作中提到儒家思想"关心的是人道，而非天道，是人生之理，而非自然之性"。英语文化来源于观察自然、分析自然、了解自然继而控制自然的心态，是把自然视为人的对立面而存在的、同自然做斗争的认知传统。这种不同，反映在词语表达上如在英汉或汉英翻译过程中，常常会遇到某些词语不能也不可按字面直译的情况。例如汉语可以讲"救火"，但如果按汉语字面直译成"save the fire"，西方人肯定会迷惑不解："大火怎能解救呢，难道不是要扑灭吗？"地道的英语则会直述其客观事实，即"put the fire out"，直译为"灭火"。在中国发生火灾后，大多数叫"救火"而不叫"灭火"，充分体现了中国人的人文关怀。所谓"救火"，不仅仅是扑灭大火那么简单，同时也包含了抢救伤员和财物的含义在里面，是对"火灾"处理最好的概括。失火的时候，首要任务还是救人和抢救财物，灭火也是为救人服务的，所以善良的中国人都把"灭火"称为"救火"；其次，确实"救火"比"灭火"听起来更显得紧迫和必要，感情色彩更强，更加强调了语气。

（二）价值观与文化障碍

什么是价值观呢？克拉克洪（Clyde Kluckhohn）认为："价值观是个人或群体所特有的一种显性或隐性的认为什么是可取的观念，这一观念影响人们从现有的种种行动模式、方式和目的中做出选择。"从这个定义可以看出价值观是决定人们所持看法和所采取的行动的根本出发点。它与文化一样是一种抽象和概括，我们可以通过观察人们的言行举止而知道他们的价值观。

中国传统哲学观是天人合一，指的是人对大自然的顺从和崇拜，并与大自然和谐统一。中国自古就有"以类合之，天人一也"的说法，而西方哲学观自古就倾向于把人与大自然对立起来，即"天人相分"，强调人与大自然抗争的力量。所以西方重个人主义、个性发展与自我表现。他们认为一个人有时达不到自己的目的，那不是天命，而是自己懒惰，缺乏斗争的精神。中国人的"天人合一"的思想必然导致集体主义取向、他人利益取向。人们宁可牺牲个人利益，也要先天下之忧而忧，后天下之乐而乐。做事情常常克己守道，先人后己。同时做事情不愿得罪人，觉得人言可畏，为了面子和脸面，为了人际关系的和谐，有时甚至说假话，言行不一。西方人从古至今都倾向于把宇宙分成两个截然不同的世界，"天人相分"，二者对立。西方人对原罪的自我意识使他们为赎罪而不挠不屈地征服自然，改造自我，从而得到神力，达到"神人合一"。西方人的"天人相分"必然导致个人主义取向，所以西方人尤其是美国人极端崇拜个人主义、个性展现和自我发展。"天人合一"和"天人相分"这两种不同的宇宙观和价值观在构造中西方的思维方式、民族性格方面几乎起着决定性作用，对交际行为的影响也是至关重要的。

东西方的价值观念差别比较大。以语言交流为例，中国人比较喜欢以委婉含蓄的方式表达自己的意思，不喜欢正面冲突。这是因为中国人比较重视人际关系的和谐。因此，在说话尤其是批评和报告坏消息时，总是尽量委婉，唯恐直截了当会伤害对方的面子和感情。在相互交往的过程中，中国人十分注意谦逊，在言谈举止中处处留心，唯恐张扬，尤其在面对对方表扬时，就更加遏制自己。而西方人不同，尽管他们也重视人际关系，但是不能因为人际关系而使要办的事达不到目的，因此他们直奔主题的时候偏多。

价值观的不同可以从很多方面体现出来，比如家庭关系。在西方家庭中，比较注重个体主义，父母鼓励孩子独立自主，对孩子的意见充分尊重，他们不认为父母养育了孩子，孩子就应该赡养他们，所以孩子们一旦成年，他们就离家独立，不再认为父母必须供养他们读书或成家。也许一部分父母会支持孩子继续求学，但绝大部分父母对孩子另外组织家庭是不闻不问的。而东方家庭比较注重长幼有序，一般认为"养儿防老"，父母对儿女会尽心尽力，倾其所有，而子女也应该报答父母的养育之恩，尤其强调"孝道"。曾有人做过调查，家庭中如果婆媳发生矛盾，中国男人当面一般会倾向帮母亲，即使是妻子有理也会批评妻子不尊重长辈，而西方男人会支持妻子，否则家庭难以维持。这说明中国家庭强调纵向关系，着重于父母兄弟的伦理；而西方家庭强调横向关系，夫妻关系是最为首要的。

价值观对跨文化交流的影响最为重大。两种价值观的分歧越大，跨文化的适应性就越差。也就是说价值观的差别与文化反应能力成反比。价值取向的不同，导致说话、行为以及对语言、行为理解等的不同。

（三）人际关系与文化障碍

中西方在人际关系方面的主要差异：中国社会的人际关系偏向于感情型，可以说中国社会是人情社会；而西方社会的人际关系则偏向于工具型，西方社会更确切地说是法制社会。在西方社会的人际关系中，人人平等，父母和子女都是平等的，可以直呼其名，可以相互竞争。在人际交往中他们很少顾及人情、面子，常常是公事公办，不讲情面。他们的交往原则是利己、对抗、竞争、平等、独立、求异、求新、自由、自助、直接、爽快、注重隐私等。他们按法则办事，即使是亲朋好友也要人和事分清，公私分明。但这并不是说西方人一点不讲人情，他们也广交朋友，对人热情周到，但他们不像中国人那样感情用事，常常把人情当作交易的手段。西方文化中这种理智、有逻辑性、超过感情的人际交往形式是典型的工具型人际关系模式。中国社会的基本结构是差序格局，与其对应的社会关系和人际关系都是"父子有亲，君臣有义，夫妇有别，长幼有序，朋友有信"。此时"五伦"不仅构成人们普遍遵守的道德标准，也成了人际关系的基本准则。这种在家庭成员、亲朋好友关系的基础上发展起来的人际关系，使人们相互依存，相互满足。但在公务处理上，容易公私不分、个人情感关系和公共关系混淆，是典型的情感型人际关系模式。

（四）社会习俗与文化障碍

语言是传递文化的媒体。学语言即是学文化，教语言即是教文化。"当你讲授一门语言的时候，你就在传递一种复杂的文化习俗、价值观、思维方式、情感和行为系统"。学习语言绝不可忽视对文化知识的了解和学习。在学习语言的同时，应增强文化差异意识。既要正确理解异国文化，又要理解本族文化。文化差异是导致文化交流障碍的根源，因为它干扰了语言的使用并造成负迁移。"文化迁移是文化差异引起的文化干扰，它表现为在跨文化交际中，人们下意识地用自己的文化准则和价值观来指导自己的言行和思想"。因此，正确理解本族文化和强化对异国文化的学习是增强跨文化差异意识，提高文化差异理解能力的保证。

中西方社会习俗的差异表现在以下几个方面：称呼、问候、介绍、感谢和答谢、赞美、隐私、节日等。在汉语中先姓后名而在英美国家则完全不同，他们是名前姓后，而且在中间还喜欢加上一个中间名。称呼别人时一般在姓的前面加上称呼语，如 Mrs.×× 等。在英语中我们会发现西方国家里对亲属的称谓很少，如 aunt，uncle，cousin 等。而在汉语中则不同，汉语把亲属间的关系分得极细，既能区分性别、长幼又能分出与称呼者的关系。这种差异说明中国人高度重视血缘关系和等级观念，提倡长幼有序、尊卑分明。而在一些西方国家小辈直呼长辈之名比比皆是，少有避讳。家庭成员之间即使是长辈也常对小辈说"Thank you"。因为西方的一些国家追求人人平等和个人的独立意识。在英国，熟人见面时谈论天气的话题较多，如"Lovely weather, isn't it?"而在中国，人们碰面时则常问"你吃了吗？"自古以来中国食风其盛，请客吃饭是司空见惯。"吃"是人们谈话常见的话题。英国位于大西洋北岸，属于海洋性气候，受北大西洋暖湿气流的影响，四季变化不明显，但一日之内天气状况可能瞬息万变，英国人认为在本土没有气候，只有天气，英国的天气每时每刻都是一个新鲜而有趣的话题，因而长期以来养成了谈论天气情况的习惯。

与西方人交际时应注意一些话题。譬如西方人一般不会向陌生人或不太熟悉的人询问年龄、婚姻状况、个人收入或宗教信仰之类的事，这对于他们来说是个人的隐私，别人无权知道。特别是女性的年龄，忌讳得很。在中国就不会有这么多的忌讳。尊重女士是英国绅士的一大特点，女士优先体现了英国人的绅士风度。如果陌生人见面，介绍人一般都是先向女士引见男士，男士为女士开门、让座位、拿行李等是英国所崇尚的一种道德风范。当你带领客人到家做客时，英国人仅会领你到客厅或告诉你卫生间的方向而不会像中国人那样带客人到处参观，西方有一句谚语"英国人的家就是他们的城堡"，而在这一方面中国人则表现出自己的大度。不同文化背景下，人们的思维方式也有所不同。英美国家的社交习俗中坦荡直率的风格与中国人特有的谦虚谨慎很是不同。当别人问你是否要吃点或喝点什么时，我们总是要客气一番，有时会叫人搞不清是真还是假，弄得尴尬不堪。按西方国家的习惯，你若要，便不必推辞，说声"Yes，please"或"不要""No，thanks"，不必推来推去。当你受到别人的称赞和夸奖时，说声"Thank you"。在西方国家人们认为那是非常得体的用语，无须谦虚。

节日文化的发展具有历史的连续性。自古以来，以和为贵、大一统、政通人和、天人合一构成了我国群体的价值观念，表现在节日的文化内涵上，以尊贵、团圆、和谐、优雅为文化主调和情感主调。西方早于我国进入现代文明，其许多传统节日的文化寓意以浪漫、欢快为基调，如圣诞节。圣诞老人大白胡子，穿大红衣，戴小红帽，自由自在地到各家各户送圣诞节礼物，形态可掬。狂欢节时，形式五花八门，时间长，人们不分男女老少均可纵情欢乐。这体现了西方社会对人的个体价值和尊严的尊重，折射了西方民主、平等、自由的文化环境。

在跨文化交流中，思维方式的不同、价值观的差异、人际关系的不同处理方式以及社会习俗差异都是交际中产生文化障碍的重要原因，而这些原因都是我们在英语教学中不可忽视的。只有不断增强文化差异意识，加深对不同文化的了解，才能突破交际障碍，实现顺利交际的最终目的。

第五章 国内外文化教学研究现状

在外语教学中进行文化教学已经有很长的历史了，但是文化教学的形式、内容和作用在历史发展的各阶段有着明显的差异。最初人们是通过文学作船将文化引入外语课堂教学的，通过阅读文学作品，学习者可以了解目的语的文化信息。一是因为当时的外语教学是精英教学，是为了满足少数精英人士阅读和翻译外国文学作品和宗教书籍的需要；二是由于文学作品蕴涵丰富的文化内容，是反映文化现实的最佳途径。到了 20 世纪七八十年代，受海姆斯（Hymes）等人的交际能力观的影响，外语教学的目的发展成为如何提高学习者的交际能力，并明确地把文化列为教学内容。在这两个阶段文化都被视为一成不变的文化事实即"知识"，文化教学总处于次要、附属甚至是可有可无的地位。随着跨文化交际学的兴起，外语教学的目的转变为如何提高学习者的跨文化交际能力，人们开始意识到文化的动态发展特点和文化学习的情感和行为层面，意识到语言教学必须和文化教学有机结合。因此，下面将对国内外文化教学的沿革进行简要回顾，总结一些先进经验来指导我们的文化教学实践。

第一节 国外语言文化教学研究

随着外语教学目的的转变，即语言技能——交际能力——跨文化交际能力，文化在外语教学中的地位和作用也随之发生变化，即完全忽略文化教学——文化教学依附于语言教学——文化教学与语言教学全面结合。依据文化在外语教学中的地位和作用的演变，我们认为西方文化教学大致经历了以下三个阶段：分割阶段、依附阶段以及有机结合阶段。

一、分割的语言教学与文化教学

根据文献记载，欧洲的文化教学早于美国。凯利（Kelly）认为文化教学最早出现于中世纪早期，那时传统的古典文献课不仅系统介绍罗马帝国的历史和地理，而且也介绍人们的日常生活。1880 年，法国教育家古思（Gouin）在他的著作《语言—教学与学习的艺术》（*The Art of Teaching and Studying Language*）中讨论了文化的重要性。两年后，该书的英文版问世，并迅速在英美两国推广，在书中，古恩除了指出语言教学中文化的重要性之外，还给读者传递了一个信息：文化教学可以通过使用合适的教学方法在常规课程中得以实施。这是西方国家第一部阐述文化教学重要性的理论著作。

到了 20 世纪初，语言教学界的一些有识之士开始著书立说，阐释文化因素对语言教学的重要性。1900 年美国现代语言学会起草的一份题为 "Report of the Committee of Twelve" 的报告，第一次提出欧洲文化应作为语言教学的一部分。1918 年，一个由首相指定的英国国家委员会起草了一份题为"现代学习"的报告，该报告对文化因素尤其强调，建议将语言学习置于文化情境中。在两次世界大战之间，作为语言教学项目部分的文化学习在德国迅速发展起来。有的教师扩大语言教学的范围，注重与德国语言文化相对应的外国语言文化，将外国语言文化与外国文学、历史、地理联系起来；有的教师将文化学习项目看作外国的思想史的教学；还有一些教师努力寻找异民族隐藏的"心理结构"，并在此原则指导下研究该民族的历史事件、社会现实以及文学艺术。但是，受到德国纳粹主义的影响，语言教学中的外国文化介绍完全成为一种陪衬，目的是使学生认同德国文化，形成其"德国意识和德国价值观"。综上所述，在文化教学的萌芽阶段，文化有两个层面的意义：一是个人的高水平心智，这种能力是通过语言学习获得的，包括推理能力、智力、想象力和艺术能力；二是异民族的历史和制度、人们的心理以及理想和价值标准。此外，还包括该民族对于人类文明的贡献。值得注意的是，当时的外语教学以文学欣赏为主要目的，学习者通过学习文学作品来了解目的语文化的历史、制度和习俗，以及他们对人类文明的贡献，也就是我们常说的大写 C 文化，而且这些文化知识通常与课文的语言重点没有任何关系，只是作为文化背景知识介绍给学生，便于他们理解文学原著。因此，在这个阶段，语言和文化不是一个不可分割的整体，文化教学完全脱离了语言教学，这就导致文化教学在整个语言教学中不占主要地位，它只是对外语教育的一种补充，或者说是外语教育的手段之一。

二、文化教学依附于语言教学

第二次世界大战后，人类学和社会学的一些成果被应用到语言教学和研究之中，语言教学和文化教学相结合的思想逐渐被提上议事日程。1972 年和 1988 年美国东北外语教学会议举行了两次以文化教学为主题的研讨会，会议就文化教学对于外语教学和外语学习者的重要意义达成了共识。此外，鉴于文化教学的多面性和复杂性，会议还着重讨论了语言和文化如何在课堂教学中有机结合的问题。越来越多的外语教学界人士认为了解外国文化和进行文化比较是语言教学必不可少的一部分，并从不同角度对文化教学进行探讨，其中具有代表性的研究者包括拉多、霍尔、诺斯特兰等。在人类学和社会学，尤其是海姆斯等人的交际能力观的影响下，此阶段的文化教学无论在内容上还是方法上，都较前阶段有了进步。

首先，由于受人类学的影响，文化的内涵发生了转变，文化教学的内容也随之改变。在人类学家看来，文化长期以来代表了一个民族的生活方式以及他们习得的行为模式、态度和品质。在《无声的语言》一书中，霍尔指出了此定义的缺陷，认为"他们的研究往往致使某些人迷恋于从构成人生的许多事件中寻找单一类型的事件，并倾向于视其为一切文化的本质"。为了更为全面而准确地理解文化的本质，霍尔将文化视为"交流"（大多数人在彼此相处时所遇到的困难可追溯到交流中的误解）、"监狱"（文化用许多人所不知的方式束缚了人类，它所施加的限制是一套习惯和常规）、"人类"（人类相互交往所需手段之间的联结）。此外，为了阐释语言和文化的关系，霍尔把 10 种独立的人的活动称为"基本信息系统"，包括：互动（interaction）、联合（association）、生存（subsistence）、两性（bisexuality）、时间（temporality）、领土（territoriality）、学习（learning）、消遣（play）、防卫（defense）和利用（exploitation）。由于这些系统交织在一起，所以研究文化可以将任一系统作为起点，最终展示出一幅完整的图景。在霍尔看来，文化不是一种事物，而是多方面相互联结的一系列复杂的活动，它既浸透了情感，又弥漫着理智。更为重要的是，语言和文化是密不可分的，"发达的语言和技术与现今的人类有着某种紧密的联系，尽管人们对这种联系如何形成还不甚明了。如果没有被低级有机体构造的高度发展的亚文化系统，这些都绝不可能出现"。他使人们意识到了在外语教学中进行文化教学的必要性。

霍尔对"文化"所做的阐释揭示了语言与文化之间密不可分的关系，但是他的定义似乎与外语教学没有直接的联系。而布鲁克斯（Brooks）是最早区分大写 C 文化和小写 c 文化并阐释两者关系的学者，也是最早对外语教学环境下的文化定义进行阐释的研究者之一。首先，在布鲁克斯看来，文化包含五层定义：个人成长（biological growth）、个人修养（personal refinement）、文学与艺术（literature and fine art）、生活模式（patterns of living）、生活方式的总和（the sum total of the way of life）。笔者认为布鲁克斯提出的"五层文化定义"实际上就是对大写 C 文化和小写 c 文化进行的区分。其次，考虑到教学的可行性，Brooks 认为在课堂教学中外语教育者是不可能把关于文化的方方面面知识传授给学习者的，因此要有取舍，要注重对"生活模式"（即小写 c 文化）的教学。再次，在分析了大写 C 文化和小写 c 文化两者区别的基础上，布鲁克斯指出了文化最突出、最重要的特点是它与个人紧密相连的关系，这种关系表现在三方面：人们的思想和言行要受到文化模式的制约；文化是人与世界、人与社会和谐关系的保障，也就是说，文化决定人们理解世界的方式；人与人之间需要相互交流。此定义剖析了人与文化的复杂关系，说明了语言交际与文化之间相互依存的关系，明确了文化教学的重点——传授小写 c 文化（如人们的风俗习惯、生活方式、行为准则、社会组织、相互关系等），因此与外语教学有着紧密的联系。

此外，为了全面透彻地分析文化所包含的内容，诺斯特兰对原本无序且难以把握的文化内容进行了梳理和分类，并提出了"Emergent Model"的文化分析模式。在此模式中，社会文化系统被分为 4 大子系统，共 32 小项：一是文化（包含价值观、气质、艺术、语言、非语言等），二是社会（包含家庭、宗教、经济、职业、政治、教育、交际、社会行为规范、冲突等），三是个人（包含性格、年龄、人际关系、性别等），四是生态（包含对自然的态度、对自然的开发、对自然资源的利用、技术、交通等）。此模式使外语教师对文化有了更清楚的认识，使外语教学中的文化内容变得易于控制和操作，因此被广泛应用到外语课堂教学中。

综上所述，在教学内容上，此阶段的文化教学从以前的"文化修养"和"艺术努力"拓展到"特定群体整个的生活方式"，也就是说，从大写 C 文化变成了小写 c 文化，解决了文化教学中"教什么"的问题。

其次，从 20 世纪五六十年代开始，国与国之间、民族与民族之间的交流日益频繁，由于文化差异所产生的误解不断增加。人们开始意识到要彻底掌握一门语言，光有熟练的语言知识和技能是不够的，还要有了解目的语的文化规约，提高学习者的交际能力。正如弗里斯（Fries）所说："为了实现交际，彻底掌握一门语言，并做到真正理解，需要对各种句子的使用场合的许多特点做系统的观察和记录。这种系统的观察和记录必须细致入微和富有同情心，其目的既不是为了以自己的做法为依据来衡量对方，也不是为了发现'奇特的'人们的风俗，而是为了尽可能充分地理解、感受和体验。"

为了加深对目的语文化的理解，有学者提出在文化教学中，应注意亚文化和个体差异，并避免价值判断，还应注重对母语文化和目的语文化进行对比。他在《跨文化的语言学》一书中明确指出，教师通过在准备教学素材的过程中对母语文化和目的语文化进行对比，可以发现文化学习的难点并在教学中加以克服。具体来说，通过比较行为模式在两种文化中的形式、意义和分布的差异，可以帮助教师预知文化学习的难点，进而采取行之有效的教学方法；同时，还可以让学生了解本族语文化的伟大成就，增强学生的本族文化意识。此外，他曾建议对语言进行三种意义上的比较：一是形式相同，意义不同；二是意义相同，形式不同；三是形式相同，意义相同，分布不同。而两种文化行为在形式、意义和分布上的差异是产生误解的根本原因，也是文化学习的困难所在。然而，由于受到结构主义语言学的影响，拉多的文化比较模式只对人们的行为层面进行了比较，而忽视了对世界观、价值观等深层文化成分的比较。

此外，布鲁克斯还提出了循序渐进的文化教学原则，对不同的学习阶段教什么与如何教做出了阐释。在他看来，在文化学习的初级阶段，教师可以利用图片、地图和实物建立"文化岛"，让学习者接受相关文化的教育，与此同时，还应该通过语言学习和实践让学习者了解目的语和本族语之间的表层文化差异；第二阶段，应该让学习者理解和探索文学艺术作品所包含的文化内涵；第三阶段，应该对学习者进行系统而全面的文化教学，通过通读大量的经典文学作品，让学生了解目的语中象征、价值观、秩序、仪式、友爱、荣誉、幽默、美丽和精神的内涵，提高他们的语言技能，培养其对目的语群体生活方式的意识、洞察力和同情心。他的这些观点，对于解决文化教学中"教什么、如何教"的问题，起到了很大的借鉴作用。但是，这些理论概念能否运用到课堂教学中成了一个很实际的问题，而且布鲁克斯的理论有过于简单之嫌。

综上所述，由于受到海姆斯等人的交际能力观的影响，人们不仅注重言语行为的语法性，而且更注重言语行为的得体性。这导致了文化教学内容从"大写 C 文化"转变为"小写 c 文化"，文化教学目标从"语言技能为中心"转变为"交际能力为中心"，并明确地把文化列为教学内容。因此，我们可以说此阶段的文化教学相对上一阶段来说前进了一大步。但是，这两个阶段都把文化作为知识来处理，把文化看作是相对固定不变的可积累、可分类、可观察、可教和可学的"事实"，把文化知识的学习作为语言学习的手段。这样做可以减少学生在接触外国文化的学习过程中有可能出现的困惑和误解，还有利于建立一个教学框架，使各种各样教授文化知识的方法与技巧能够得到发挥。然而，此阶段的研究者"只注重表层文化行为，而忽视了深层的价值取向和文化变体的存在，忽略了个人在文化创造中的参与作用以及语言和文化意义形成中的相互作用"。此外，此阶段的教学理念没有把语言和文化视为一个不可分割、相互依赖、相互影响的整体，使得语言知识和文化知识是泾渭分明的两种不同知识，而且一种知识的获得未必依赖于另一种知识。也就是说，文化教学只是依附于语言教学，而没有确立自己的独立地位。因此，我们也把此阶段的文化教学视为"依附阶段"的文化教学。

三、语言教学与文化教学有机结合

随着英语被越来越广泛地使用，并呈现出世界性、国际性通用语言的特征，美国学者拉里·史密斯（Larry Smith）主张用"EIL"（English as an International Language）来取代过去的"ESL"和"EFL"两个概念。在"EIL"的提倡者看来，英语不仅属于英美等将英语作为母语的国家，而且也属于印度、菲律宾等将英语作为群体内部交际工具之一的国家，甚至属于任何讲英语的人。这就意味着，英语所代表的不再是狭隘的英美文化，它可以用来表达任何一种文化的观念。此外，随着跨文化交际学在美国的兴起，越来越多的研究者意识到文化不是一成不变的事实，而是一个动态发展的过程。他们认为，文化在不断地变化着，其成员为了满足不同场合的交际需要，掌握了一套形形色色的行为方式，并对引导行为的价值取向表现出不同程度的关注。因此，这就给当时的文化教学提出了新的要求，教师必须重新调整教学视角以及文化教学的目标，选择合适的教学方法。就以上问题克拉姆契（Kramsch）和拜拉姆（Byram）提出了自己独到的见解。

第一，在这一阶段，学者们一致认为文化教学应该与语言教学处于同等重要的地位。结合语言大师韩礼德（Halliday）的观点，克拉姆契将语言和文化的关系归纳为：语言表达文化现实；语言体现文化现实；语言象征文化现实。她认为在语言文化教学中应采用完整的"多元合一"眼光去看待语言和文化这"一个硬币的两个侧面"，使之有机地融合为一体，才更有利于把握语言文化教学。因此，她认为不能将文化简单地看作信息或事实，也不应当把外语教学中的文化视为附加在听、说、读、写之后的第五种技能。在她看来，语言是一种社会实践，文化是语言教学的核心，语言教学不是四种技能加上文化，文化意识的培养应被视为语言能力的促进和对语言能力思考的结果。

第二，在教学视角方面，此阶段呈现出多元和对话的特征。众所周知，后结构主义反对固定的模式，提倡冲破结构框架的束缚，强调世界的多元性，怀疑所谓绝对真理的存在，从而促进人们思想上的解放。正是受这种思想的影响，克拉姆契对以往语言教学中的文化教学进行了批判性的总结并提出了新的文化教学视角。她认为语言教学中的文化教学长期以来主要有两种做法，一是注重提供相关文化信息，介绍目的语文化的方方面面，但是这种以提供有关事实为主的做法不利于学习者深刻理解目的语文化的价值观；另一种是将文化置于一个解释框架内，从跨文化心理学和文化人类学的角度对种种文化差异的事实做出某种阐释。然而无论是哪种做法，学习者都是被动的知识接收者，它们也都没有涉及文化差异使学习者所遭遇的冲突和困境。因此，她认为应该有也正在出现第三种做法，那就是文化不仅被看作是事实和意义，还被视为目的语意义和本族语意义相斗争的场地。针对以往"将语言学习视为手段和工具，视为训练"的错误做法，克拉姆契认为，在外语教学中，教师不仅要向学习者传授语言知识，还要告诉他们如何使用语言，更为重要的是，教师还要给学习者一个制造自己意义的空间，实现学习者和本族语者（即目的语及目的语文化）之间的对话。通过对话，学习者可以发现在说话和思维的哪些方式上他们和别人共享，哪些方式则属于他们自己独有。在这种情况下，外语学习者才能以他们自己本来的身份而不是以有着这样那样缺陷的非本族语使用者身份来使用所学的外语。因此，教师不仅仅要教给学习者语言技能和文化知识，还要使语言学习变成真正意义上的教育。

为了给学习者一个制造自己意义的空间，克拉姆契指出，外语学习是一个打破"界限"（boundary）的过程，学习者通过学习认识到同一事物可以用不同的参考框架来表示。这样的学习不是去单纯模仿和迁就目的语文化，而是在超越本族语文化和目的语文化的同时，达到"第三位置"（the third place）。这个"第三位置"显然既不同于学习者的目的语文化，又不同于其本族语文化，而是一种学习者特有的、与前两种文化有联系的文化系统，我们可以把它称为"中介文化"。值得注意的是，因为外语学习是一个不断打破"界限"的过程，所以中介文化总处于不断演变的状态。不难看出，克拉姆契所说的"多元文化"实质上包含了三个方面的内容：学习者的目的语文化，学习者的本族语文化，学习者的"中介文化"。

此外，依据 text 和 context 的相互依赖关系，即"话语是意义的载体与反映，它具有表达双重声音（double voice）的作用，即表达说话者的个人思想和意愿（text），又代表说话人所属言语社团的期望（context），两者相互依存"。克拉姆契主张采用一种"对话"途径来组织文化教学，主张在语言文化教学中持有"多元共生"的立场，不能一味地追求"一致"而避免"冲突"。因此，我们在文化教学中应该鼓励文化互动，而不是避免冲突。在理解冲突、化解冲突的过程中学习者可以实现母语文化和目的语文化的互动。此外，还要鼓励学习者用目的语来表达自己母语文化中独有的思想和现象。这种双向文化互动的教学模式，突破了以目的语文化知识为载体，以目的语社团的交际行为为标准的单向文化教学的局限。总之，从单纯的目的语"文化导入"到母语和目的语并举的"双向互动"，不仅拓宽了文化教学的视野，而且通过比较两种文化，不断地反思本族文化，加深了学习者对本族文化的理解和热爱。同时，双向文化互动的教学模式纠正了以往"重文化教学内容、轻文化教学过程"的倾向。

第三，长期以来，功能学派以及社会语言学派认为，外语教学的主要目标是培养学习者的交际能力，即语法性、适合性、得体性和实际操作性。研究表明，培养学习者的交际能力其实就是母语文化对目的语文化的被动的单向适应，长此以往，学习者在交际中就会失去应有的文化身份和文化主动权。正如克拉姆契所说"本族语者在外语教学中的权威性与身份都受到质疑"。另外，就目的语语言与文化的真实性问题和目的语使用中的得体性问题，克拉姆契有了新的认识。她指出，交际能力不应当仅仅是处理信息的能力，而应当是了解与开创新世界的能力。为了弥补交际能力的缺陷，学者们一致认为，"学习者通过某一具体文化的学习，并在此基础上，了解更多的文化群体，掌握文化和跨文化交际的普遍规律，增强跨文化意识，提高跨文化交际能力，力争成为一个跨文化的人"是文化教学乃至是整个外语教学的最终目标。跨文化的人了解多种文化知识，具有一种或多种文化身份，具有开放和灵活的世界观，"在一定的社会环境中能够灵活选用准确、恰当的形式，而不是根据某一个社会群体的学术规范和社交礼节去说和写"。总之，"知识"（knowledge）、"态度"（attitude）、"行为"（behavior）和"学会学习"（how to learn）是成为跨文化的人的必备要素，也是文化教学的内容选择、方法设计和教学测试与评估的基础。

第四，在欧盟委员会的倡导和委托下，英国的拜拉姆教授和法国的萨拉特（Zarate）教授主持了一项名为"欧洲公民的语言学习"（Language Learning for European Citizenship）的现代语言计划，目的是建立一套关于语言学习、教学和测试的欧洲共同体框架，研究重点是探讨如何在外语教学中提高学习者的社会文化能力和跨文化交际能力。进行文化教学研究的主题包括：文化教学在语言教学和中学整体课程中的作用和价值；适合于学习者心理、认知和情感发展的文化教学框架及其与外语学习其他层面的关系；文化教学的方法和手段；文化教学评估和学习测试。拜拉姆等人在调查了欧洲各国语言文化教学的现状后，以欧洲跨文化交际的需要为前提，提出了一个将语言和文化相结合的综合教学模式。在这个教学模式中，他们对文化教学的方法、文化教学应遵循的原则、文化教学的内容以及文化教学的评估方法进行了系统的阐述。

在教学方法方面，拜拉姆等人开始意识到文化比较和文化传授的局限性：文化知识是无穷无尽的，文化比较无法脱离特定的视角；信息和角度的选择都会受到限制。为此拜拉姆和摩根（Morgan）借鉴社会人类学和人种学的观察、访谈以及报告撰写技巧，创建了一个新的文化教学方法——田野调查法。该方法将学生自己的亲身经历作为他们学习的出发点和与他们所学文化进行比较的基础。通过调查访谈，学生不仅可以获得文化意识，也可以获得文化体验，还能学会独立学习。在教学原则方面，拜拉姆和摩根主张旨在帮助学生学会独立学习的"循序渐进原则"和"授之以渔原则"；在教学内容方面，主张让学生掌握特定国家（目的语国家）内部各社会群体及其社会认同，社会交往习俗，信仰和行为模式，社会政治制度，社会化和生活范围，国家的历史、地理、文化遗产，文化自定型以及民族归属等知识。但是，以拜拉姆为代表的欧洲文化教学研究存在着明显的不足。由于在研究过程中以欧洲大陆和英国文化为研究对象，很少涉及世界其他地区的语言和文化，其研究不具备开放性、包容性和全球性的特征，使得教师和学生对全球化和跨文化交际产生一种片面和狭隘的理解。总之，由于人们把文化学习视为一个动态的认知、情感和行为的变化过程，这一阶段文化教学的地位和作用发生了显著的变化。学习者通过文化学习，不仅可以提高交际能力，还可以在了解外国文化的基础上反省本族文化，开阔视野，增强跨文化意识，提高跨文化交际能力，进而实现个人的全面发展。这一阶段文化教学与语言教学处于同等重要的地位，文化教学与语言教学一样，既是教学手段又是教学目的，两者实现了有机结合。因此，我们也把此阶段称为"有机结合阶段"。

综上所述，在人类学、社会学、跨文化交际学等学科的影响下，国外语言文化教学取得了巨大的成绩，人们对文化教学日益重视。教学目的从单纯的语言技能训练转为跨文化的人的培养；教学内容从一成不变的信息或事实转为群体生活方式的总和；教学方法从文化比较、知识传授转为文化体验；教学视角从单向的目的语文化转为母语文化和目的语文化的互动。

第二节 国内语言文化教学研究

中国外语教学界在外语教学必须关注文化教学方面早已达成一致的看法。但是，受到特殊的政治、历史和文化背景的影响，"在中国历史上，外语教育中的文化教学经历了'禁''代''选'，并在这三者之间钟摆式地左右徘徊"。笔者认为，由于受到一些政治因素和教学方法的影响，我国的语言文化教学经历了从萌芽到兴起再到迅猛发展的阶段。从新中国成立到20世纪80年代，在语言教学中，我国长期注重的是语言结构，强调语法规则的强记以及外语词与母语词的对应，而忽略了语言的文化内容和语言形式在文化内涵上的差异。20世纪80年代后，随着社会语言学、跨文化交际学、语用学等学科引入我国，我国对语言文化的讨论更加系统和深入，语言文化教学的研究也日益受到重视，并且得到了迅速的发展。

一、萌芽期：我国的语言文化教学呈现出"禁"和"代"的特征

在新中国成立初期，我国许多方面，如政治体制、政府机构、教育等都采取苏联模式。当时，我国的外语教学深受自觉对比法（the conscious-comparative method）的影响。这种方法强调语法、翻译以及外语与母语之间的对比，对课文中的语言点的解析是这种方法的核心。其实，这同我国长期盛行的语法翻译法类似，后者以语言的结构形式为中心，以翻译特别是文学语句的翻译能力为目标。除了教学方法之外，当时的俄语教材也基本从苏联引进，书中包括大量有关苏联文化的介绍，如马列主义、政治制度、科技成就以及苏联人民的生活方式。就连当时的英语教材也是从苏联引进的，书中并没有反映英语国家的一些文化信息，取而代之的是对苏联文化进行介绍。显而易见，这一时期无论是俄语教学还是英语教学，学习者所能接触的只有一种文化，即苏联的文化模式，当时外语教育中的文化教学呈现出"代"的特征。这种教学模式忽视对学习者本族语文化意识的培养，导致学习者丧失了自身文化身份。

随着中苏关系的破裂，1958年，中央提出了"教育为无产阶级政治服务、教育与生产劳动相结合"的教育方针，接着开始了"教育大革命"。"教育大革命"力图破除陈旧的教育思想、旧的体制、旧的教材、旧的教学方法、旧的教学秩序，很多是破得对的，但在"左"的思想影响下也有些破得不对或过了头。当时的语言文化教学走向了"代"的另一极端，也就是用中国文化取代苏联文化。然而由于过分强调"政治"和"现实"，当时的教材中反映中国现实的政治性文章占了主要地位，翻译文章占了极大的比重，原著占的比例极小，导致学生学到的外语不够地道。总之，从新中国成立到20世纪60年代，我国的语言教学与文化教学是脱节的，不管是"知识文化"还是"交际文化"，学习者都触及不到。1960年后，我国的外语教学进入了一个新的发展时期。在教材编写方面，许国璋教授主编的《英语》教材及其他语种的新教材相继问世，这对提高这些语种的教学质量是

大有好处的。在教学法方面，"听说法"（the audio-lingual method）传入我国，初步改变了"聋子英语""哑巴英语"的现象。1964 年 10 月，教育部会同中央有关部门制定了《外语教育七年规划纲要》（以下简称《纲要》）。《纲要》对外语院系的课程设置和教学内容提出了一些建设性的意见。比如：应根据培养目标的要求，贯彻学以致用和少而精的原则，改变过去普遍选读大量古典文学作品和学习过多的语音、语法、词汇理论的缺点，减少课程门类，精简内容，加强基本训练，扩大知识面，使学生既有实用的知识与技能，又有较高的文化素养。值得注意的是，《纲要》对教学内容做了具体的规定：注意反映我国的革命经验和建设成就，适当联系学生生活的实际，但必须注意充分反映外国情况，包括外国人的思维表达方法、民族特点、历史传统、地理条件以及生活习惯；为了熟悉外国情况和学习地道的外语，必须选用足够数量的原文，高年级一般应以原文为主；根据教学需要，可以对原文作品做必要的删减和压缩，但不要篡改以免使原文失去本来面貌。根据《纲要》的要求，一些高校外语系陆续开设了英美文学史、文学选读、英美国家概况等课程，来传授有关英国的历史、社会、风俗习惯以及人们的心态等方面的"知识文化"。总体来说，当时的外语教学涉及的文化面较窄，大多是书本知识，"交际文化"基本上没有触及。然而，令人感到欣慰的是，我国的外语教育者开始认识到了解外国文化是学习地道外语的必要条件之一。

1978 年，我国开始实行"改革开放"的政策，开始大规模引入外国文化，尤其是西方文化。在这一阶段，我国的语言文化教学发生了巨大的变化。首先，为了了解英美等西方国家日常生活的各个侧面，我国一些大学开始引进大量的外国教材，如 New Concept English、Kernel Lesson Plus、English for Today、Question and Answer、Success with English、Listen to This、English 900 等。这些教材介绍了西方的文化，如西方国家人们的生活起居、工作学习、闲暇度假、家庭关系、风俗习惯等。除此之外，我国的外语教育者开始意识到外语学习可以结合外国的日常生活来进行，外语学习可以既学语言又学文化。此外，为了提高我国的外语教育水平，我国派了大批外语教师到西方国家学习社会语言学、国情语言学、跨文化交际学等新的学科。与此同时，大量外国教师来华任教。其次，在 20 世纪 70 年代末、80 年代初，交际法开始引入我国，促进了我国教学主导思想方面的变化。在改革开放之后，我们在外语教学中主要通过英美概况、文学选读等课程对目的语国家的历史、政治、经济和文学进行介绍。越来越多的外语教师开始意识到，教语言不仅仅是教授语言的结构形式，还要注重语言意义的教学，注重对目的语国家的文化习俗、交际规范、生活方式、价值观念等知识的传授。也就是从那个时期起，文化成为外语教学中一个重要组成部分。

二、文化教学的兴起和发展

我国语言学界在 20 世纪 80 年代以前偏重于美国的结构主义和生成语法，很少考虑语用、文化、社会习惯等问题，因此有学者呼吁，在我国的英语教学中，对词义的解释不能仅限于英语教学环境中的意义，还应充分注意英语国家的文化和母语文化，注意训练学生操练英语语言形式的能力和发展学生的智力。

80 年代初，随着改革开放的步伐日益加快，我国逐渐掀起一股"文化热"。从那时候起，一些文章、专著与论文集陆续发表、出版，对语言文化进行了系统和深入的探讨。笔者在中国期刊网检索页面中以"文化教学—英语教学"为主题，查询结果为 1980—2009 年，我国各类期刊中有关"英语语言文化教学"的文章有 2 083 篇，博士论文 2 篇，硕士论文 409 篇。主要专著与论文集有胡文仲先后出版的《跨文化交际与外语学习》（上海译文出版社，1988）、《文化与交际》（外语教学与研究出版社，1994）等论文集，邓炎昌、刘润清的《语言与文化：英汉语言文化对比》（外语教学与研究出版社，1989），胡文仲、高一虹的《外语教学与文化》（湖南教育出版社，1997），赵爱国、姜雅明的《应用语言文化学概论》（上海外语教育出版社，2003），王振亚的《以跨文化交往为目的的外语教学：系统功能语法与外语教学》（北京语言文化大学出版社，2005），陈俊森、樊葳葳、钟华的《跨文化交际与外语教育》（华中科技大学出版社，2006），张红玲的《跨文化外语教学》（上海外语教育出版社，2007），毕继万的《跨文化交际与第二语言教学》（北京语言学院出版社，2009）等。

总的说来，我国语言文化教学研究呈现出以下特征：①研究内容主要包括"教不教，教什么，如何教"；②研究对象、研究人员由单语种、单学科的研究向多语种、多学科发展；③研究方法由思辨型逐渐向实证型过渡。

（一）研究内容主要包括"教不教，教什么，如何教"

在英语语言教学界，语言教学中对文化教学的探讨主要涉及三方面的内容，即"教不教，教什么，如何教"。首先，1980 年许国璋在《现代外语》第四期上发表了题为"Culturally Loaded Words and English Language Teaching"（词语的文化内涵与英语教学）的英语文章。在文中，许教授认为在英语教学中，对词义的解释不能仅限于英语教学环境中的意义，还应充分重视词语的文化内涵意义。从此，国内学者开始对英语教学中的文化因素予以重视，同时也从不同的角度对文化教学的必要性（即"教不教"）进行阐释。综观学者们的文章，有的通过阐释语言与文化的关系来论证文化教学的必要性。如束定芳在《语言与文化的关系以及外语基础阶段教学中的文化导入问题》（《外语界》1996 年第一期）和谢之君在《文化中的语言与语言中的文化——试论"文化"在外语教学中的定位》（《外语界》1999 年第一期）等也先后对语言和文化的关系进行阐释，二者一致认为语言与文化关系密切，可以用"文化中的语言"（即语言是文化的一部分）和"语言中的文化"（即语言是文化的载体）来描述之。此外，每一种语言都与某一特定的文化相对应，该语言的语言结构、语言交际模式、篇章修辞原则等都在很大程度上受到该语言上层文化观念的影响甚至制约。而有的学者则通过阐释语言形式的文化内涵来论证文化教学的必要性。如唐祥金在《文化内涵词析义》（《外语与外语教学》2000 年第九期）一文中从世界观、文化心理、价值观念、宗教和神话渊源、习语和俗语的习惯用法诸多方面探讨了《英语精读》教学中一些最为常见的文化内涵词的词义信息，以说明词汇与文化之间的关系：词汇特别是文化内涵词最能反映一个民族深层的文化底蕴。还有的学者通过探讨语用与文化的关系来阐释文化教学的必要性。如何自然从日常谈话的角度，对比分析了英汉两种语言在打招呼、道别、赞扬、道谢、邀请、致歉等方面的差异，并指出了文化因素在其中所发挥的作用。

其次，综观我国学者对英语教学中文化教学内容（即"教什么"）的探讨，有的强调文化教学的内容要以目的语文化为主，认为外语教学的最终目的在于使学生学到地道的语言，并能结合目的语国家的文化规约准确得体地进行交际。如胡文仲在《文化差异与外语教学》中曾指出，"不了解英美文化，要学好英语是不可能的。反过来说，越深刻细致地了解所学语言国家的历史、文化、传统、风俗习惯、生活方式以至生活细节，就越能正确地理解和准确地使用这一语言"。然而，片面强调目的语文化知识的传授显然是不能适应当今时代发展的需求的。随着英语作为国际通用语（EIL）地位的确立，在全球化和多元化的时代背景下，我国与国际社会之间的交流日趋频繁，我们不仅需要以英语为媒介同以英语为母语的人（如英国人和美国人）进行交流，还要同英语为非母语的人（如印度人和菲律宾人）交流。因此，保留和传播本国文化、尊重和接纳异国文化也成为国际交往中的重要组成部分和难以回避的内容。这就意味着，文化教学的内容不仅应该包括目的语文化，还应该包括母语文化。为此，国内许多学者主张文化教学的内容不仅应该包括目的语文化，还应该包括母语文化，并且强调目的语文化和母语文化之间的互动。如曹文在《英语文化教学的两个层次》（《外语教学与研究》1998年第三期）一文中总结分析了我国英语教学中文化教学的两个层次，即文化知识层和文化理解层，指出我国高校专业英语教学中的文化教学应该以文化理解为目标。为了达到文化理解，文化教学的内容就不应局限于目的语文化，还应该包括母语文化以及其他文化的内容。此外，张伊娜的《外语教育中跨文化教学的重点及其内涵》（《国外外语教学》2000年第三期）和刘长江的《谈外语教育中目的语文化和本族语文化的兼容并举》（《外语界》2003年第四期）等也一致认为，学习外语不只是为了单向学习吸收目的语文化，还为了实现"双语文化的交叉交际"，"跨文化教学的最高境界应是帮助学生形成对待世界各民族文化的正确态度和信念"。高一虹通过调查提出"生产性双语学习模式"，即理想的外语学习并非简单地用目的语替代母语、用目的语文化归属替代母语文化归属，而是通过两种语言和文化价值系统之间的积极互动，达到通过目的语水平的提高来带动母语水平之功效，同时加深对两种语言文化的理解。

综上所述，在文化教学中片面地强调目的语文化的导入，只是对学习者特定文化的交际能力的培养，用高一虹的话来说，这只是文化的"跨越"，即最直接、表层的跨文化交际能力。因此，在文化教学中不应局限于目的语文化，还应该包括母语文化和其他文化的内容。只有这样才能实现文化的"超越"，即深层的、终极的跨文化交际能力。

再次，我们可以把国内学者对文化教学策略（即"如何教"）的研究概括为两个方面：教学原则和教学方法。束定芳提出了在外语基础阶段教学中对文化内容的导入必须遵循"实用性原则""阶段性原则"和"适合性原则"。实用性原则要求选择与学生所学的语言内容密切相关，与日常交际所涉及的主要方面密切相关的文化内容。阶段性原则要求根据学生的语言水平、接受能力和领悟能力，确定文化教学的内容。适合性原则要求选择目的语文化中有代表性的主流文化作为文化教学的内容。此后，其他学者也撰文对文化教学的原则做了探讨。如鲍志坤的《也论外语教学中的文化导入》（《外语界》1997年第一期），苗丽霞的《论英语教学中文化导入的原则》（《天津外国语学院学报》2003年第四期），赵厚宪、赵霞的《论文化教学原则》（《外语教学》2002 年第五期）等。综观我国学者对英语教学中文化教学方法的探讨，有的侧重于文化知识的传授，如束定芳提出的注解法、融合法、实践法、比较法和专门讲解法，胡文仲等提出的文化渗透、文化旁白、文学作品分析、文化片段、文化包、文化丛，王英鹏在《对在大学英语教学中培养学生社会文化能力的几点思考》（《外语界》1999 年第一期）一文中提出的直接阐释法、比较学习法和案例分析法。还有的强调跨文化交际技能的训练，如胡文仲等提出的文化多棱镜和人种学训练方法，蒋红和樊葳葳在《大学英语限选课"英美文化"教学模式初探》（《外语界》2002 年第一期）一文中借鉴国内外的一些教学理论和教学法初步提出的以综合技能训练为基础（skills-based）、以"文化包（culture capsules）"或"文化丛（culture clusters）"为核心、以实践为导向（practice-oriented）的大学英语限选课"英美文化"的 SCCP 教学模式，以培养学生的跨文化交际意识和提高他们的跨文化交际能力。

（二）研究对象、研究人员由单语种、单学科的研究向多语种、多学科发展

有学者认为讨论文化与外语教学的关系最早是从英语开始的，之后发展到法语教学、日语教学、俄语教学、对外汉语教学。

在法语教学界，具有代表性的文章有张以群的《语言、文化与外语教学》（《现代外语》1981 年第三期）、司徒双的《社会文化因素与外语教学》（《外语教学与研究》1985 年第三期）、谢咏的《交际文化与法语基础教学》（《现代外语》1991 年第一期）、郭玉梅的《浅论法语教学中的法国文化因素》（《天津外国语学院学报》1998 年第四期）。他们一致认为，在法语教学中，我们不仅要注重"五会"（听、说、读、写、译）训练，还必须充分考虑到法语教学中的文化因素，重视文化知识，尤其是交际文化知识的传授，把文化教学贯穿于法语教学的整个过程，以培养学生根据不同场合、不同对象、不同需要，用合适的语言进行交际的能力。

在日语教学界，具有代表性的文章有刘丽的《民族文化、思维特征对语言交流的影响——在日语教学中融进文化对比的几点体会》（《现代外语》1993 年第四期），陈岩的《谈日语教学的文化导入》（《外语与外语教学》1997 年第四期），罗传伟、庄琰的《日语教学中导入日本文化教育势在必行》（《外语教学》1998 年第三期）以及詹建红的《从中日文化差异谈日语教学》（《外语教学》2000 年第三期）。他们一致对我国日语学习者在交际时常犯的一些错误进行分析之后发现，此类错误并不是学习者在语言层面上不懂，而是对日本人的表达、想法不理解。因此，我们在日语教学中必须引入文化内容，注意融汇一些民族文化的思维方式和价值观念，找出不同民族之间的差异。此外，还应注意中日两种语言在词语运用、语言习惯和行为方式之间的差异。只有这样做才能使学习者在提高语言能力的同时提高文化能力，进而克服交际中的文化障碍。

在俄语教学界，季元龙撰文《一门新兴的语言学科——俄语语言国情学》（《外语界》1985 年第三期）扼要阐述了俄语语言国情学的产生过程、研究对象、在教学中的地位、语言国情学与苏联概况的区别等。这是我国第一篇介绍苏联语言国情学的文章。此后的数年中，有关语言国情学的介绍不断涌现。例如，1991 年，顾亦瑾、吴国华编著了我国第

一部介绍俄语国情语言学的著作《语言与文化：俄语语言国情学概论》。此外，王德春主编的《国俗语义词典》、吴国华主编的《俄语文化背景知识词典》相继出版。随着俄语语言与文化研究的进一步深入，有研究者建议用"应用语言文化学"来取代"语言国情学"，一是源于该学科研究的广度和深度都超越原语言国情学理论所涉指的范围，二是以示其与汉语的文化语言学和英语的跨文化交际学等相近学科的区别。从研究内容来看，俄语的语言文化研究大多局限于词语文化的狭窄范畴，即集中在词汇、成语的民族文化特点研究之上。如吴国华的《俄汉文化伴随意义词汇对比研究》（《中国俄语教学》1989 年第二期）和《析谈俄语词的文化伴随意义特点》（《解放军外语学院学报》1991 年第六期），丁昕、李桂芬的《俄语成语的民族文化特征》（《解放军外语学院学报》1995 年第一期），一致认为词语的文化伴随意义同民族心理、民族审美观、价值观及时空观、自然环境、飞禽走兽、宗教信仰、风尚习俗、民间传说、神话故事等方面有着密切的联系。除此之外，我国学者对语法与篇章中的民族文化、非言语交际文化以及语言的世界图景进行了研究。例如，李向东的《论民族文化特点与外语篇章的语义理解》（《解放军外语学院学报》1993 年第五期）将篇章放在语际交流中，分析了民族文化特点与外语篇章的关系。周小成的《浅议俄汉文化背景下的非言语交际行为》（《外语研究》1997 年第四期）则指出，非言语交际行为是指包括人体动作的手势、身势、姿势和表情、界域及体触等表达感情和心理状态并具有信息意义的各种综合手段。在实际交际过程中，这些手段应用的范围和频率由人们的动作传统和文化传统决定。杨仕章的《"语言的世界图景"刍议》（《外语与文化研究》，2000 年）论述了俄语语言的世界图景的一个片段——数的模式，指出"数"的历史性、"数"的言语修辞功能、"数"的相对性特点、"数"所蕴含的民族特点及对个体言行的影响。然而，由于语言国情学在学科背景和研究对象上都较单纯，因此该学科所涉及的文化层面较浅，注重的是对零散的、具体的文化事实的介绍，而不是对价值观念或语言文化系统的理论阐释。

中国对外汉语教学界也积极投身于文化教学研究，除了关注具体的教学实践之外，还注重理论和概念的探讨。他们的研究范围比较广，涉及文化的定义与分类研究、文化大纲研究、文化教学的原则和方法研究、对外汉语教学的教师角色和文化定位研究、跨文化交际与对外汉语教学研究等。

第一，张占一、周思源、陈申等学者先后对文化的定义与分类发表自己的观点。张占一在《谈汉语个别教学及其教材》（《语言教学与研究》1984 年第三期）中提出把语言教学中的文化背景区分为"知识文化"和"交际文化"两种，并把对外汉语教学中的"文化"界定为"交际文化"。而后在《试议交际文化和知识文化》（《语言教学与研究》1990 年第三期）一文中，他对"交际文化"定义做了补充，加上了非语言文化因素，即"所谓交际文化，指的是那种两个文化背景不同的人进行交际时，直接影响信息准确传递的语言和非语言的文化因素"。对此胡文仲、高一虹予以了肯定，认为"把文化分为知识文化与交际文化的文化观对于对外汉语教学尤为适用"。然而，周思源对"交际文化"和"知识文化"分法的科学性提出质疑，认为"实际教学中两者无法科学地分开，只能由教学者主观地决定"，因此，对外汉语教学"宜建立一种比较宽泛的文化观念，以适应对文化的多方面需求"。对此，有学者指出，对文化本质的解释不应当限制在知识、行为的两分对立上，而应像国外语言教学界那样把文化作为"意义"和"话语"来理解。

第二，在文化大纲和教材研究方面，对外汉语界走在了英语教学界的前面。陈光磊的《从"文化测试"说到"文化大纲"》（《世界汉语教学》1994年第一期）、林国立的《构建对外汉语教学的文化因素体系——研制文化大纲之我见》（《语言教学与研究》1997年第一期）、张英的《对外汉语文化教材研究——兼论对外汉语文化教学等级大纲建设》《汉语学习》2004年第一期）和《"对外汉语文化大纲"基础研究》（《汉语学习》2009年第五期）都对大纲的制定提出了许多建设性的建议。他们认为，文化大纲的着眼点是语言课中所包含的"文化"，即语构文化、语义文化和语用文化，它的基本内容应该包括中国人的思想观念、中国人的心理特征以及中国人的生活方式和风俗习惯三大方面。因此，在拟制文化大纲时，可以借助意念—功能项目对语言课中所要求的"文化"在内容上分项列目，如分为时间、方位、数量、颜色、姓名、称呼、招呼、问候、邀请、询问、道谢、致歉、告别等，以构建对外汉语教学中的文化因素体系。此外，为了满足初、中阶段培养"语言技能""交际能力""跨文化交际能力"的需求，我们还可制定一个"结构—功能—文化"三位一体的"文化教学大纲"。张英在《对外汉语文化教材研究——兼论对外汉语文化教学等级大纲建设》一文中，针对目前对外汉语文化教材存在的一些问题，如"文化和文化教材的界定不清；对外汉语教学中的文化教学和对外汉语文化教学相混淆；对文化教材的内容和体例缺乏共识"，指出在建立对外汉语文化教材体系的时候，必须考虑对外汉语文化教学的目标和教学对象的语言接受能力，并根据两者的最佳结合点来进行取舍。

第三，在文化教学的原则和方法研究方面，赵贤州在《文化差异与文化导入论略》（《语言教学与研究》1989年第一期）一文中提出文化导入必须遵循"阶段性、适度性、规范性和科学性"的原则，开创了"导入说"先河。然而，"导入说"的前提是语言文化的相互分离。因此，张德鑫提出把语言教学和文化教学紧密结合起来的"语言文化一体化"教学模式，即将文化教学渗透、融合在语言教学之中。

第四，在教师角色和文化定位研究方面，对外汉语界一致认为对外汉语教学包括语言教学与文化教学两大部分，两者应是一个整体。许嘉璐院长在北师大汉语文化学院成立时做的关于"语言与文化"的讲演中明确指出：（汉语文化）学院的方向应该是以语言教学为基础，建成语言和文化并重的教学与研究基地……语言与文化是全院的方向。为了做到语言教学与文化教学的全面结合，教师也要转变自身的角色，即教师不仅仅是"传道、授业、解惑者"，更重要的是，还应该是"多元文化的理解者、所有学生的关怀者、本土知识的专家和传授者、多元文化教育环境的创设者、行动研究者"。

第五，跨文化交际研究，尤其是非语言交际研究在对外汉语界成果颇丰。其中，熊文华先生的《非语言交际理论在对外汉语教学中的指导作用》（《语言教学与研究》1986年第一期）一文最早将"非语言交际理论"引入汉语学界。通过论述非语言交际行为和文化之间的关系，介绍两类身势动作（信息传递动作和非信息传递动作）、四个接触范围（亲密区、亲近区、社交区和公共区）和教师教态，他认为在进行语言研究和语言教学时不能忽略非语言交际行为的重要性。耿二岭所著的《体态语概说》是国内第一本有关非语言交际手段的论著。此外，在跨文化交际研究方面取得突出成绩的还有毕继万先生，他发表了《跨文化非语言交际研究及其与对外汉语教学之间关系》等多篇论文，译介了《中国和英语国家非语言交际对比》，还著有《跨文化非语言交际》一书，此书是对外汉语教学界唯一一部研究文化理论的专著。针对我国对外交往和外语教学的需要，书中介绍了英语国家的体态语、副语言、客体语和环境语以及在这些方面的中英文化差异和文化冲突所在，讨论了非语言交际礼俗规范的中英文化差异与文化冲突，探讨了非语言交际在跨文化交际和外语教学中的作用。

随着语用学、社会语言学、心理语言学、认知语言学和跨文化交际学等新兴学科相继引入我国，语言教育中文化的概念日益宽泛，英语教学界的学者也从不同的角度对英语教学中的文化教学进行探讨。

有的学者从认知的角度对文化教学进行阐释。如刘振前、时小英在《隐喻的文化认知本质与外语教学》（《外语与外语教学》2002年第二期）一文中通过阐释隐喻的性质——隐喻既是一种语言现象，也是一种文化现象，来揭示隐喻同文化的关系——对隐喻的理解在很大程度上取决于对目的语文化的理解与把握，进而指出在外语教学中必须将文化教学提高到应有的地位。又如何高大在《英语教学中体验文化观的认知阐释》（《外语教学》2006年第三期）一文中运用皮亚杰（Piaget）和维果茨基（Vygotsky）的认知心理学理论来阐释英语教学中的跨文化导入的观点，探讨英语教学中文化导入研究的理论架构，即重视培养学习者的"体验文化适应观"，让学习者在真实的语言环境中去体验、调整、适应不同文化的观点。

还有的学者运用语用学的理论来指导文化教学。如徐盛桓在《常规关系和文化教学》（《外语与外语教学》1996年第一期）一文中在新格赖斯会话含义理论基础上提出了外语教学中的一个文化教学模式，即"常规关系模式"：语言表达要有以"文化"为核心内容的推理过程的参与才能顺利实现，要以"常规关系"作为连接语言和文化的中介。在文中，他为解决语言教学与文化教学的结合提供了一条新的思路。根据徐教授的阐述，从本体论角度来说，常规关系是事物间自身的关系，不以说话人的意志为转移，但说话者可以利用话语来表达；从认识论范畴来说，常规关系形成的常规范型是人类集体意识的存在形式和传播媒介；从语言运用的角度来说，常规关系为语言表达中的可交际单位或推导话语含义的符号。因此，"语言运用中所用到的常规关系，是语言系统同知识系统相结合的产物；这一结合，可能为语言和文化的沟通提供一种渠道，进而为语言教学同文化教学的沟通提供一种渠道"。而后，许其潮在《常规关系意识：文化教学的关键》（《外语与外语教学》1998年第三期）一文中提出，常规关系模式在某种程度上能更好地解决语言教学和文化教学结合的理论指导问题，文化教学的关键在于培养学习者的常规关系意识，它对外语各学科的文化教学有着普遍性的指导意义；常规关系的培养包括一个目的、二个原则、三个层次、四方面的文化内容、五种方法。

此外，在跨文化交际理论、结构功能主义理论以及拜拉姆语言文化教学的"四部曲"模式的基础上，韩炜在《多元互动习得模式研究与目的语文化意识的培养》一文中提出了多元互动语言文化模式，即提倡通过多维的教学手段将学习者的本民族文化带进学习外国语言文化的课堂，创造互动的局面，进一步提高学习者的目的语文化意识和交际能力。尤其值得注意的是，张红玲博士所著的《跨文化外语教学》在跨文化交际学和外语教学研究的基础上，首次提出了一门全新的学科——"跨文化外语教学"。她从英语教学的时代背景出发，阐明了在英语发展成为国际通用语的形势下英语教学的最终目的是培养具有跨文化交际能力的外语人才的思想。这不仅仅是一个术语上的创新，而且是尝试把跨文化交际学和外语教学紧密结合、创立有中国特色外语教学理论的一次新的探索。

（三）研究方法由思辨型逐渐向实证型过渡

有学者将研究方法分为非实证研究（non-empirical studies）和实证研究（empirical studies）两大类。非实证研究指不以系统采集的材料为基础的研究，包括思辨型（个人教学体会、个人经验谈）、介绍型（教材、大纲、理论介绍）以及理论型（教学法理论假设）。与非实证研究相反，实证研究以系统的、有计划的材料采集和分析为特点，包括定量研究、定性研究以及定量与定性相结合的研究。

调查表明，我国有关语言文化教学的文章大部分属于非实证研究，但已有学者开始使用实证研究的方法来进行语言文化教学的研究。例如，陈冰冰在《高校英语文化教学及其变量研究》（《西安外国语学院学报》2004年第三期）中通过对高校英语文化教学现状的调查与分析，发现大多数教师尽管主观上认识到文化教学的重要性，但实际上对如何有效地把文化教学融入他们的课堂缺乏充分的理解。针对这个问题，陈文从文化教学相关变量（环境、教师、学习者、教学法、教材、测试）方面进行了剖析，找出原因，并提出了一些改进建议：利用多媒体和网络的虚拟真实环境来弥补教室环境文化真实性的不足；改善教师的知识结构，改变教师对文化和文化教学既成的态度和偏见；给学习者开设专题入门培训，介绍正确的语言学习观和语言学习策略，明确语言与文化的关系，纠正以往错误的观念和学习方式；通过跨文化路径来组织文化教学；此外，要采取形成性的、行为性的并兼具认知性的测试形式。此外，张蓓、马兰在《关于大学英语教材的文化内容的调查研究》（《外语界》2004年第四期）中运用实证研究的方法来探讨大学英语教材的文化内容。她们以英语作为国际语言的英语教学理念为理论基础，通过问卷调查和有关中美文化节日习俗的个人访谈，研究了我国高校 EFL 学生对英语教材文化内容的要求，探讨了文化素养与语言能力的关系，提出了 EFL 学生的大学英语教材不仅应当包括目的语文化还应当包括本土文化，并应包括在不同层次上使用英语的各国文化；同时，要重视培养学生用英语表达本土文化的能力，从而提高他们的跨文化比较能力和沟通能力。王斌华在《"第二文化习得"理论与跨文化的外语教学观》（《山东外语教学》2006年第六期）中则通过对"跨文化能力"和它的两个相关变量（外语技能水平、第二文化习得情况）的调查分析，发现外语学习者的跨文化能力不一定会随着外语技能水平的提高而自然而然地提高。因此，作为外语教学的基本目标，跨文化能力的培养在外语教学中需要做特别的处理，而不能只作为语言教学的一个附属产品。

因此，我们在做任何研究之前，都必须认真地查阅相关文献，了解研究背景，这将决定我们可以进行什么样的实证研究。实证研究评估方法一般包括对某一项研究假设的探索性研究、验证假设中变量的关系的描述性研究以及验证变量之间因果关系的实验研究。由于国内关于文化教学研究的理论基础还非常薄弱，我们首先必须加强这方面的探索性研究，也就是说求证外语教学中文化输入是否提高学生的文化敏感性，是否有助于学生学习成绩的提高。我们可以采取问卷与笔试的方法来分析文化测试成绩是否与语言测试成绩相关。除此之外，我们还可以采取访谈形式，了解研究对象对文化输入这一形式的态度、文化敏感性的提高以及对英语语言本身的认识所发生的变化。其次，我们还应该在探索性研究的基础上进行描述性研究：对影响文化教学的变量进行分析。在这项研究中我们可以采取观察法、访谈法、问卷调查法等量化与质化相结合的研究方法，来收集研究对象的数据，然后对数据进行反复的观察、分析，归纳出类别，并做进一步的观察，验证这样分类是否合理，探查出影响文化教学的各种变量，并通过实验研究探究出变量之间的关系。只有经过一系列的实证研究，我们才能真正解决文化教学中"教什么""如何教"的问题。

综上所述，我国语言教学界的语言文化研究从 20 世纪 80 年代以来有了长足的发展，进入 90 年代形势更加喜人。但是，有关文化导入的讨论和实践，目前只处在起步和试验阶段，文化导入在外语教学中仍没有形成系统。此外，虽然能注重目的语文化和母语文化的互动，但是在理论创建和研究方法方面我们还比较落后，我们的教学模式还停留在"重结果、轻方法或过程"的层面。因此有关文化教学的研究在今后很长一段时间内还必须继续深入下去。在英语日趋国际化和国际交流日趋多元化的今天，为了使我国的英语教学保持平衡，使其既能追随英语的国际化脚步，又能真正地服务于本民族的经济文化建设，我们必须做到以下两点：一是文化教学中的"文化"日益多元化和复杂化；二是文化教学的主要目标日趋本土化。

近年来国外语言文化教学取得了巨大的成绩。其大致经历了以下三个阶段：分割阶段、依附阶段和有机结合阶段。并呈现出以下特征：教学目的从单纯的语言技能训练转为跨文化的人的培养；教学内容从一成不变的信息或事实转为群体生活方式的总和；教学方法从文化比较、知识传授转为文化体验；教学视角从单向的目的语文化转为母语文化和目的语文化的互动。

由于受到一些政治因素和教学方法的影响，我国的语言文化教学经历了从无到有的过程，即从萌芽到兴起再到迅猛发展。从 20 世纪 80 年代至今，我国语言文化教学研究呈现出以下特征：①研究内容涉及"教不教，教什么，如何教"；②研究对象、研究人员由单语种、单学科的研究向多语种、多学科发展；③研究方法由思辨型逐渐向实证型过渡，但实证型文章所占的比重偏小。总之，我们在进行文化教学时，应尽量使"文化"多元化，并使文化教学的主要目标本土化。

第三节　文化融合教育历史与指导原则

一、文化融合教育历史

从关注文化交际，进而发展到关注跨文化教育，是近年来教育界和学术界极为关注的一个趋势。文化融合研究更多的是强调从属于不同文化体系的交际参与者如何在交际中领会、意识、理解不同文化、语言、心理的差异，从而掌握一定的跨文化技能技巧，实现跨文化沟通的目的；而跨文化教育则是从近年来全球发展、人员流动、社区人口中种族融合趋势出发，强调在教育中，要从教育者、教材、教育方法考虑这些少数群体的需要，更多地从边缘文化出发，同时也对教育者的素质、教育环境、课程设计提出了新的更高的跨文化要求。当然，其中也自然包括了在教育中灌输文化融合所需要的文化差异意识、文化交际能力和技巧。两个概念并不相互冲突，只是范畴大小之分而已。广而言之，跨文化教育有着悠久的历史，因为人类从远古时期开始就有了文化之间的教育实践。当然，这些实践包括了小至国际旅游、讲学、访问、旅居，大至各种关涉文化的交流实践。而作为一个研究领域，跨文化教育相对年轻，它的历史可以追溯到 20 世纪 60 年代。由于当时相对宽松的移民政策，国际之间的人口流动极为平凡，这些文化的他者群体进入一个新的文化环境之后，给生活教育带来了一系列的问题，由此而引发了对文化间教育的重视。以美国为首的一些西方国家的学者对跨文化教育进行了大量研究，提出了各自的一些理论，而当前的跨文化教育研究已经从原来的美国、英国、法国、德国发展到了加拿大、俄罗斯、澳大利亚、日本、东南亚，还有中国。当前世界主要的跨文化教育理论包括"文化变迁（acculturation）""文化同化（assimilation）""文化融合（amalgamationism）""文化适应(culture adaption)""跨文化交流(intercultural communication)""跨文化理解(intercultural understanding）""多元文化与多元文化教育（multicultural education）""跨文化教育（intercultural education）"等。

二、跨文化教育指导原则

20 世纪 80 年代，联合国教科文组织大力倡导文化间的教育，旨在推进文化间的平等交流，为人类和谐交往，为不同文化背景的人群提供平等的教育机会。1992 年，第 43 届国际教育大会在日内瓦召开，大会的主题是"教育对文化发展的贡献"。1996 年，联合国教科文组织又颁发了报告《国际理解教育：一个富有根基的理念》，呼吁通过跨文化教育，促进国际理解。为了促进世界各国的文化交流和发展，联合国教科文组织对跨文化教育也给予了极大的重视，并且还提出了一些基本的指导原则，以供跨文化教育参考。该指导原则首先确立了跨文化教育的作用和目的。它强调跨文化教育不应该被边缘化，不能视为外语课堂教学的一种犒赏，也即在正常教学任务之外添加的一些文化交际内容。它强调要从课程的设置方面入手，要编写一本融非主流群体的多语言、多历史和多文化为一体的教材。跨文化教育的目的则是要教会学生求知，学会做事，学会共处，更要学会做人。

具体而言，它认为每个学习的个体都是有自己独特的文化身份，教育机构所提供的素质教育必须考虑文化的得体性，必须充分考虑学习个体经历的多元性，尊重他们的语言、历史、宗教信仰、审美观和价值观。在教学组织形式方面，它倡导情景化的学习，比如与当地的社区文化机构合作，参观一些历史胜迹，有可能的话，还可以进行短期的旅居生活。教师也需要从文化的角度来制定合理的评估方法，在课堂上要使用多种教学工具来辅助学习，使学生能积极参与学习。为了适应未来社会的多元文化工作生活环境，跨文化教育指导原则尤其重视培养文化意识、端正的文化态度和正确的交际技能，而且这些文化意识、态度和技能必须有助于促进个体、民族、社会、文化和宗教群体之间的相互尊重和相互理解。总体而言，这个指导原则极为详尽地为当前的跨文化教育指出了教师、教材、教学方法、教学环境等方面的要求，使跨文化教育的开展有了比较明确的原则和目标，同时也使教育者对于跨文化教育有了更为深刻的理解。

第四节　从跨文化到文化间性

在对文化融合的发源、研究现状有了初步的了解之后，笔者也结合当前的文化融合研究趋势试图对各种研究视角和侧重点做一个研究趋势的预测。目前文化之间的冲突交流现状使人们更加清醒地认识到，一味地强调文化趋同，抹去文化差异，已经在各种文化势力的较量中变得不再现实，于是更多地从强调跨越文化差异的研究，比如从以一种文化为范式的研究，逐步转向寻找文化间互相作用的地带，寻找文化间的契合点，这种研究的重点就是关注文化间性。笔者试图对以往的这些文化融合理论做简单评述，指出它们的研究存在的缺陷，进而明证文化间性对文化融合及跨文化教育未来研究的重要意义。

一、文化融合理论研究的缺陷

自从 20 世纪 50 年代霍尔创立文化交际研究以来，这个身份特殊的研究领域即时引起了学者的极大关注。从最初服务于政治外交的研究从属地位，到后来发展成为相对独立的研究领域，文化交际研究在短短二十多年间就确立了自己独立的学科地位。古迪孔斯特在梳理了近年来盛行的文化交际主要理论之后，认为文化交际作为一个独立的学科，已经完全地建立了自己的理论体系。但是就这些所梳理的研究理论，无论是从研究方法还是指导思想或是研究对象，它们都还有值得商榷的地方，而且和一种具备"交往理性"的且能结合当下文化交际现实的研究还有一定的距离。

在研究的方法方面，当前的文化交际研究受工具理性影响过深，把语言交际现象当成实验，在机械论证中求得一些刻板的公式原理，试图用它们来指导和界定活生生的语言现象。整体而言，这些文化交际理论的研究中，主要采用了三种科学方法，如前所述，有学者把它们归纳为：实证主义、人文主义和系统理论研究方法。

实证主义遵循分析定量的自然科学思维，在这方面的理论有古迪孔斯特的《不确定性和焦虑》和廷图梅的《跨文化冲突模式：面子—协商理论》。古迪孔斯特在论证和阐释自己的理论时，运用了 5 个关键概念，仅公理就有 47 条之多；廷图梅也在自己的理论中推导了 7 个假设，并在美国、日本、韩国、中国内地和中国台湾等国家和地区进行了大量问卷调查和面试采访。他们往往基于交际主体的心理和语言因素，提出自己的理论假设，对个体的跨文化经历做了详尽如实的描述，进而加以论证和阐释。人文主义研究方法强调还原人的自由，在研究中遵循整体综合的思维。这方面主要有阿普列盖、赛甫合著的《交际和文化的建构主义理论》和克罗农、皮尔斯合著的《意义的协调管理：一种批判理论》。他们集中探讨了文化对个体交际行为的影响，他们主张"理论应该具有阐释力""应该对日常交际行为做详尽如实的记录""文化决定交际逻辑"等。系统理论研究在方法上依旧沿用了实证主义的科学方法，尽管它也批判实证主义量化和细化的方法，强调要整体看待交际的过程，主张交际现象是相互作用的。金英允的《跨文化嬗变：系统理论》和《跨文化交际网络理论》是这种研究方法的代表，作者在研究中指出了个体在进行跨文化交际活动时所发生的内心跨文化变化。这三种主要研究方法中两种遵循了实证主义方法的思路，这种方法多以工具理性为指导，为交际中的语言主体设定公理法则，试图进行机械的还原，用僵化的思维方式来认识变化的语言现象。如：阿普列盖和赛甫合著的《交际和文化的建构主义理论》是典型的工具理性代表产物，把交际过程简单化，认为人可以在多变的交际过程中认清一些不变的规律法则，旨在以探求语言规律为己任。其他不少研究者也都提出了不少相关的基本原理、公式规则，并往往遵循先假设后验证的研究方法。对研究对象进行准确的量化实证研究，在自然科学领域极为盛行，并被奉为黄金法则，但对于人文科学现象，这种方法显得僵硬刻板。而对于人文社会科学中的自然科学方法的盛行，哈贝马斯（Habermas）做了批判，指出实证主义"完全脱离了生活联系"。

以上对跨文化交际研究方法的考量表明，我们缺乏一个交往理性的研究取向。理想的跨文化交际研究，应该首先立足于承认自我之外还有众多的他者这一事实，其次是承认自我与他者之间存在着根本的差异。文化交际的种种现实，本来应该是充满交往理性的一个现实生活世界，它为文化交际奠定了基础，也为达到主体间的共识奠定了现实基础。可是在以工具理性为代表的经济和政治的侵略下，交际失去了交际双方乃至多方"共同保证的背景信念"，也正是工具理性对交往理性的侵略使得（文化）认同发生危机，交际发生冲突。当前的一些文化交际理论，由于它的现实实际基础和研究出发点的错位，研究指导思想的错位，研究方法的不完善，使得我们误以为只要掌握了一些交际的准则，学会了一些公理，了解了一些法则，就能跨越交际的障碍，而现实中交际冲突、文化碰撞的现实再次呼吁我们要理性看待文化交际现象。

二、文化间性

目前我们对于文化已经实现了宏观认识的多元化，而对于交际中的文化——文化交际，我们过多地停留在探讨言语及非言语行为的文化差异、如何实现有效的交际、交际者参与交际的心理变化过程，对交际参与者的交际（交往）行为背后两种或多种文化之间相互作用的关注却比较少。也就是说，一个交际者在面对文化的他者时，作为交际的主体之一，他所包含的文化结构在交际中会被解构吗？他的文化结构是一种自为存在体吗？他的文化结构如何与他者文化结构发生关联？这种关联能建构一种新的暂时或长期的文化交互结构吗？回答这些问题，我们无法绕过文化间性。正如王才勇指出，文化间性是一种既基于语言又超越语言的隐形间性，是在与他者的互动、际遇中显现出来的关联。它关注的是不同文化际遇时发生意义重组的相互作用及其过程，指一种文化与他者的关联，间性问题应该是所有跨文化研究的一个至关重要的元理论问题。

文化间性也是哈贝马斯主体间性理论在文化问题上的表现。文化间性在全球化多元文化政治、社会背景中凸显出来，它本身也是对"多元文化"和"文化糅合"的一种超越，它所指向的是多元、互动、不确定、开放、差异、商谈等。联合国教科文组织也倡导关注文化间性，2005 年的联合国教科文组织大会序言将其定义为"不同文化的存在与平等互动，以及通过对话和相互尊重产生共同文化表现形式的可能性"。潘尼卡就指出，每一种文化都应该具有一个充满活力的开放的空间，它时刻准备跨越本文化的实在论与本质主义藩篱，向他种文化开放，进入深层的、内在的对话，文化间性的合理秩序是一种"我与你"的"对话"秩序，我中有你，你中有我，"当他者，在我之中不会感到被视为异己，我在他者之中也不会感到被视为异己……"尽管潘尼卡对于跨文化的冥思具有浓厚的宗教哲学意味，但是他所传达的跨文化思想却是对话性和文化间性的。潘尼卡所倡导的间性是要深入到文化间的深层结构，开放自我，接受他者，用对话的方式来解决文化间的冲突。

任何一种理性文化交际行为，其共同的基础都应该是超越语言的，它直达文化的核心价值观。在这种理性的对话中，开放的主体走出自我，首先应该实现对他者的理解，进而完成自我的理解。在这种理性的文化交际行为中，从主体走向主体间，首先要关注的就是放弃自我主体时，自我主体与另一主体的交互作用。简而言之，也就是关注一种文化价值观、世界观与另一种文化价值观、世界观的相互作用，关注对话状态中两种文化是如何建立一种"合理秩序"，如何通过对话和协商从而建立一种双方皆可以接受和认可的文化形式，这种对话性和协商性，首要的是破除和超越主体立场，走向主体间、文化间立场。对于当前的跨文化研究，特别是本土的跨文化研究，也就要特别谨慎地去理解以英语文化为中心而厘定的一些研究范畴、方法、原则。理想而理性的跨文化研究应该是一种超越对比研究的"内比"人文研究，它不假设一种先验的共通结构，它关注的应该是两种或多种文化之间"隐形地带"、互动空间，关注的应该是间性，文化的间性，"需要通过持续的、活生生的、对话性的互动来追寻不同文化之间更深的内在关联点和相遇点，从而实现不同文化的共同更新和相互丰富"。由于文化的包容性，所以存在着文化之间的共通性和差异性，也正是由于这些共通性和差异性，世界各国的文化在传播和交流的过程中存在一些冲突，特别是在西方文化的触角伸向世界各地的时候，跨文化交流这个国际现象不可避免地摆在人们面前。随着交流的频繁发生，西方学者开始关注并探讨这些问题。综观以上种种理论，虽然切入点各有不同，侧重点也不一样（皆因为研究者的学术背景和学术兴趣有所不同），但是，他们之间却存在一个共同点。那就是他们都是从微观的、心理的角度来研究不同文化人们在交流的时候产生的一些问题。本书要着重探讨的是从宏观的角度来探讨世界各国的人们建立一种平等的交流，一种不卑不亢的交流，一种互惠的交流。这种理论不是一种乌托邦，而是有深厚的理论基础和现实意义的。

第六章 英语教学与文化融合

教育也属于传播学的研究领域。教育传播定义为：一种以培养和训练人为目的而进行的信息传播活动。也就是说，教育是一种有目的、有意识地对人进行的信息传播活动。因此，英语教学与跨文化传播密不可分。我们多年来把英语作为普及外语，近年来更是从小学就开始培训。在跨文化传播日益融入我们的生活时，在英语教学的同时进行跨文化传播教学就显得尤为重要。在英语教学中，文化是指所学语言国家的历史地理、风土人情、传统习俗、生活方式、文学艺术、行为规范、价值观念等。接触和了解英语国家的文化有益于对英语的理解和使用，有益于加深对本国文化的理解与认识，有益于培养世界意识。我们在多年的教学活动中，已经逐步认识到了跨文化传播教学的重要性，也总结出了一系列行之有效的教学方法。

第一节 进行跨文化融合教学的原因及目的

随着社会科技和经济的发展，教育逐步走向国际化，国际的教育交流与合作日益频繁。世界各国相互交流，相互竞争，共同促进国际教育的发展。国家的发展主要依靠教育，各国综合国力的竞争和发展主要依靠国际型人才，国际型人才的培养和竞争成为教育国际化的核心。培养高素质、具有创新精神和创新实力的人才成了我国教育的重心和目标。从上文我们可以了解到，为了成功地进行跨文化交流，第二语言学习者除了要有必要的语言基本知识和听说能力外，还需要正确判断交际场合、交际目的、了解和掌握对方的文化背景，也就是在学习这第二种语言的同时进行第二文化的学习。盛炎在他的《语言教学原理》中谈到第二文化学习时道："人们在习得第一语言的过程中，已经形成了一种自我认同……这种自我认同跟第一语言息息相关。在学习第二语言的时候就会表现出来，影响第二语言的学习，形成一种自我疆界（ego boundaries）。学习第二文化的目的在于超越这种自我疆界，或者说扩展这种自我疆界，消除两种文化接触时所产生的障碍，使自己处于目的语国家人们的位置和思路中，达到移情（empathize）的理想境界，获得第二个新的自我认同。"可见，在外语学习的过程中，也要加强对目的语文化的学习，只有语言和文化的同步学习才能达到理想的学习境界。然而在我国传统的学校教育中，教师是权威的掌控者，负责把知识灌输给学生，而学生是被动的接受者，学习缺乏积极性和主动性。文化差异是跨文化交流的障碍，克服文化差异造成的交流障碍已经成为整个世界共同面临的问题。一个企业若想让自己的产品打入国际市场，一家跨国公司若想在众多国家和地区创造高效益，不仅需要高超的经济和技术手段，而且需要深入了解对象国的文化。现代社会中一个企业的成功不仅是经济的成功，而且是跨文化交流的成功。

了解文化知识是学习语言知识的关键。不懂得文化的模式和准则就不可能真正学习语言，不掌握文化背景就不能教好语言。语言是文化的载体，又是文化的一个重要组成部分。然而语言受文化的深刻影响，又反映了某种文化的独特之处。离开了特定文化背景的语言是不存在的，如果不了解目的语的文化，我们就很难理解某些词语项目的意义。文化知识的教学是达到语言教学目标的关键。发展交际能力是语言教学的主要目标。语言能力是交流能力的基础，然而具备了语言能力并不意味着具备了交流能力。越来越多的人已达成共识，即交流能力应包括五个方面，即四种技能（听、说、读、写）加上社会能力（和不同文化背景的人们进行合适交流的能力）。我们必须明白，语言能力和语用能力在社会生活中是相辅相成的，明白文化知识是组成交流能力的一个重要方面，是达到语言教学目标的重要教学内容。

一般认为，成功的跨文化交流，需要人们既有很好的听、说、读、写的能力，还要有跨文化交际的能力。共包括以下五个方面的能力：语言能力，指较好地掌握母语和外语的语言知识，如语音、语法和词汇；知识结构，指常识性的知识；策略能力，指有良好的心理素质并能在各种交际场合中运用语言和非语言技能应对和修复交流渠道；使用能力，指适时地使用各种语言形式的能力；行为能力，指一个人运用外语与异域文化的人交流时所表现出的合适的语言和非语言行为。

目前我们国家学生以英语为普及外语。我们在过去的英语教学中，把训练学生的听、说、读、写能力作为首要目标，极少考虑文化的内涵和使用环境。我们的中学英语教学长期以来固守一个模式，那就是片面强调语言能力，围绕书本讲语法、背句型，而不太注重语言环境的教学。这是我们学生在真正的跨文化交流中发生语用错误的症结所在。近20年以来，这种情况有所改变。许多外语教师认识到在语言使用时，除了结构规则，即语音、词汇和语法等起作用外，还有一种规则——使用规则——在起作用。为增强学生在外语学习中的综合素质，真正达到学习的目的，进行跨文化传播教学是非常必要的。也正因为如此，现在我们要补上这一课。跨文化传播教学的基本目的有三个：

（1）培养学生对不同的文化的积极理解的态度。文化是有差异的，通过发现对方的不同点，反过来加深对我们自身文化的理解，从而做到客观地把握各自的文化特性。在理性分析的过程中了解异域文化中重要而细微的特点，并接受与自身文化的差异。

（2）培养跨文化接触时的适应能力。初次与不同的文化接触时，往往会受到文化冲击（culture shock），从而产生某种不适应。要使交际得以继续下去，必须设法减缓冲击，提高适应能力。

（3）培养跨文化交际的技能。随着对外开放的进一步扩大，走出国门或留在国内参与跨文化交流的人越来越多，他们都需要学习、掌握与不同文化背景的人打交道的实际技能，以适应国际化社会的需要。

第二节　英语跨文化融合教学的理论实践思考

一、认知建构主义理论

建构主义也称为结构主义，由瑞士学者皮亚杰最早提出来。皮亚杰认为，智慧本质上是一种对环境的适应，智慧的适应是一种能动的适应。一定的刺激只有被主体同化于认知结构之中，主体才能做出反应。在皮亚杰的理论基础上发展而来的认知建构主义学习理论认为：知识不是通过教师传授得到的，而是通过学习者在一定的情境下，借助其他的帮助，利用学习资源，通过意义建构的方式获得的，教师只是活动中的指导者与参与者。建构主义学习理论的基本观点包括三点：

（1）学习是一种意义的学习过程。知识的获得是学习个体与外部环境交互作用的结果。

（2）学习是一种协商活动的过程。由于每一个学习者都有自己的认知结构，对外部世界的理解局限于自己的经验解释，因而不同的学习者对知识的理解不完全一样，从而导致了有的学习者在学习中所获得的信息与真实世界不相吻合。此时，只有通过社会"协商"和时间的磨合才有可能达成共识。

（3）学习是一种真实情境的体验。在真实世界的情境中会使学习变得更为有效。学习的目的不仅仅是要让学生懂得某些知识，而且还要让学生能真正运用所学知识去解决现实世界中的问题。在一些真实的情境中，学习者如何运用自身的知识结构解决实际问题，是衡量学习是否成功的关键。学习者认为，对同一内容的学习，要在不同的时间多次进行，每次的情境都要经过改组，而且目的不同，使其分别着眼于问题的不同侧面。这种学习有利于学习者形成对概念的多角度的理解。

学生对知识的建构是受社会性相互作用影响的。学生之间的相互交流，会影响学生的知识构建。由于每个人的已有经验和学习情境不同，对知识的理解会存在一定的差异。这就是说，学生对知识的理解是多元的。相互交流能促使每个学生从多个角度来建构知识。在英语教学的过程中，老师进行跨文化的传播，学生可以通过对不同语言和文化的吸收来建构自己的知识体系、文化体系和价值体系，并通过对不同真实情境的模拟教学来掌握正确应用英语的能力。

二、探究式学习理念

新的教育理念关注学生的全面发展和学科能力的可持续发展，提倡让学生采用自主学习和探究学习等学习方式，突出学生的主体地位，注重学生主动性、能动性的发挥，注重学生实践能力和创新精神的培养。探究式学习有时也被人们称为"问题导向式"的学习，因此，"问题"往往被视为探究式学习的核心。21世纪世界各国教育改革的重点在于使本国的学生具备"关键能力"，包括获取和处理信息的能力、主动探究的能力、分析问题和解决问题的能力、与人合作的能力、具有责任感以及终身学习的能力。美国《国家教育科学标准》中对探究表述为"科学探究指的是学生构建知识、形成科学观念、领悟科学研究方法的各种活动"。

学生主动探究的学习活动，是一种学习的理念、策略和方法，它适用于各科的学习。它要求教师在教学过程中以问题为载体，创设分析问题和解决问题的情境和途径，让学生通过探究主动获得知识并运用知识。在跨文化传播的英语教学中，探究式学习理念表现为学生获得他国文化信息并处理这种信息的能力，要学会如何应用所获得的信息来正确处理自己面临的问题，尽量消除跨文化交流中的文化障碍。

（一）在英语教学中激发学生学习兴趣，培养学生自主学习能力

激发学生学好英语的浓厚兴趣，培养学生自主学习能力，是使学生进行主动的探究式学习的前提条件和主要手段，是提高英语教学质量的有效途径。兴趣是最好的老师，孔子曰："知之者不如好之者，好之者不如乐之者。"随着现代教学技术的普及，DVD、多媒体的使用给学生提供了听觉、视觉的新感受。这为学生创造一个轻松有趣的学习环境、增进学生的兴趣有着特殊的作用，能让学生在愉快轻松的气氛中掌握语言知识和语言技能。培养学生学习的轻松愉悦感，能诱发学习兴趣。心理学研究表明，人在轻松的时候，大脑皮层的神经元才能形成兴奋中心，使神经细胞传递信息的通道畅通无阻，思维也就变得迅速敏捷。这样可加速知识的接收、贮存、加工、组合及提取的进程，使知识迅速得到巩固并转化为能力。

（二）在英语教学中培养学生反思性学习能力

反思性学习是以学生为本，以教学的具体内容为对象，以激发学生主动思考、积极研读和努力实践为目标，以理解掌握和升华应用知识为内容的研究性探索活动，具有主体性、探索性、灵活性、创新性和开放性等特征。反思性学习的出发点在于优化学生的英语学习方式，通过思考和探究进行分析归纳和处理知识信息等活动来使学生学会合作，学会学习，最终实现提高学习效率、提升思维意识、提高分析能力、形成综合创新能力的目的。

（三）在英语教学中培养学生创新性学习能力

探究式教学特别重视学生智力的开发和创新性思维的培养，力图通过学生的自我探究引导他们掌握科学的学习方法，为其终生学习奠定坚实的基础。培养学生创造性学习能力的重要任务是开发学生的潜能。教师不能独占整个教学活动时间，教师要结合学科教材内容的特点和学生已有知识储备和能力水平有效开展形式多样的课堂教学活动，对学生进行有效的思维方式训练。教师要创设问题情境、启发学习思路、鼓励学生独立思考，相互讨论，大胆得出独创性见解，培养学生的想象能力、发现能力、探索能力和知识迁移能力，使学生的思维独创性、发散性、广阔性、变通性的品质得到有效的训练，使学生了解知识发生、发展、变化的全过程，从而为学生能创造性解决问题奠定基础。

三、人本主义理论

人本主义教学观是在人本主义学习观的基础上形成并发展起来的，该理论是根植于其自然人性论的基础之上的。人本主义心理学家认为，人是自然实体而非社会实体；人性来自自然，自然人性即人的本性。他们的共同信仰是每一个人都具有发展自己潜力的能力和动力，行为和学习是知觉的产物，一个人的大多数行为都是他（她）对自己的看法的结果。现代教育理论主要从心理学的角度来探讨外语教学，认为教育的真正意义在于发现人的价值、发挥人的潜力、发展人的个性。人本主义教学理论就突出了这一概念。人本教学法的核心是对学习过程中的完整的人的充分尊重与重视。由此，真正的学习涉及整个人，而不仅仅是为学习者提供事实。真正的学习经验能够使学习者发现他自己的独特品质，发现自己作为一个人的特征。从这个意义上说，学习即"成为"，成为一个完善的人，是唯一真正的学习。

人本教学法着重于教学过程。人本教学法认为，关注过程就要从学习者的角度考虑课程或大纲内容是如何被传授和学习的，考虑怎样把学习内容与学习者的生活联系起来，大力倡导教育的中心要从"教"转变为"学"。教师的任务不是决定学生应该学什么，而是去发现并创造一种有利于学生能自主学习和成长的氛围。人本教学法主张以学习者为中心，注重情感因素。这种理论尤其适合网络环境下的英语教学。在网络中，教师所起的作用是引导学生选择适合自己的语言文化的学习方式和素材，充分尊重学生的自主权，变填鸭式教学为主动选择教学，促使学生从对学习素材的兴趣中引发对学习的兴趣。

四、跨文化交流理论

跨文化交流理论认为，跨文化交流与外语教学密不可分。这是因为外语教学不仅是传授语言知识，更重要的是要培养学生应用外语进行跨文化交流的能力。从交流的角度看，外语学习是一种跨文化的学习和跨文化的交流活动。学习语言是学习文化的一种方式，语言是文化的重要载体之一。在语言学习的过程中，应该重视跨文化交流的策略，跨文化交流的身份，跨文化交流的适应性、敏感性、宽容性和处理网络文化信息的灵活性和多样性，更应重视对网络文化的感悟，以适应"学会生存、学会求知、学会交流和学会创新"的新世纪人才的要求。这是基于信息技术的外语教学不容忽视的主要任务。

第三节　英语的认知建构主义理论实践

传统的课堂教育沉闷无趣，学生没有学习兴趣，缺乏创新能力，无法适应社会的要求。因而传统的教育显然已不适应教育国际化的要求，无法为国家输送优秀的国际型人才。因此我们需要一种新型的教育理论和教育方式来替代。从 20 世纪 90 年代开始，一种新型的理论——建构主义理论——开始逐步替代了我国传统的教育理论。建构主义是认知学习理论的一个重要分支，是认知学习理论的再发展，从认识论的高度揭示了认识的建构性原则，强调了认识的能动性。建构主义理论在国际教育领域的理论和实践中起着举足轻重的作用，它是新一轮课程改革的现代教育理论依据之一，是对传统教育理论的挑战。建构主义认为知识不是教师传授而得，而是学生主动构建而获得，提倡以学生为中心，教师只是教学的组织者和帮助者。建构主义学习理论认为情境、协作、会话和意义建构是学习环境中的四大要素。实践证明，在目前的课堂教学中，运用建构主义理论进行教学是行之有效的方法和手段。因此，我们感到有必要尽量发掘出教育中建构主义观点的潜能，特别是发掘出建构主义在构思和开展教育活动各种新方式的发展中所做贡献的潜能。建构主义是一个总称，涵盖了以认知主体、行为主体或知识发展为本的各种理论。它不是一个统一、完整的教育理论体系，而是分有很多流派，有着各自的特点，同时又有着一些共同点的教育理论体系。

建构主义的知识观、学习观和师生观对教育理念具有重要的指导作用和实践意义，引发了教育工作者的不断思考和探索。笔者作为一名一线英语教师，对中学的英语教育现状有很清楚的认识，深知英语教育的重要性和实践性，也在不断探索适应当今社会的更好的教育模式。在本节中笔者主要围绕建构主义学习环境设计的四大要素——情境、协作、会话和意义建构——在初中英语教学中的作用和实践进行了一些思考和总结，并将其运用在自己的教学中，不断改进和提高。

一、英语教学的建构主义思考

（一）问题的提出

随着世界经济、贸易的快速发展，教育市场逐渐走向国际化，教育资源和教育要素也逐渐国际化，国际的教育交流与合作日益频繁。世界各国相互交流、相互竞争、相互激励，共同促进了国际教育的发展，促进了世界的繁荣和发展。国家的发展依靠教育，教育国际化的核心就是人才的培养和竞争。只有拥有高素质、具有创新精神和创新实力的人才，才能把握社会经济发展的主动权，提高国家综合实力，在激烈的竞争中取胜。

社会的发展、国际化的加剧使英语逐步成为人们交际的首选语言，英语的重要性已经不言而喻。教育国际化需要学习英语，走向世界也需要英语的帮助。英语的应用越来越广泛，英语学习竞争不断加剧，英语学习要求越来越高。现代英语教学面向的是全体学生，目的是要全面提高学生的整体素质，培养适应时代和社会发展的英语人才。近二十年来我国制定了全国统一的教学大纲和一系列有利于英语教学的外语教育政策，近几年更是不断改编英语教材，更新配套的参考书和习题集等。然而在具体教育实践中却有许多问题和困惑，教师的教和学生的学经常发生矛盾和冲突，英语教学迫切需要更切实有效的方法和手段。

（二）研究的现状

在过去的三四十年中，教育似乎在走下坡路。人们有个普遍的共识，那就是教育出了一些问题。因为走出校门的孩子们不会读书、写作；在工作中无法有效地进行实际操作；甚至有的缺乏科学的世界观知识，相当多的人仍然相信月相是由地球的阴影造成的。这些现象和问题不仅在政府工作报告中提出过，而且被很多社会观察家和学者指出过。众所周知，在传统的教育中，强调刺激反应，把学习者作为知识灌输对象，强迫学习者接受外部刺激做出被动反应。正像罗格夫（Rogoff）所说的那样，"学习被看作成人所提供的信息的产品。成人负责给孩子灌输知识，而孩子只是装知识这种产品的容器。孩子是知识的接收器，而非学习的积极参与者"。这种学习模式打击了学习者的积极主动性，造成学习者学习效率不高、思维禁锢、实际运用及操作能力不强等后果。

随着教育国际化的发展，英语学习在我国得到极大的重视和发展。教育部规定从初中一年级开始开设以英语为主要语种的外语课。然而现在开设英语课的时间越来越早，甚至有的学校从小学一年级起就开设英语课，几乎与汉语拼音同步开始学习。这种课程设置是否对学生的语言学习有利，学生在母语都还没学会的情况下对英语的理解和掌握究竟有多少，我们不得而知，但我国目前的基础外语教学中确实存在很多问题：在教学目标上只注重知识的讲授而忽视实际能力的培养；在教学过程中学生的主体地位得不到体现，学生学习英语主要是为了应付考试；在教学方法上被动多于主动，灌输多于启发，不利于学生学习兴趣的培养和学习积极性的调动。很多学生最初学英语时热情很高，但随着学习的深入，部分学生逐渐失去兴趣到后来甚至产生厌学情绪。因此我国的中学英语教学依然需要改革和发展，需要改变英语教学方式落后、师资力量参差不齐、学生良莠不分等问题；改变教师教得辛苦、学生学得吃力却难以达到理想效果的现状。

（三）研究的目的及意义

在这种模式日益受到人们质疑的时候，一种新型的认知学习理论——建构主义——逐步兴起并发展。建构主义是一个总称，涵盖了以认知主体、行为主体或知识发展为本的各种理论。正像柯林斯（Collins）所说："建构主义已经成为一个整体，是正确思考和行动的生活提醒"。它是认知学习理论的一个重要分支，是认知主义学习理论的再发展。它从认识论的高度揭示了认识的建构性原则，强调了认识的能动性。它是新一轮课程改革的现代教育理论依据之一，是对传统教育理论的挑战。建构主义理论的主要代表人物有皮亚杰、科恩伯格（O. Kernberg）、斯滕伯格（R. J. Sternberg）、卡茨（D. Katz）、维果茨基等。在他们的研究基础上不断发展起来的建构主义被越来越多人认识和运用，并已逐步取代传统的教育理论。

从教育发展形势来看，深化学校教学改革的关键是改变学校课堂教育中以教师为中心的传统教学模式。这种模式无法保证教学质量和教学效率，不利于培养学生的创新思维，不利于培育国际型人才。为了改变这种状况，国内外的许多教育工作者致力于理论与实践两个方面的研究与探索，经多年努力而产生了建构主义理论这个研究成果。在建构主义学习理论的环境中进行教学，更能吸引学生的学习兴趣，提高教学效果。近几年国内外特别是国内开展了大量的建构主义与英语教学的研究，出版了大量的文章、著作，积极尝试探索英语教学之路。多媒体计算机和网络通信技术的飞速发展更是为建构主义理论的运用提供了良好的平台，因而建构主义日益显示出其强大的生命力，在世界范围内都得到极大的发展和运用。

二、英语的认知建构主义教学理论概述

（一）建构主义的知识观

源于皮亚杰的认知发生论的认知建构主义明确指出，"知识是由认知主体积极建构的"。"建构"这一术语是来自建筑行业的一个类比。在建筑行业中，人们一般是在"建构"楼房、桥梁之类的新产品。建筑行业中的"建构"实际上就是把事先造好的材料，诸如钢筋、水泥之类的，通过合成建造出一个新的结构性产品。知识的建构也是同样的道理，就是人在一定的情境之下，面临新事物、新现象、新问题、新信息时，会根据情境中的线索，调动头脑中事先准备好的多方面、多层次的前经验，来解释这些新信息，解答这些新问题，赋予它们意义。传统的客观主义知识观认为，知识是客观世界的本质反映，是对客观事物的准确表征。知识只有在正确反映外部世界的情况下才被认为是正确的，客观知识就是真理。大多数建构主义对知识的客观性和确定性提出了质疑，认为知识不是对现实的准确表征，它只是一种解释、一种假设，并无最终答案。相反，随着人们认识的发展会不断出现新的假设，所以知识并不能精确地概括世界的法则，而是需要针对具体情境进行再创造。另外，建构主义认为，知识不可能以实体的形式存在于具体个体之外，尽管人们通过语言符号赋予知识一定的外在形式，甚至这些命题还得到了较为普遍的认可，但这并不意味着学习者会对这些命题有同样的理解，因为这些理解只能基于个人的经验背景而建构起来，它取决于特定情境下的学习历程。在具体的问题解决过程中，学习者需要针对具体问题的情境对原有知识进行再加工和再创造。建构主义的这种知识观尽管有些激进，但它向传统的教学和课程理论提出了巨大挑战。在建构主义看来，课本知识只是一种关于某种现象的较为可靠的解释或假设，并不是解释现实世界的"绝对参照"。某一社会发展阶段的科学知识固然包含真理，但是并不意味着终极答案，随着社会的发展，肯定还会有更真实的解释。更为重要的是，任何知识在为个体接收之前，对个体来说是没有什么意义的，而且也无权威性可言。所以，教学不能把知识作为预先决定了的东西教给学生，不要以我们对知识的理解方式来作为让学生接收的理由，用社会性的权威去压服学生。学生对知识的接收，只能由他自己来建构完成，以他们自己的经验为背景，来分析知识的合理性。在学习过程中，学生不仅理解新知识，而且对新知识进行分析、检验和批判。因此，在对课程知识的教学上，建构主义认为，就个体所获得的知识而言，它并非预先确定的，更不可能绝对正确；它只能以自己的经验、信念为背景；它需要在具体情境的复杂变化中不断加以深化。

英语教学是语言知识的传授和学习。建构主义英语教学观批判教师灌输、学生被动接受的教学方式，也反对乔姆斯基（Chomsky）先天语言习得机制在语言教学中的根本性作用。建构主义知识观认为语言学习是环境交互作用，学习者主动建构知识的过程。它提倡以学生为中心，教师作为组织者和引导者能善于运用情境教学、问题教学、协作教学等各种教学手段和方式来帮助学生更有效更灵活地学习英语知识。建构主义知识观主要阐述了知识的主动性、情境性和群体性。

（1）知识性，即认为知识是对客观特质世界的假设和推测。在英语教学中，对知识意义的把握应以研究的方式来学习，应建立在自己的经验之上。

（2）情境性，即强调真实情境下的学习。英语学习尤其强调学生的亲身体会和实践，讲究课堂活动及实际运用。

（3）群体性，即认为学习是一个社会互动过程。作为一门用于交流、具有很强实践性的语言性科目——英语语言学习，讲究在自然环境中同伴间的互动和合作完成。

建构主义知识观在英语教学中得到很好的体现和运用。

（二）建构主义的学习观

1. 学习是认知结构的改变过程

建构主义认为个体的学习是双向建构的过程。学习过程不是简单的知识信息输入、存储和提取，而是新旧经验之间的相互作用过程，这主要涉及同化和顺应两种机制。学生要提取与新知识一致的旧知识来同化新知识，而且要关注到新旧知识之间的冲突，并设法调整解决这些冲突，有时需要改变原有的错误观念。学生已有的旧知识经验，会由于新知识经验的吸收而发生调整和改变。因此，学习不仅是掌握新知识，还要分析其合理性、有效性，从而形成学习者本人对事物的观点和思想；学习者在获取新的知识经验的同时，还对已有的知识经验进行了改造。

2. 学习是个体主动建构自己知识的过程

不同倾向的建构主义者对学习的关注有所不同，有的关心个体与物理环境的交互作用，有的关心个体与社会环境的相互作用，但他们都把学习看成是意义建构的过程，都用新旧知识经验的相互作用来解释知识建构的机制。建构主义认为，学习是学习者本人积极建构知识的过程，而不是由教师把知识简单地传授给学生。由于学生是学习的主体，是知识意义的主动建构者，学习就不应该由教师自己来决定，它是个体对现实世界做出创造性的理解的过程，每个学生都必须根据自己的知识经验对建构的对象做出解释。

3. 情境、协作、会话、意义建构是学习环境设计的四大要素

建构主义认为，知识不是通过教师传授得到的，而是学习者在一定的情境即社会文化背景下，借助学习获取知识的过程或通过其他人（包括教师和学习伙伴）的帮助，利用必要的学习资料，通过意义建构的方式而获得的。

"情境"：由于学习是在一定的情境即社会文化背景下，借助其他人的帮助，即通过人际间的协作活动而实现的意义建构过程。因此建构主义学习理论认为情境、协作、会话和意义建构是学习环境中的四大要素。学习环境中的情境必须有利于学生对所学内容的意义建构。这就对教学设计提出了新的要求，也就是说，在建构主义学习环境下，教学设计不仅要考虑教学目标分析，还要考虑有利于学生建构意义的情境的创设问题，并把情境创设看作是教学设计的最重要内容之一。

"协作"：协作发生在学习过程的始终。协作对学习资料的搜集与分析、假设的提出与验证、学习成果的评价直至意义的最终建构均有重要作用。

"会话"：会话是协作过程中不可缺少的环节。学习小组成员之间必须通过会话商讨如何完成规定的学习任务。此外，协作学习过程也是会话过程，在此过程中，每个学习者的思维成果（智慧）为整个学习群体所共享，因此会话是达到意义建构的重要手段之一。

"意义建构"：这是整个学习过程的最终目标。所要建构的意义是指事物的性质、规律以及事物之间的内在联系。在学习过程中帮助学生建构意义就是要帮助学生对当前学习内容所反映的事物的性质、规律以及该事物与其他事物之间的内在联系达到较深刻的理解。这种理解在大脑中的长期存储形式就是"图式"，也就是关于当前所学内容的认知结构。获得知识的多少取决于学习者根据自身经验去建构有关知识的意义能力，而不取决于学生记忆和背诵教师讲授内容的能力。

英语教学比较好地体现了建构主义学习观，尤其是随着技术的发展，多媒体在英语课堂中的广泛使用创设了有利于学生建构知识的英语语言环境。课堂教学中通过多媒体可以多层次、多维度地展现教学内容，使学生学、练结合。教师采取多种教学形式，突破了传统教学的界限，使口语、文字与音像相结合，使课堂内容更加形象生动，容易调动学生的多种感官，激发学生的学习兴趣，同时有利于学生根据教材内容搜集资料，进行资料分析和加工。学生可采取协作学习方式，成为学习的主人和知识意义的主动建构者。学生在多媒体所创设的学习情境中能集中注意力，提高学习效率，从而达到良好的学习效果。英语教学应注重培养学生的语言运用能力，使他们掌握语言学习方法，多媒体辅助教学恰好提供了帮助学生多途径、多方法地构建新知识的语言教学环境。其创设的情境使学生在真实的环境中进行言语交际，更好地学习和使用其所学的语言，从而能在很大程度上激发学生的学习兴趣和动机，使学生建立学习英语的自信心和主人翁感，主动地进行英语知识意义的获得和建构。

（三）建构主义的学生观

建构主义学生观可以概括为：学生是学习的主体；学生是发展中的人；学生是具有独特性的个体；学生是生活中的人。建构主义强调，学生是信息加工的主体，是意义的主动建构者，而不是知识的被动接收者和被灌输的对象。教师的教学不能无视学习者的原有知识经验，简单粗暴地从外部对学习者实施知识的灌输，而应把学习者原有的知识经验作为新知识的生长点，引导学习者从原有的知识经验中产生新的知识经验。教学不是知识的传递过程，而是知识的处理与转换。教师应该重视学生对各种现象的不同理解，倾听他们的想法，思考这些想法的由来，并引导学生丰富和纠正自己的解释。因此，建构主义非常重视教师与学生之间、学生与学生之间共同针对某些问题进行探索，相互交流和质疑，了解彼此的想法。由于经验背景的差异不可避免，所以这些差异本身对学习者来说就是一种宝贵的学习资源。

学生想成为真正意义上的主动建构者，必须注意在学习过程中从以下三个方面发挥主体作用：

（1）使用探索法、发现法去构建知识的意义；

（2）在构建意义过程中主动搜集并分析有关的数据与资料，对所学习的问题提出各

种假设并努力加以验证;

（3）要求学生把当前学习内容所反映的事物尽量和已掌握内容相互联系，并对联系进行深入的思考。

"联系"和"思考"是学习者意义建构的关键。如果学习者能把联系和思考的过程同合作学习中的协商过程结合起来，意义建构的效率就会更高、质量就会更好。协商有"自我协商"和"相互协商"之分，自我协商是指学习者自己同自己争辩什么是正确的；相互协商则指学习小组内部相互之间的讨论和辩论。

英语是一门实践性比较强的科目，建构主义强调，学生并不是空着脑袋走进教室的，他们应该是学习的主体，这点在中学英语教学上体现得尤为明显。在日常生活和电视电影中，在小学的学习中，学生对英语已经有了很多接触，形成了自己的经验，有了自己的理解。所以在中学英语教学中不能无视学生的这些已有经验，而是应该正确引导，使学生在已有经验的基础上建构新的知识经验。由于语言文化的差异，学生对英语的理解可能会是片面的或是狭隘的，教师不能简单粗暴地对待学生的观点和看法，而应该重视、倾听学生的想法，了解和分析他们这些想法的根源，从而引导学生调整或改进自己的理解。这不是简单灌输就能实现的，而是需要师生双方的共同探索，相互交流和质疑，相互了解，彼此做出某些调整。

（四）师生角色的定位及其作用

建构主义提倡在教师指导下的以学习者为中心的学习，也就是说，既要强调学习者的主体作用，又不能忽视教师的主导作用。教师是意义建构的帮助者、促进者，而不是知识的提供者和灌输者。教师为学生提供复杂的真实问题，激励学生寻找解决问题的多种答案。同时教师必须为学习者创设一种良好的学习环境，使之可以在这种环境中通过实验、探究、合作等方式来学习。教师还必须注意培养学生批判性的认知加工策略，以及自己建构知识和理解的心理模式。因此在教师的教学目标中至少应包括认知目标和情感目标。

建构主义者认为，教师要成为学生意义建构的帮助者，应从以下几个方面发挥主导作用:

（1）激发学生的学习动力，如好奇心、兴趣、求知欲等;

（2）通过创设符合教学内容要求的情境和提示新旧知识之间联系的线索，帮助学生建构当前所学知识的意义;

（3）为了使意义建构更有效，教师应在可能的条件下，组织开展合作学习，并对合作学习过程进行适当引导，使之朝向更有利于意义建构的方向发展。常用的引导方法包括:提出适当的问题以引起学生的思考和讨论；在讨论中设法把问题逐步引向深入以加深学生对所学内容的理解；启发诱导学生自己去发现规律、纠正错误的认识、完善片面的认识，避免直接向学生进行灌输。

学生在日常生活和以往各种形式的学习中，已经形成了有关的知识经验，他们对任何事情都有自己的看法。即使是有些问题他们从来没有接触过，没有现成的经验可以借鉴，但是当问题呈现在他们面前时，他们还是会基于以往的经验，依靠他们的认知能力，形成对问题的解释，提出他们的假设。教学不能无视学习者已有的知识经验，简单强硬地从外部对学习者实施知识的"填灌"，而是应当把学习者原有的知识经验作为新知识的生长点，引导学习者从原有的知识经验中，生长出新的知识经验。教学不是知识的传递，而是知识的处理和转换。教师不应只是知识的呈现者，而应该重视学生自己对各种现象的理解，倾听他们的看法，思考他们这些想法的由来，并以此为据，引导学生丰富或调整自己的解释。教师与学生、学生与学生之间需要共同针对某些问题进行探索，并在探索的过程中相互交流和质疑，了解彼此的想法。由于经验背景的差异不可避免，学习者对问题的看法和理解经常是千差万别的。其实，在学生的共同体中，这些差异本身就是一种宝贵的现象资源。建构主义虽然非常重视个体的自我发展，但是也不否认外部引导，亦即教师的影响作用。建构主义中师生角色的定位帮助人们认识到英语教学中教师的作用不在于给学生"真理"，而是在英语学习领域里，在意义建构上给予学生支持，教师不是支配学生英语学习的控制者和权威者，而是学生构建知识的帮助者、引导者和合作者。这种理论能帮助教师调整自己的教学方式，在英语教学中以学生为中心，而不是像传统教学那样一味地老师讲、学生听，学生缺乏学习主动性，没有积极参与，造成"哑巴英语"的后果。在英语教学中，教师应充当一个好的引导者、帮助者和合作者，善于根据学生已有的知识经验，正确引导学生主动学习，使学生成为学习的主体，帮助他们形成有利的学习体系，从而生长出新的知识经验。

三、情境：语言学习的必需

（一）情境的教学效应

建构主义的学习观为我们提出了如何培养"每一个学习者的学习"的课题，亦即寻求这样的"学习"：基于体验与活动的、关注学习者内在的兴趣爱好的学习，以及关注学习者的整体的成长与发展为轴心的每一个学习者的学习。

孔子说："知之者不如好之者，好之者不如乐之者。"因此，教师的首要任务在于营造生动活泼的教学气氛，重视学生的内心体验与主动参与，尽量联系实际，创造认知冲突，激发学生的求知欲和探究心理。通过创设与教材内容有关的情境，利用各种条件，把学生带入情境，让他们在情境中产生兴趣，乐于学习，引导他们在亲身体验中探求新知，开发潜能。

被称为"中国通"的加拿大相声演员大山，以他纯熟的中文口语表达赢得了每一个中国人的掌声。但是如果他是中国人，也就不会有这样的轰动效应了。作为一个外国人，能将中国的语言运用得如此炉火纯青，这才是让人佩服的根本原因。同理，一个英国孩子 5 岁时的英语口语水平，也许一个中国人要花几年的时间才能学到。分析大山的成功我们不难看出，大山在学习中文语言时是全身心的投入，身体与情感融为一体，而不仅仅是头脑认知的操作。他是在中国这个大的语言环境下，在和他人交流、沟通的各种情境中，以自然的方式理解和接受中文语言，而不是被动地等待被灌输，因此他才能掌握如此纯熟的中文口语。在笔者教过的学生中，曾有一位很特别的女生。她小学四年级随父母移民到了澳大利亚，因为觉得国内的基础教育扎实，便在初一时回国来读书。笔者发现在国内小学没有学过英语的她在国外仅待了两年就说了一口纯正的英语，她别的科目都很差，唯有英语在班上名列前茅。这说明在国外的两年中，她因为置身于一种英语语言的环境中，形成一种自然的语言学习情境，在与他人的沟通和社会参与过程的交互作用中，她以自然人的状态生长出了新知识，达到了与人交流的目的。英语对她来说是实际应用需要，而非单纯的知识学习。可见，语言环境对人们学习语言是相当重要的。由此，我们也能得到启发，在我们中学英语教学中，要提高学生的英语学习，必须激发学生的学习兴趣，把被动的知识学习变为一种需要，让学生自然接受，主动学习。"学生应该建构自己的知识"，这是近来很多教育机构的号召。我们可以创设语言学习情境来帮助学生更有效地建构自己的知识。我们都需要快乐教学。所谓快乐教学，就是通过师生、生生之间情感、言语交流，激发师生教与学的热情，使学生在愉快的气氛中不知不觉地学到知识，自然而然地应用它。

笔者曾听过一所培训学校的剑桥英语课。上课的都是小学生，老师的授课内容虽然简单，但因为联系实际，运用了很多的教学手段。每教一个新单词都运用了实物或图片，使学生学起来一点都不费劲，也很容易就理解了，因此课堂很热闹，学生的兴趣都相当高。同时老师给了很多的生活场景，让大家用英语交流，使所学马上就能有所用。即使答错了老师和同学也都给予鼓励，因而学生都敢于发言，敢于朗读，争着上台表演，给我留下深刻印象。这堂课上得很成功，究其原因，其实是因为教师掌握了小学生的心理特点，善于根据学生已有的知识经验，通过创设恰当的情境，引导和帮助学生构建了新的知识。这些情境很好地吸引了孩子的注意力，使得课堂教学开展得自然而顺利。这也说明在情境中进行语言教学可帮助学生掌握并及时运用所学习的语言知识，使他们有切身的体会，从而达到理想的教学效果。网络上有很多学习英语的小游戏之所以吸引人，就是因为人们能在游戏中自然轻松地掌握新知识，并能边学边用，学起来没有负担。

"让学生在生动具体的情境中学习英语"是英语新课标倡导的教学理念。在游戏这个活动场景中，学生逐步学习并掌握英语，好奇、挑战的心理及成功后的喜悦盖过了犯错的烦恼，学生就不觉得记忆字母是辛苦而又枯燥的了。游戏其实也创设了一种具体情境，把字母和单词放在具体情境中运用，使学生感受了学习的快乐，而不仅仅是为了掌握某个知识才学习。在课堂中适当地引入这种游戏教学模式，可以激发学生的学习兴趣，并且可以通过所创设的语言学习情境，帮助学生更好地构建新知识。

语言脱离了情境，就难以表达意义。所以，学生只有把所学运用到表述意义的情境中去，才能使语义更加明确。好奇是人的天赋，兴趣是最好的老师。兴趣是学习的动力，学生有兴趣学习才能提高外语教学质量，英语课堂才能实现快乐教学。在课堂教学中，教师要善于"寓教于乐"。著名的语言学家埃克斯兰曾说："尽力在语言的药丸上涂上欢乐的果酱。"在英语课堂上，就是要让学生学习在真实语境中的语言运用，因此应该坚持用英语组织授课，引导学生用英语思维和交流。教师要以自己自然、形象的表演，依靠身体语言（包括多变的手势、丰富的表情）和抑扬顿挫的语调去设计语言环境，使学生身临其境，能在欢乐的气氛中获取知识并积极参与语言实践活动，使教与学都能和谐地达到预期效果。

由于学生知识面比较狭窄，生活经验贫乏，所以在教学中要从感性认识开始，使教学内容具体化、形象化。因此我们必须充分运用实物、图片、幻灯片、录音、多媒体等教学手段来创设和渲染气氛，让学生的各个感官都动起来，自然而然地去看、去听、去说、去感觉，从而达到运用语言的目的。如见面时问候一句"Nice to meet you."或"How are you?"学生自然会用"Nice to meet you."或"Fine，thank you."等来回答。看到同学单词不会读或题目做不出来，询问一句"Can I help you?"用大家都熟悉的旧知识来和大家交流，多鼓励学生之间用已学过的英语单词和句型交谈，然后慢慢地把他们引入新知识的学习，使他们不会产生畏难情绪。可见，情境创设得巧，再加上同学们的兴趣，两者完美结合，效果就显而易见了。

（二）情境的类型

建构情境就其广义来理解，是指作用于学习主体，产生一定的情感反应的客观环境。从狭义来认识，则指在课堂教学环境中，作用于学生而引起积极学习情感反应的教学过程。无论情境的外在形式还是情境内容都会使学生产生积极的情绪反应。

1. 直观情境

直观情境即教师通过创造性劳动，把教学内容变为具体、可感的东西，体现教学的直观性原则，提高教学效率。这是理论联系实际的一种方法。直观情境可以是"实物直观"，就是运用实际事物或其模拟形象来进行，包括实物、图片、简笔画等。

如在教学运动类的词汇和句型时，小一点的物品如乒乓球、羽毛球等可以带实物进课堂，而大一点的物品如篮球、排球、足球等可以用图片或在黑板上用简笔画来表示。教师可以举着羽毛球问学生"What's this?"引导学生回答"badminton"。接着在黑板上画一个人跑步的简笔画，告诉学生"running"这种运动，并用"What are you doing?"询问学生，引导学生回答"I'm running."学生能很快理解，还可以教会学生"swimming, playing volleyball, jumping"等各种词汇。练习熟悉一点后可以让学生自己上台做动作或画简笔画，其他学生用"Are you running/playing ping-pong...？"等句型来猜是在干什么，这样不但学会了运动类词汇，也学会了运用"What are you doing? I'm running."等句型。

直观情境还可以是"言语直观"，就是教师运用言语的声调、节奏、情感等多种因素，绘声绘色地勾画场景，引导学生增加对课文的感知和理解，或通过多媒体设备等把课文场景呈现出来，让学生能直观感受课文中人物的语气、语调，融入角色之中，加深对课文的理解。

一般中学英语课本中课文或听力文章都有一定语言背景，或是谈论喜好，或是日常交际，都很容易与实际生活联系，如果能很好运用，让学生有身临其境的感觉，将会更容易促进学生理解课文内容。用学生所知道的事情或事件来解释新词汇和句型，能帮助学生利用自己的知识去掌握和理解新内容，构建属于自己的新知识。言语直观给予了学生强烈的心灵刺激，让学生自然投入，有身临其境的感受，从而成为学习的主体，有兴趣主动去学习、去了解知识，而不是被动地去接受和理解。言语直观在一定程度上是老师讲学生听，因此在用言语描绘情境时应要注意言简意赅，迅速把学生带入情境之中，过多的废话只会分散学生的注意力，同时老师还需要有一定的幽默感，灵活处理课堂突发现象，既要吸引学生的注意力，又不能打击部分易走神学生的积极性。枯燥乏味的言语只会让学生觉得厌烦，无法投入，因而达不到理想的教学效果。

2. 问题情境

问题情境是指教师有目的、有意识地创设的各种情境，以促使学生去质疑问难、探索求解，即在教材内容和学生求知心理之间制造一种"不协调"，把学生引入一种与问题有关的情境中。这个过程也就是"不协调—探究—深思—发现问题—解决问题"的过程。"不协调"必须要质疑，把需要解决的课题，有意识地、巧妙地寓于各种各样符合学生实际的基础知识之中，在他们的心理上造成一种悬念，从而使学生的注意、记忆、思维凝聚在一起，以达到智力活动的最佳状态。教师根据学生情况和教材内容而创设的问题情境能诱发学生的好奇心和求知欲，点燃思维的火花。创设问题情境应该围绕教学目的，注重培养学生发散性思维与创新意识，且难度适中。苏联著名的教育家苏霍姆林斯基说过："如果教师不想方设法使学生进入情绪高昂和智力振奋的内心状态，就急于传授知识，那么这种知识只能使人产生冷漠的态度，而不动感情。"心理学证明，只有在问题情境中，才能激发起学生主动地将新旧知识发生相互联系、相互比较，主动调动原有认知结构中能解决新问题的那部分知识，并将其重组、建构，找到适应新的问题情境下解决问题的学习方法，进而开展有效学习。而创设问题情境能很好地做到这一点，是培养学生解决问题能力的重要方法和有力手段。因此，在中学英语教学过程中，教师应该根据不同的教学内容，创设不同的问题情境，来达到培养学生解决问题能力的目标。

俗话说，好的开头是成功的一半。如果在上课伊始就能吸引学生的注意力，使他们产生强烈的好奇心和求知欲，那么教学往往会达到事半功倍的效果，所以课堂引入是相当关键的。学生在上课伊始往往还没有从课间休息的兴奋中进入上课状态，如何在最短时间内吸引学生的注意力，尽快调整学生的心态是十分重要的。笔者习惯在上课前提一些问题，这些问题大多是前次课学过的旧知识。一来可以检测学生回家是否复习了，二来不会让学生觉得难度大，不至于在一开始上课就听得一头雾水，失去听课兴趣；然后再慢慢引入新知识的学习。孔子说："温故而知新。"学生只有掌握好了旧知识才会更有兴趣学习新知识。如英语时态中的一般过去时是比较难掌握的，在上课之前我会要求学生先预习并掌握一些常见的动词过去式，并提前拍摄了一些学生的课间活动以及体育课上的一些活动。上课时先由我提问，说动词原型，让学生抢答过去式，并把学生分成两个小组进行小组竞赛，如我说"go"，学生站起来抢答"went"；我说"come"，学生抢答"came"；我说"do"，学生抢答"did"……谁的回答又快又准才能为自己那组夺得1分，最后哪组分数多哪组获胜，这样一下就吸引了学生的注意力。接着打开录像，学生一看都是自己熟悉的同学甚至就是自己，兴趣更高了，浏览一遍录像之后开始重放和暂停并提问。

如看到同学们在走廊上跑，停下来问：

"What did you do?"

引导学生回答：

"We ran in the hallway."

看到学生在打篮球又问:

"What did you do on the playground?

引导学生回答:

"We played basketball."

示范了几个问题之后可以指导学生来提问,然后让其他同学回答。又如看到学生交谈、跳跃、打闹等镜头,学生之间就可以用相应句型如"What did you do? I talked with X. I jumped in the hallway. We fought with each other."等互相提问、回答。如此一来就自然过渡到了上课的主要内容"What did you do?",自然地让同学们认识并逐渐熟悉了这个主要句型及其回答方式。这堂课主要创设了问题情境,以提问回答方式开展的交际模式设置了一种有利于学生学习的语言环境,这种环境可以很好地吸引学生的注意力,发挥学生的主体作用,是比较好操作而且见效较快的一种教学方式。学生一般对提问会比较敏感,因为怕老师或同学会点到自己回答,所以在问题提出的时候就吸引了学生的注意力。课堂就处于质疑和解决问题的氛围中,促使学生去质疑问难、探索求解。学生在被吸引的同时会不断思考,主动探究,在别的同学回答时也会认真听并分析他们的答案是否正确,如果有异议也会提出自己的看法。这样学生的注意、记忆和思维凝聚在一起,达到了智力活动的最佳状态。一堂课下来,学生靠自己的思维互相质疑、互相启发,在教师的引导下自然而然地掌握了新知识。

值得一提的是,创设问题情境前教师应当深思熟虑,提什么样的问题,怎样提问是非常关键的。而且随着课堂的推进,学生会不时产生新的想法或新角度的提问,需要教师有较强的应变能力,善于顺着学生的思维引导学生,更好地达到或超出预期的教学效果。爱因斯坦说:"提出一个问题,往往比解决一个问题更重要。"学生解决问题能力的提高取决于学生思维能力的提高,而思维一般是从对知识的质疑问难开始的,即意识到问题的存在是思维的起点。因此要注意培养学生思维的愿望,使学生能自主地提出新的问题,由被动思维到主动思维。如英语时态复习是在进行初三英语总复习的时候最难掌握的,学生往往容易混淆各种时态。这需要好几个课时才能完成复习内容,因此笔者也分几个阶段进行复习。首先是进行每种时态的复习,然后是对比复习,最后是综合复习。在综合复习阶段,我设计了课件。首先向学生展示各个不同时间的各种活动或动作,向同学们提问,会运用到一般现在时、一般过去时、现在进行时、一般将来时等。学生可能会有各种各样的错误回答,就先让学生互相指出错误之处,然后再给学生提示,引导学生回答出正确答案。学生可能会用不同的方法来表达同一个意思,我都表示支持和肯定。接着归纳出各种时态中比较常见的时间状语,让同学们用这些时间状语造句,然后请同学们自己归纳一些时态的一般规律,我再做补充。最后请同学们自己设计不同的时间或场景,由同学造句、翻译或编对话,互相讨论、交流,并把内容写下来,先由同学们讨论是否正确,做一些修正,然后交给老师批改。第二天我再就这些内容出一些相应的练习题给学生做,一来纠正比较普遍的错误,二来可以加深学生的印象。

这个过程比较费时间,也会耗费很多精力来设计习题,但是这种以问题情境为主所创设的学习环境可以很好地激发学生的兴趣。因为所提问题和通过多媒体所创设的情境都与平常生活学习息息相关，比较容易理解，学生也不会觉得时态学习那么晦涩难懂又无趣了。通过这种方式复习时态能使学生印象深刻，取得了很好的教学效果。上完课后的一段时间学生自觉不自觉地会用相应的时态来描述同学刚刚做过的或打算要做的事，说错了也能互相纠正，碰到有争议的经常到办公室来询问老师。说明这种方式的复习中教师较好地诱发了学生的好奇心和求知欲，点燃了学生思维的火花，且难度适中，能被学生所接受。

问题情境的创设给学生提供了有利条件，使学生在自然交流的环境下掌握相应的知识。应当注意的是，英语教学的主要目的是让学生学会运用英语，所以应该要容忍交谈中可能犯的一些小错误，重要的是学生能自觉运用英语来思维、交流，要鼓励学生多说、多用。因此教师没必要时刻提醒并纠正学生犯的错误，这样会打击学生说英语的自信心，只要大家能听得懂，能明白，就达到了交流和运用英语的目的。学生在日常交流中会自然知道并改正自己的错误，因此运用英语交流的关键是要让学生学会自主思维。

3. 故事情境

故事情境是指教师有目的地引入或创设具有一定情绪色彩的、以形象为主体的生动具体的故事场景，引导学生进入故事情节，扮演其中的角色，进行探究和思索，引发学生积极思考，从而帮助学生理解教材，达到使学生自主学习的教学目的。捷克教育家夸美纽斯（Comenius）在《大教学论》中写道："一切知识都是从感官开始的。"情绪心理学研究表明：个体的情感对认知活动至少有动力、强化、调节三方面的功能。利用故事创设教学情境就是要在教学过程中引起学生积极的、健康的情感体验，提高学生学习的积极性，使学习活动成为学生主动进行的、快乐的事情。

爱听故事是孩子的天性，尤其对这些稚气未脱的中学生来说，创设故事情境进行教学往往会取得超过预期的良好效果。如在讲授有关食物的课文时，我首先运用多媒体图片、音乐等讲述了一个故事："露丝是个很可爱的小女孩，她开朗活泼，有很多好朋友，爸爸妈妈也很爱她。她已经小学毕业，即将进入初中学习，这个周末就是露丝的12岁生日，她请了很多朋友来到家里开生日派对，同时也是毕业前的一个告别派对。她要帮妈妈准备很多食物。""大家想想要准备些什么食物？在派对上又会发生一些什么样的事情？"一提到食物学生马上来了兴趣，纷纷把已经学过的食物讲出来，于是我就说道："Yes, there are apples, pears, cakes and orange juice"，并且把这些食物分门别类板书在黑板上。然后引导学生把这些食物归类，可分为 food, fruits 和 drinks 三类，再增加一些新的词汇。接着问学生，"假如你们去参加这个派对的话，想吃什么？"自然地引出来"What would you like?"这个句型，引导学生用"I would like..."来回答。把这两个句型板书在黑板上，就把今天的新知识同时也是重要内容都介绍完了。然后接着把这个故事讲完，不过这次换成同学们自己担任角色，假设自己是露丝和她的朋友们，端着盘子挨个问："What would you like?"，学生可以根据黑板上的单词和提示句型来回答："I would like an apple/ some orange juice/some pears"。这样整个课堂变成了派对的现场，学生可以分组担任角色表演，也可以是全体表演。学生表演的热情很高，甚至还有同学表演了一些小插曲，例如端盘子的时候突然摔一跤，或是同学点的食物没有了，要求他们换一种，还有一组同学表演了一段有妈妈参加的故事，在做准备前发现什么食物没有了，要求露丝去买的小插曲。在第二个班上课的时候我提前要求同学们带了一些食物到班上来，拿着实物表演，学生的热情更高，甚至表演时就真的开始吃，但是一点都没影响学习的氛围，反而使同学们兴致更高。这样同学们不但把课文内容牢牢掌握了，而且还举一反三，自觉运用了一些派对上的交流用语，如 "Do you like apples? Can you give me a pear? Can I help you? I want some cakes" 等。

在这堂课中，我把讲述故事导入课堂，引出生日的场景，提出的两个问题都是学生所关注的，能吸引学生的兴趣。学生对食物比较熟悉，利用学生已有的知识引导他们学习新的句型，这样学生比较容易接受，也容易掌握。在交流中能自然地运用，而且学生都是刚从小学毕业升到初中，对毕业派对会有所感触，容易投入，并有话可说。这种情境的创设能始终抓住学生的注意力，让他们很好地发挥自己的想象力。还可以对以前的经历和知识经验更有体会和感触，是语言知识在实际生活中的运用。因而学生自始至终积极性高涨，情绪饱满，句型掌握得很好，并且运用自如。

心理学家布鲁纳（J. Bruner）说过："学习的最好刺激是对所学材料的兴趣。"创设故事情境的目的正是为了激起学生的学习兴趣，所以故事情境的创设必须要贴近学生的生活和兴趣。不同的年龄段应有不同的故事情境，如低年级学生喜欢听趣味性、童话性的故事，而高年级学生喜欢听情节性、时事性的故事。教师必须要根据不同的年龄段来创设，否则故事如果没有吸引学生会起反作用，直接影响后面课程内容的传授。

4. 活动情境

活动情境是指教师通过开展各种活动引导学生主动思维、交流，灵活运用所学知识，开拓学生思路，改善课堂氛围，培养学生协作学习能力，以充分调动学生的学习主动性。这些活动包括游戏、对话、短剧、英文歌曲、配音、演讲、写作等。活动情境既是一种竞争，也是一种合作，合作与竞争相辅相成，才能发挥学生学习的积极性，同时促进学生之间相互团结、分工合作，增强集体荣誉感，充分发挥学生的主体作用。

如在上口语课时，我找来了《海底总动员》的英文视频，上课前先节选几段内容，时间 3~5 分钟，分段保存。自己先边听边写出原文，并把文字内容打印出来。上课时先让同学们听听原版内容，然后同学自行分组进行配音表演。这个活动极大地激发了学生的热情，虽然刚开始有些学生觉得好像有点难，不过练习了几次之后发现还能应付，兴致就更高了。为了取得更好的效果，我布置了作业，课后由学生自己找材料和搭档进行配音练习，一周后进行比赛。学生非常踊跃，纷纷选择自己感兴趣的电影进行分角色配音，有问题就来问我。那段时间我的办公室是最热闹的，而在后来的比赛中学生的表现也让我惊叹不已。学生配合得相当好，甚至包括电影中的叫声、感叹声、笑声等都模仿得惟妙惟肖，让我看到了他们在这方面的极大潜力。在指导了学生如何截取视频后学生练习得更有兴趣了。在后来的校艺术节配音比赛当中，我班选出的学生参加比赛，尽管才进初一，还有些稚嫩，却取得了校二等奖的好成绩。在参加配音比赛的过程中，学生自己找搭档配合，自己节选电影视频，然后反复播放根据字幕和原配音一句句写下台词。不会的再问老师，然后找时间练习、准备，所有的过程都是学生自主配合完成的。学生很有兴趣而且能很快地把台词记住，既锻炼了口语和听力，对英语的实际运用有深刻体会，又培养了学生的合作和竞争意识。整个过程都是一个享受乐趣的过程，那段时间经常可以看见学生在互相对台词，商讨如何把情绪表现得更好，掀起一股极大的学英语的热情。而在看到自己的优秀表现后，学生也有极大的成就感，有些学生对我说："其实配音好像也不是那么难哦，你看我成绩这么差也会做了。"这极大地激发了学生学习的兴趣和克服困难的勇气。这是一次比较成功且效果较好的活动情境的创设和发展，从课堂内活动情境的创设到课堂外活动情境的延伸，都极大地激发了学生的学习兴趣和自信心，给学生创设了一个模拟的和真实的语言环境，最大限度地发挥了学生的主体作用。学生能主动地利用旧知识构建新知识，并有所发挥，生长出更丰富的知识。教师只是起到了引导作用，在关键时刻给予学生一些指导或帮助，使学生不至于因为困难或失去兴趣而放弃坚持，让英语学习活动顺利进行下去。这种学习方法锻炼了学生解决问题的能力，为今后的英语学习树立了更强的自信心。

创设活动情境的主要目的是让学生亲自参与、身临其境、激活身心、激发兴趣、调动积极性、吸引他们最大限度地投入。因此如何通过课堂活动尽快地吸引学生的注意力，提高英语课堂教学效果是需要老师精心考虑和设计的。这些活动应都贴近学生日常生活，需要老师注意观察学生平时的兴趣和活动爱好。在这里要提醒的是，活动情境的创设需要教师掌握好节奏和分寸。课堂要做到"活而不乱"，真正调动学生把兴趣用在学习和掌握知识方面，而不是无限制地玩闹。在活动过程中要时刻关注学生的动态，及时把学生的注意力吸引到课堂内容上。

（三）情境的创设

建构主义认为学习总是与一定的社会文化背景（即情境）相联系的。相对于其他类型的教育教学形式来说，情境教学的独到之处在于它把教育影响有机地融合到有受教育者积极参与的情境中去，变其静态的存在为动态的展示，凭借美的形式——相应的情境——表现自身的规律性和价值特征。它是通过实物、图画、手势等的直观手段，直接用英语教英语，用英语练习英语，排除母语干扰，加速培养学生直接运用英语的能力。它的核心在于激发学生的学习兴趣，所以它突破了传统教学方法的弊端，在教学实践中取得了良好的效果。根据中学英语教学的实践，情境的创设可归纳为：语言描绘情境、内容丰富情境、情感渲染情境和多媒体虚拟情境。

1. 语言描绘情境

情境创设十分讲究"直观手段与语言描绘的结合"。情境的创设必须依靠教学语言来实施，教学语言是教学情境创设的基础和核心，没有教学语言，即使有某种情境，也无法充分发挥其教学作用，实现不了情境的价值。语言是人类思维的工具，是人类最重要的交际工具，也是使用最为便捷、成本最低的情境创设工具。"以语言描绘情境"是最基本、最重要的创设情境的方法。在情境出现时，教师伴以语言描绘，这对学生的认知活动起着一定的指向性作用，提高了感知的效应，情境也会更加鲜明，并且带着感情色彩作用于学生的感官。

　　《英语课程标准》指出：此次英语课程改革的重点就是改变英语课程过分重视语法和词汇知识的讲解与传授，忽视对学生实际语言运用能力培养的倾向，强调课程从学生的学习兴趣、生活经验和认知水平出发，倡导体验、实践、参与、合作与交流的学习方式，发展学生的综合语言运用能力，使语言学习的过程成为学生形成积极情感态度和自主学习能力的过程。在课改理念的指引下，笔者对语言描绘情境的创设进行了积极的探索，力求以"趣"引路，以"趣"导航，努力激发学生的学习热情，让课堂成为充满活力的乐园。我的语言描述将教学活动置于了人类生存的自然环境和社会环境中，使学生有直观感受，因此他们学起来饶有兴趣。

　　英语课堂教学中，教师可以运用"语言描绘"与其他手段巧妙结合，创设直观情境、问题情境、故事情境、活动情境等多种情境，从而提高教学效率。除此之外，课文中的许多形象描述、优美词句等，也可以帮助学生理解、想象，使他们有身临其境的感觉，便于学生更好地掌握课文。同时还可以告诉学生很多实用的英语谚语、俗语等，使学生感受英语语言的魅力，从而更喜爱这门学科。为了帮助学生更好地理解英语以及中英文语言的区别，我经常向学生讲述一些英语谚语、俗语或名人名言。如：

Where there is a will，there is a way.	有志者事竟成。
Knowledge is power!	知识就是力量！
Practice makes perfect!	熟能生巧！
What pains us trains us.	让我们痛苦的东西真正地锻炼着我们。
A young idler，an old beggar.	少壮不努力，老大徒伤悲。
No cross，no crown.	不经历风雨，怎么见彩虹。
A fall into a pit，again in your wit.	吃一堑，长一智。
It rains cats and dogs.	下倾盆大雨。
A friend in need is a friend indeed.	患难见真情。
Do it now.	机不可失，时不再来。
A fox may grow gray，but never good.	江山易改，本性难移。
Like father，like son.	有其父必有其子。
Lookers-on see more than players.	当局者迷，旁观者清
No man can do two things at once.	一心不可二用。
Promise is debt.	一诺千金。
Talk of the devil and he will appear.	说曹操，曹操到。
Time tries all.	路遥知马力，日久见人心。

　　这些句子同样也给学生描绘了一些情境，学生可以根据这些字面含义来理解句子的深层含义以及它们所包含的深刻哲理，再综合句子意思就会发现很有趣，仔细领会也觉得深有道理。学生在真正明白和领会后就会很有兴趣，其中很多是与汉语截然不同的语言表达方式，给他们留下了深刻印象。有些同学还学以致用，把一些句子用在了作文里。

2. 内容丰富情境

情境创设的主要目的是激发学生的学习兴趣，使学生主动地学习并掌握知识。德国一位学者有过一个精辟的比喻："将 15 克盐放在你的面前，你无论如何也难以下咽。但将 15 克盐放入一碗美味可口的汤中，你就在享用佳肴时，将 15 克盐全部吸收了。"情境之于知识，犹如汤之于盐。盐需要溶入汤中，才能被吸收；知识需要溶入情境之中，才能显示出活力和美感。因而如何合理安排知识学习，用丰富的内容来充实情境教学，是教师需要认真思考并合理设计的。要利用一切可以利用的条件，为学生创造一种学习英语的语言环境，将枯燥抽象的内容，置于一个十分有意义的引人探求的情境之中，使英语课形象化、趣味化、交际化，学生就会始终处于一种积极学习的状态，兴致勃勃地接受新的语言知识并正确应用。中学英语学习最注重的是听、说、读、写四个方面的能力训练，因此在情境创设时也要围绕这四个方面。根据学生的不同年龄段的心理特征，情境创设也有不同的侧重点，如初一年级学生更注重听、说的能力，初二、初三更注重读、写的能力，而高中学生则强调这四个方面能力的全面锻炼和发展。作业中布置作文即使是学困生也能有话可写，因为在课堂中同学们的"斗嘴"和对话表演给了他们很好的示范，他们被课堂气氛所感染，也能参与进去。这些练习不仅锻炼了学生思维，也加强了学生运用词汇和句型的能力。课堂因为形式多样而增加了很多内容，创设了有利于学生学习和掌握知识的情境。

3. 情感渲染情境

情感渲染是指教师从教学需要出发，依据教材引入、制造或创设与教学内容相适应的富有感情色彩的具体场景或氛围，从而引起学生的情感体验，吸引学生主动学习，帮助学生迅速而正确地理解教学内容，促进他们心理机能的全面和谐发展，提高教学效率，达到最佳教学效果。有人说，情感是语文教学中的灵魂。英语与语文有个相同点，即都是语言学习。英语不是我们的母语，也许不能像学习语文那样信手拈来，但是英语学习中的情感渲染同样也是十分重要的。雅格贝斯说："陶冶成了人的第二天性，因为陶冶不是天生的，它是与传统、教育、家庭的祖先、团体的素质有关的。正是在陶冶的过程中，我内心的精神才被唤醒。"我们在英语教学中不但要重视学生的语言知识的学习和语言技能的培养，更要关注他们学习情感态度的发展，激发他们学习英语的兴趣，帮助他们建立学习的成就感和自信心。如在英语《新目标》七年级（上）第八单元"When is your birthday?"中，话题围绕"生日"这个主题展开。在课堂导入时，我先播放了一首大家都熟悉的生日快乐歌。学生马上热情地跟着唱起来，然后我开始了提问"When is your birthday?"，并通过介绍自己的生日来告诉学生如何用英语回答这个问题，请学生互相问答。接着问学生他们在生日时可能会用到一些什么日常用语，归纳出来告诉学生。再让学生回忆一下自己过生日一般怎么过的，最后告诉学生生日时不能忘记的最重要的人是母亲，因为是母亲给予自己生命，自己的诞生日也是母亲的受难日。在这样的情感渲染中让学生体会了生日不应只是自己的快乐时光，不能光顾着自己开生日聚会，还应该多给予母亲问候和关爱。同时学生学习了相关的词汇和句型，在以后看到或听到时能明白，也能在合适的场合中灵活运用。实际上，情感渲染应该是贯穿在整个英语学习当中，让学生在潜移默化的影响中学会做人，培养良好的心理个性。

4.多媒体虚拟情境

多媒体虚拟情境是指利用多媒体计算机，综合处理和控制符号、语言、文字、声音、图像、影像等多种媒体信息，把多媒体的各个要素按教学要求，进行有机组合并通过屏幕或投影仪显示出来，同时按需要加上声音的配合，以及使用者与计算机之间的人机交互操作，完成教学过程。科学的发展使多媒体技术得到了广泛的应用，给我们带来了变革教学手段的可能。多媒体辅助英语教学的模式越来越让人看好，已成为英语教学改革的一大趋势。多媒体的应用在英语教学中越来越显出其独特的魅力，它给课堂教学注入了新的活力与生机，以其容量大、密度高、信息广等诸多特点使课堂效率大为提高，同时由于它生动有趣，能使学生高度集中注意力，也有效地激发了学生的学习积极性。运用多媒体教学，扩大了课堂教学的容量，提高了学生语言交际活动的密度，在时间上更提供了保障。

建构主义认为，有意义的学习需要合作，需要环境。即学生要在一定的情境下，借助他人的帮助或合作，利用必要的学习资源，通过意义建构的方式来获得知识。由此可知，建构主义学习理论强调学生知识的意义建构，教学应在交互活动中进行。多媒体虚拟情境最大程度上创设了我们学习英语的语言环境，体现了以"学生为中心"的教学理念。知识总是要适应于它所应用的环境、目的和任务的。多媒体辅助教学提供了帮助学生多途径、多方法地建构新知识的语言教学环境，其创设的情境使学生在真实的环境中进行言语交际，更好地学习和使用其所学的语言，从而更大程度地激发学生的学习兴趣和动机，提高英语学习效率。

通过多媒体虚拟情境可使英语教学取得事半功倍的效果，不过在备课时一定要精心准备，要在众多的教学资料和媒体素材当中适当取舍，既要内容充实，又不能烦冗。仅靠素材堆积而成的课件不但达不到预期的教学效果，而且还可能会造成视觉疲劳，降低学生的学习兴趣。此外多媒体应是辅助教学作用，不能过于花哨，否则会分散学生的注意力，使学生像看电影一样，看过就忘，无法起到应有的教学效果。

苏霍姆林斯基说过："在每一个年轻的心灵里，都存放着求知好学、渴望知识的火药，只有教师的思想才有可能去点燃它。"强调在中学英语教学中创设情境，一是为了满足学生的心理需要，引起他们的有意注意，同时也可以使学生意识到学习英语是为交际服务的，而不是仅仅懂得一些关于英语的知识。二是因为有了情境，各种活动就有了依托，活动就会生活化、趣味化和真实化。学生在有情境的活动中学习英语，就会学得更快，记得更牢，而且还能有效地增强文化意识，陶冶情操，提高欣赏品味，从而促进学生的全面发展。

四、协作：语言教学的有效方法

（一）英语教学中的协作

协作学习是一种以学生为中心，以小组为形式，为了共同的学习目标共同学习、互相促进、共同提高的一种学习方式和教学策略，它在强调完成学习任务的同时，也注重培养小组成员个人的协作能力。在协作学习过程中，教师起着督导的作用，协作小组则以相互合作共事的态度，共享信息与资源，共同担负学习任务，而学习者在其中既有一定的相对独立性，又同时和其他组员相互协作。这种协作活动有利于发展学生个体的思维能力，增强学生个体之间的沟通能力以及对学生个体之间差异的包容能力。此外，协作学习对提高学生的学习成绩、形成学生的批判性思维与创新性思维、培养成员的交流沟通能力、形成个体间相互尊重关系等都有明显的积极作用。皮亚杰的认知发展理论认为，认知发展过程涉及"吸收、同化、调整、平整"，强调社会经验知识（语言、价值、规则、道德等）只能在与他人相互作用中习得。协作学习的形式为学生之间的相互作用提供了更多机会，使学生通过协作学习提高认知层次，促进认知的发展。建构主义认为，学习不是学习者被动地接受知识的过程，而是积极建构知识的过程。在此过程中，由于学习活动是以学习者为中心的，而且是真实的，因此会激发学习者的学习兴趣和动机，也更益于体现个体的学习风格。协作学习是一种很好的以学习者为中心的学习方式，小组成员能在不断表现、吸收、反思和自我调整中获得成功的机会，并能在原有的基础上得到发展。

英语教学中的协作包含三个方面："倾听"，即无条件、全身心地倾听对方的意见和感受；"交谈"，即让所有的人都能够畅所欲言，表达自己的心声；"沟通"，即真正理解各方的立场和看法，在对话中形成共识的行动方案。英语教学中的协作是发展学生自主性的需要，是提高学生英语整体素质的需要，也是发展学生思维、情感的需要。人的自主性是在活动中得到表现的，是个人对于自己活动的支配和控制的权利和能力。在英语教学中采用协作学习为学生的自主性发展提供了适宜的发展空间。心理学研究表明，人的素质主要是在活动中形成的，活动结构决定人的素质结构，而人的素质水平则取决于个体参与活动的主体能动性。因此，要发展学生的英语整体素质，就必须建立一个较为完整的教学活动体系。在这个教学体系中，协作学习可以让学生参与各种类型的交往活动，融入群体中，通过各种途径与协作伙伴用英语进行交流，满足他们与同龄人交往的需要，也正是在这种活动和交往中，学生有更多的机会进行语言的操练。同时学生可以学会评价他人，在与他人的比较和对照中学会评价自己，形成自我调控、自我完善的能力。在小组协作学习中，学生不仅能相互启发、相互补充、取长补短，而且能养成善于倾听别人意见、帮助他人共同提高的良好品质。协作学习能使学生得到语言、思维及胆量的训练，消除一些学生由于胆子小或英语基础不好惧怕与别人交往的心理，培养学生在各种场合都能主动用英语进行交流的能力。恰当运用协作教学模式教学，才能使学生被吸引，使他们"乐于学—学得好—更乐于学"，形成协作学习的良性循环。皮亚杰指出，协作学习在儿童认知发展建构中是一种主要的方式。英语教学中的协作教学模式是按学生的知识结构、能力水平、学习进度、个性特点等混合分成若干小组，通过同伴教学、游戏竞赛、小组辅助个体和共同学习等方式，完成学习任务，通过解决实际问题达到共同提高的目的。在协作学习环境中，教师和学生面对的是相同的学习环境；对教师而言，其主要任务是引导学生进行学习，解答学生提出的问题，引导学生保持正确的学习方向；对学生而言，要由传统的信息接收者转变为信息的生产者和传递者。要紧紧地围绕课堂话题进行语言活动。教师要帮助学生建立起协作学习小组，比如我们学校是以小班形式进行教学，所以在排座位时就会有意识地安排好，方便学生进行小组协作活动。也可以根据课堂内容的不同适时调整座位，摆成有利于小组或集体讨论交流的"组团式"或"圆桌式"。在协作学习中要有一定的评价机制，主要以集体奖励为主，以鼓励小组之间的良性竞争。

中学英语课堂比较常见的协作教学形式有：

（1）角色表演式，即在传授新课后，小组成员根据所学话题，运用新旧语言知识，通过创设情境、朗读对话或自编对话，进行角色表演。这是运用比较多的一种协作形式，也是比较好操作的形式。学生可以根据需要组成表演小组，人数可多可少。如在教学"问路"时，教师引导小组创设问路情境，小组成员分别扮演问路人、警察和路人甲、乙等。学生热情很高，表演很积极，并且能够学以致用，在以后碰到类似问题也知道怎么运用了。

（2）小组讨论式，即各小组围绕教师给予的话题展开讨论，组员自由发表意见，记录整理后，选择一名同学进行汇报。如在学完一篇阅读课文后，由学生讨论课文的主要内容及重点，用简单的语言复述文章大意。学生可根据授课重点围绕课文进行讨论，综合各成员的意见，然后派代表向全班讲述，这种形式有利于帮助学生更好地掌握课堂内容。在小组讨论中也可以"以优带差"，让他们在小组里发表自己的见解，不仅可以锻炼他们的口语表达能力，而且对个别害怕在课堂开口的学生也有促进作用。

（3）小组链接式，即英语中的"chain work"。教师引导小组围绕所给话题或问题进行思考和讨论，然后由小组成员一个接着一个链接回答。如在教学时态时，为练习学生的记忆力和反应力，要求学生以小组为单位用现在进行时造句。即在规定时间内，第一个学生先造句，第二个学生重复第一个学生的句子并增加一句话，第三个学生重复前两句话再加一句话，以此类推，直到时间结束，看哪组所说句子最多。这种形式要求小组内每位成员都要参与，既锻炼学生的反应力又考验小组协作的默契性。每个学生都有机会锻炼，都要尽力发挥，为小组出力，在争取小组胜利的同时也掌握了所学知识，锻炼了自己的综合能力。

（4）成果综合式，即小组成员根据教师的布置和要求各自准备，并在组内进行交流，然后以小组汇报的形式与全班共同分享。如在教学"节日"时，教师事先布置学生收集中国有多少个传统节日。学生课后积极地准备，分工合作、找资料、交流整理，于是在课堂上学生获得了完整、详细的节日资料，扩大了知识面，有利于课堂教学。

（5）讨论写作式，即引导小组对所给话题或图片进行讨论，各自发挥优势，用英语表达出自己的情感，吸取和综合其他同学的想法，完成写作任务。如在看图作文中，可以在课上先让学生讨论图片，大家争相发言，你一言我一语，就把图片的主要内容描绘出来了，在课后可以较容易地组织语言，完成文章写作。写作是学生英语综合运用能力的一种体现，在写作教学中运用协作讨论学习有助于提高学生的思维和写作能力，能充分调动学生的创新思维，激发学生写作的兴趣。

总之，协作学习在帮助提高学生的听力水平和口语会话水平，锻炼学生阅读理解能力和写作能力方面起着重要作用。教师在协作教学中既是学生学习活动的参与者，又要充当学习活动的组织者、引导者和评价者。在协作学习开始前，教师要根据课堂内容和学生情况精心设计，确保活动的可操作性；在协作学习过程中，学生可能会犯错误，教师需要及时指正和引导，使协作学习顺利进行下去；在协作学习完成后，教师要对小组协作学习进行正确合理的评价，以便更好地推动小组协作学习的有效性。

（二）协作模式的设计

协作学习模式是指采用协作学习组织形式促进学生对知识的理解与掌握的过程，通常由四个基本要素组成，即协作小组、成员、辅导教师和协作学习环境。

（1）协作小组。协作小组是协作学习模式的基本组成部分，小组划分方式的不同，将直接影响到协作学习的效果。通常情况下，协作小组中的人数不要太多，一般以2~4人为宜。

（2）成员。成员是指学习者，需要将他们按照一定的策略分派到各协作小组中。人员的分派依据许多因素，如学习者的学习成绩、知识结构、认知能力、认知风格、认知方式等，一般采用互补的形式。如学习成绩好的学生和成绩差的学生搭配，可有利于差生的转化，并促进优生实现对知识的融会贯通；认知方式不同的学生互相搭配，有利于发挥不同认知类型学生的优势，从而促进学生认知风格的"相互强化"。协作学习成员不限于学生，也可能是由计算机扮演的学习伙伴。协作学习对辅导教师提出了更高的要求，即要求辅导教师具有新型的教育思想和教育观念，由传统的以"教"为中心，转到以"学"为中心，同时还要实现二者的最优结合。

（3）协作学习环境。协作学习是在一定的环境中进行的，这种环境主要包括协作学习的组织环境、空间环境、硬件环境和资源环境。"组织环境"是指协作学习成员的组织结构，包括小组的划分、小组成员功能的分配等。"空间环境"是指协作学习的场所，如班级课堂、互联网环境等。"硬件环境"指协作学习所使用的硬件条件，如计算机支持的协作学习、基于互联网的协作学习等。"资源环境"是指协作学习所利用的资源，如虚拟图书馆、互联网等。协作学习环境设计应包括创设能引起争论的初始问题，将讨论引向深入并逐步生成后继问题。教师要考虑如何站在稍稍超前于学生智力发展的边界上，引导学生"学会做什么"，切忌直接告诉学生"应该做什么"，即不要代替学生思维。协作学习的基本模式主要有7种，分别是竞争、辩论、合作、问题解决、伙伴、设计和角色扮演。

在英语教学中，我经常在课后布置学生进行电影配音表演，以这种协作学习模式来帮助学生巩固所学知识，培养和锻炼学生的综合能力。如前面提到的我所教两个班学生中有两组学生分别选择了《海底总动员》及《爱丽丝梦游仙境》进行片段配音。他们的表演使同学们大开眼界，赞叹不已。在这种协作过程中，学生会自己提出问题并想办法解决，在初期阶段可能需要老师的一些指导，但是从小组成员选择、场地选择到配音角色分配直至全部练习完成等所有的步骤都是他们自己选择，达成共识并分工合作，共同协作完成。在练习的过程中会出现各种各样的问题或困难，如成员的选择和分配、场地的选择和决定、配音所需设施的选择，这些是考验和锻炼小组解决和协调问题的能力的。要想配音做得好还需要反复商讨、练习、磨合，才能做出最满意的效果。在这些过程中，不但可以训练学生的协作学习能力，而且能帮助学生练习地道的英语，并把课堂中所学到的知识很好地发挥出来。一旦熟练后便会记忆深刻，在今后能自然而然地表达出来。在这整个过程中，学生是完全的学习主体，能主动学习，学习兴趣高涨，知识与实践的结合加深了学生的印象，达到了很好的学习效果。

（三）协作过程与协作策略的设计

英语教学中协作过程与协作策略的设计主要包括提出探究性问题、教师和学生的主要活动、协作解决问题的方法、讨论和判断、总结评价等。在协作学习中，主要由教师提出问题，组织并引导学生在个人自主学习的基础上开展小组讨论、协商，以进一步完善和深化对主题的意义建构。一般说来，我在设计过程中分为两种情况：一是让学生以优带差，分为学习程度相对一致的几个组，提出相同的问题共同解决；二是优差分开，分为学习程度相对好和相对差的几个组，提出难易程度不同的两个或几个问题，学生分组进行分别解决。如在教学难一点的英语课文时，我往往提出好几个不同的问题，让学生阅读，分组讨论。学习程度差一些的小组回答一般疑问句、选择疑问句或简单的特殊疑问句，学习程度好一些的小组一般回答较难一点的特殊疑问句，有时还需做出解释。

在这个协作策略设计图中，探究性问题的提出是很关键的，学生要围绕这个问题进行协作学习，自主探究。在讨论学习过程中会不断有新的问题产生，学生要不断质疑、解决问题、综合分析，直到全部问题解答完，完成协作学习。英语协作模式教学，为学生的"意义建构"创设了必要的情境，又为"协作"与"会话"提供了充分的条件。

五、会话：语言学习的本征

（一）会话是语言发言之源

语言是一种工具，列宁说："语言是人类最重要的交际工具。"语言与社会密不可分。语言是社会的产物，离开社会也就无所谓语言。离开了语言，社会也就不能有效地运作。语言的社会功能决定了语言研究必须要考虑社会因素对语言的影响。人只有把语言置于动态的社会之中才能揭示语言的动态本质。语言因为人们交际而出现、存在并发展。美国语言哲学家格赖斯（H. P. Grice）于 1967 年提出的合作原则中指出，在所有的语言交际活动中为了达到特定的目标，说话人和听话人之间存在着一种默契，即每一个交谈参与者在整个交谈过程中所说的话应符合这一次交谈的目标或方向。该理论探讨在具体的语言环境下分析语言，接受话语的言外之意。他在《逻辑与会话》一文中认为自然语言是完善的，不需要用逻辑语言来替代它。他认为会话双方在日常会话过程中都会有意识或者无意识地遵守一种合作原则，至少在某种程度上有一个共同目标。他提出的"合作原则"和"会话含义"的理论主要是为了说明人们在交际过程中怎样相互合作以及如何理解表达者的话语意图。合作原则指的是要尽量使你的话语在发出时能够符合你当时所参与的交谈的共同目的或方向。它包含以下四条准则：

（1）量的准则，指所提供的信息的量，所说的话应该包含当前交谈目的所需要的信息，而且尽量不要包含多于需要的信息；

（2）质的准则，指的是我们所说的话应该力求真实尤其是不要说那些虚假的和缺乏足够证据的话；

（3）相关准则，指的是在关系范畴下，只能提出一个准则，也就是说我们所说的话应该是相关的；

（4）方式准则，指的是我们应该清晰明了地说出所要说的话，尤其应该避免晦涩、歧义的产生，语言要简练、有条理。

英语会话作为一种自然语言，应该具备这四条准则，否则会引发歧义或偏差，或者达不到交流的目的。来看下面一则英语笑话：

One farmer meets Sam and says: "Hey, Sam, my horse's got distemper. What did you give yours when he had it?" "Turpentine，" grunted Sam. A week later, they meet again and the farmer shouts: "Sam, I gave my horse turpentine like you said and it killed him." "So did mine." nodded Sam.

农夫的真正目的不仅是向 Sam 了解马病了用了什么药，而且想了解治疗后的效果，但通过对话他实际上只达到了一半的目标。Sam 并没有满足农夫想了解治疗结果的要求，违反了"量"的准则，即没有完全提供交谈目的所需要的全部信息，结果第一位农夫因为没有察觉到这一点而上当受骗了。

又例如有这样两句对话：

A：I am out of petrol.（我汽油用完了。）

B：There is a garage round the corner.（转弯过去有个修车行。）

这里，说的话表面上是"答非所问"（违反了"相关准则"），但因为没有理由认为他不遵守合作原则，所以他的话具有"他认为修车行现在是开的，并且有汽油出售，至少是可能开的，可能有汽油出售"这样的会话含义。格赖斯认为像这种情况，只要认为说话人表达的是"车行是开的"等的含义就不能算不遵守"合作原则"，所以还不算违反或明显违反准则。

会话是语言发言的根本，是言语交际的关键。言语交际行为一个很重要的方面就是交际的过程总是和交际意图分不开的。如果会话达不到交流的目的，总是答非所问，或不能理解话语的言外之意，是难以与人沟通和相互理解的。会话双方只有在某种程度上达成一个共同目标，才能继续交流，才能完成有意义的会话。

在英语教学中应该引导学生去领会会话中的深层含义，而不仅仅是字面意思，这样才有利于学生在理解中学习、掌握新知识。比如以下的对话：

Tom：Hey, Ken, let's play chess.

Mother：How is your homework getting along，Tom?

母亲的话看似毫无关联，但其实她的干预是有意违反"关系"准则，让儿子从中推导出"不能去玩"这个语用含义。学生也应该明白这层意思，才能理解这个对话。在语言学习中，语言文化的差异对语言学习和会话理解有很大的影响，人们不仅要了解词汇的多种意思，还要了解每个词汇在句子中所表达的意思，才不会造成歧义，因为同样的一句话，不同国家的人理解的意思也可能不同。来看下面两句话：

①我会在你方便的时候来看看你的。

② Excuse me, I want to pick a flower.

这两句话乍看是没什么问题的，但是在不同的场合，不同的人理解起来很可能就会闹出笑话了。第一句话如果是对一个初学中文，刚刚明白"方便"是"上洗手间"的隐讳说法的外国朋友来说，他就会很不理解。而第二句话如果在饭店女士对男士这样说的话，其实是委婉表达自己要上洗手间的意思，所以如果不明所以的男士自以为很绅士地以"Let me help you."或"What kind of flower do you want to pick?"之类的话回答就会闹出尴尬的笑话。如果出现这种情况的话，只能说明会话双方没有达成一个共同目标，无法继续交流下去，也说明同样的话语在不同的场合很可能也会成为无意义的会话。掌握了这些会话原则对语言学习是很有帮助的，可以帮助学生明白字里行间的深层意思，而不仅仅是停留在单词和句子的表面，就像泰勒所说的"知道每个单词和句子的意思，却无法理解他们的含义是什么"。要理解和把握会话的意思，就需要不断练习、磨合，从而达到有效交流，形成有意义的会话。

（二）会话是语言学习的起点

心理语言学认为：学习语言的能力是人类的生物特征之一，是人类大脑的特有机制。建构主义为语言会话提供了重要的传输方式。这并不是说建构主义是一个新的观点，而是随着我们必须要处理的信息量的日益增多以及随着技术的发展所提供的新机遇的不断增加，我们要重新审视建构主义。语言学习是有相通点的，就像没有一个孩子是先学汉语拼音才学说话一样，我们学习英语也应该首先是从会话开始。我在教学中曾想请一个外国朋友帮忙录磁带，结果发现他一个音标都不认识，可这并不影响他的英语语言表达能力。这就说明了在语言会话环境中，不断地多听、多看、多模仿，即使不认识一个单词，不懂一条语法，一样能培养流利的口语表达能力。所以即使没有学习过这门语言，如果每天都置身在这种环境下，是能够受到感染和熏陶的，所以我们应该要经常给学生创设语言会话环境。在大学里有英语角，现在很多中小学也开设有英语角或别的英语会话场景等，这些环境在帮助学生练习口语和听力方面是很有效的，而且能促使学生现学现用、活学活用，激发他们学习和交流的欲望。从最开始的观望者到后来的参与者，不仅是对学生会话能力的锻炼，更是勇气和信心的培养和锻炼。

（三）会话是语言学习的目的

语言学习的最终目的是运用，语言的运用主要体现在口语表达的交际上，学习语言如果不经常运用会很快遗忘的。以我自己的亲身经历来说，我大学时代学的二外是法语，但毕业后几乎就没用过，到现在几乎全忘了。相信很多人都有过我的这种经历或体会，如果不与人交流，不进行会话锻炼，学习的语言会很快遗忘。任何一门语言学习的最终目的是会话，是运用，也只有抱着这样的目的，才能更好地掌握语言。

（四）会话是语言实践的基本方式

杜威（J. Dewey）说："一个儿童要学习的最难的课程就是实践课，假如他学不好这门课程，再多的书本知识也补偿不了。"任何一种能力的培养和学习都是需要兴趣来支撑的，以汉语为母语的我们在说汉语时几乎不用多加思考就可以脱口而出进行交流，表达自己的意思。我们在牙牙学语的时候不会觉得很累，自然而然就会想说，想模仿，而语言能力就是通过会话逐渐形成并加强的。我们从幼儿开始学习会话，一辈子都在口语交际中度过。口语的丰富、深刻、敏锐、美妙，必须建立在开启个人生活体验的基石之上。我们生活在社会这个群体中，要想与人自如交流，会话是基本方式，也只有通过会话才能更好地表达自己的意思，使自己更顺利、更快、更好地融入社会中。英语会话能力的培养即是英语口语能力的锻炼，口语能力是语言学习的重要组成部分，恰当地运用英语表达是传递信息和交流信息的重要途径。在口语活动中语音、语调自然和语气恰当是会话能力锻炼的重点，也是语言实践活动的关键。

初中英语教材中有篇介绍自己的课文："I live in a flat in London. I work at MAP Advertising. I study German at a language school after work. I play the piano in jazz clubs at weekends."书上还附有 3 张图片，提供了相关信息，要求学生在学完这篇课文后根据图片描述介绍其他三个人。课后作业就布置学生介绍自己或自己所认识的人。在这堂课中，主要学习如何做介绍，这其实也是一种会话能力的锻炼，因为要培养清楚扼要地介绍自己或某个人的能力。学生在学习中通过语言交流来介绍自己，既是口语能力的一种培养，亦是思维能力的一种锻炼。如何措辞，如何清楚表达，让人一下子就对自己有所了解，并给人以深刻印象，这对学生今后的学习和生活都是有实践意义的，对学生在实际生活中的运用也起着很重要的作用。

会话是语言实践的基本方式，英语口语和会话能力的锻炼要听说结合，不应只是单一地训练。输入是输出的基础，没有很好的输入，就没有必要的词汇和语感，听就是良好的语言输入。学生只有在听与说交互的环境中，才能得到充分锻炼和提高。在课堂会话活动中，教师是积极的参与者，更是活动的组织者和管理者，教师的组织和引导能激发学生的学习兴趣，鼓励他们树立信心，增加会话活动的互动意识，提升会话活动的质量。在会话过程中要抓语言的内化，即帮助学生将所学的知识做出本能的反应，用丰富的词汇、句型和正确的语言结构进行表达，提高对语言运用的整合能力。在学生会话活动中，要重视过程性评价，促进学生在会话学习过程中的自我鉴定，帮助学生及时调整和提高，充分调动学生的主观能动性，发挥学生的主体作用，促使语言学习向良性方向发展。会话活动是离不开生活实践和生活体验的，因此教师在平时教学实践中要贯穿教学新理念，调动学生的学习积极性，鼓励学生多讲、多练，并通过多种途径加强积累，丰富学生的学习和生活阅历，通过跨文化比较学习来提高语言的实用性，提高学生的口语会话能力和实践价值。

六、意义建构：语言学习的真谛

（一）意义建构"练就"听说

传统的英语课堂中一些教师仍然采用"填鸭式"教学方法，对学生灌输知识，教师说得多，学生说得少、参与得少。这种教学方式无法真正让学生开口，也无法达到能够自然、流畅而准确地运用英语来完成交际任务的目的。建构主义提倡的学习模式是在教师指导下的，以学习者为中心的学习，也就是说，既强调学习者的认知主体作用，又不忽视教师的指导作用。学生是信息加工的主体、是意义的主动建构者，而不是外部刺激的被动接受者和被灌输的对象。教师是意义建构的帮助者、促进者，而不是知识的传授者与灌输者。

英语听力教学中经常出现对话和短文中没有的生词，导致学生难以理解的情况。教师通常的应对策略就是语法分析、释义，这些方法有时能够奏效，但许多情况下却难解学生之惑。问题的原因在于在传统的英语教学模式中，教师在很大程度上依赖教科书，忽视目标语国家文化背景知识的传授，词汇的学习不是在真实的语言环境中进行的，所以学生无法正确理解所接收的信息。教师应该扩大学生的知识面，指导学生多听英语广播、录音并多做模仿，使学生领会这些就是现实中的自然交流，使语境内在化。这样学生才有可能成为意义的主动建构者，才能学会用探索法、发现法去建构知识的意义，主动去搜集并分析有关的信息和资料，并把当前学习内容所反映的事物尽量和自己已经知道的事物相联系，对这种联系加以认真思考。教师要成为学生建构意义的帮助者，要激发学生的学习兴趣，帮助学生形成学习动机，通过创设符合教学内容要求的情境和提示新旧知识之间联系的线索，帮助学生建构当前所学知识的意义，并在可能的条件下组织协作学习、开展讨论与交流，并对协作学习过程进行引导使之朝有利于意义建构的方向发展。

（二）意义建构"实现"阅读

建构主义学习理论认为学习是学习者通过"同化"和"顺应"两种方式来建构知识结构的过程。"同化"是学习者把外在信息纳入已有的认知结构，丰富和完善原有的认知结构（也称"图式"）的过程；"顺应"则是指在学习者原有的认知结构与外在信息发生冲突时，学习者主动调整和重组原有认知结构的过程。阅读是人们获取知识的主要途径，也是英语学习的主要任务之一。阅读理解能力的高低直接影响和制约着一个人的听、说、读、写等能力的发展。在阅读时，读者不是单纯被动地接收信息，而是将从文本中得到的语义和句法信息，结合有关话题的个人经验和知识，形成他们对于正在阅读的或将要阅读的材料的假设或期待。在继续阅读时，他们又努力证实或否定这些假设或期待。因而阅读的过程也是建构意义变化的过程，而阅读的本质也正是建构意义。在与文本发生"交互作用"的过程中，不同读者从文本中得到的意义也不尽相同。

在英语阅读教学中，教师应帮助学生总结各种阅读策略和技巧，在实际阅读中针对不同体裁的文章有计划、有目的地训练学生运用阅读技巧把握段落主旨，建构文章主题，训练学生总结、概括和综合理解的能力。许国璋先生曾说："阅读首先是吸收知识，在吸收知识的过程中就自然而然地吸收了语言。"所以阅读策略培训不应该脱离具体的阅读材料的语言本身，只有在阅读中渗透阅读策略，学生才能体验到阅读策略的用途和意义。英语阅读文章一般分为几个部分：开篇、主题、结尾。教师可以训练学生从文章段落中找中心句，理解段落意思，然后总结、概括出文章大意。文章应该是连贯地读，应该要把握全篇的意思或主题，而不是纠结于一个词或一个句子的意思，所以我总是告诉学生在阅读时不要急于查找生词意思，要学会从文章段落中去推断、理解，这样才能更好地把握文章整体意义。在前面创设的各种环境以及所学的内容都是一种意义建构，无论是广告用语还是购物经历，都对学生理解这篇阅读材料有帮助。泰勒曾说过，如果学生只是被动理解，而不是因为兴趣而学，即使知道每个单词和句子的意思，也不会理解它们的含义是什么。如果学生不是被动理解，而是带着兴趣去阅读，他不会只停留在文字表面意义的理解，而是会更清晰地领会到文章字里行间所反映的内在含义或作者所要表达的深层意义。

根据图式理论，人脑中所储存的知识都是由一个个单元组成的，这种单元就是图式。图式实际上是一种结构或框架，它把课文的主要信息按线索重新组合，使文章结构化，使读者更清晰地了解语篇结构，从而帮助学生理解和记忆。对文章进行结构分析可以清晰地展示文章的布局，帮助读者理清思路，了解作者的真实意图和文章的逻辑结构，理解文章的主题思想和深层含义。在传统英语课堂中，教师注重文章中零碎的词汇、句型和语言点的讲解，把课文分离开来，这样的教学不利于学生从整体上理解课文内容，把握文章结构，难以取得有效的教学效果。而利用图式可以帮助学生将知识元素按其内在关联性建构成一种可视的语义网络，加深其对文章内容的理解程度。根据乔姆斯基的转换生成语法理论能力存在于语言的深层结构，深层结构也即语言的意义。克拉申（Krashen）强调："要成功地习得一门第二语言，取决于以意义为中心而不是以形式为中心；取决于略高于学习者当前水平的语言输入，取决于有着充足的和有意义的互动机会的环境。"这是因为，阅读建构意义的本质决定了外语阅读教学要以意义为中心，在此基础上进一步培养和发展语言能力。语篇的意义不在于其本身，而在于受话人对语篇的理解。理解不仅指对词汇句式的理解，更是指对篇章的整体理解。无论是教师还是学生，每个人的理解都是有差异的，理解的角度和程度都有不同，应该要承认和允许这种差异的存在。

（三）意义建构"赋予"写作

在英语学习的听、说、读、写四大基本技能中，写作能力是最难以获得的。一般说来，中学生英语语言基本功较差，难以清楚地表达自己的思想，缺乏写作基础知识。许多学生很困惑自己的词汇和语法都很好了，但一写英语作文还是觉得无从下手。其实英语写作涉及内容广泛，是英语知识的一种综合运用，要求具备综合能力。中国式的英语和汉语思维方式使学生所写的英语文章读起来别扭、不地道，而且由于应试教育的影响，大多数学生把精力放在了语法、词汇等基础知识的背诵和掌握上，而在写作方面所花的时间少之又少，加上英语考试作文分值不算大，只要写一些还算通顺的文字就可以拿到不错的分数，所以也没有引起学生足够的重视，造成了学生写作能力差，无法真正用于实践的后果。

英语写作这门实践性很强的课程，可以有效地在建构主义学习环境中促进学生的认知发展。建构主义认为，教育要丰富个人的经验，其意义必须对个人的生活是重要的。从写作教学活动看，教师与学生、学生与学生之间需要共同针对某些问题进行探索，并在探索的过程中相互交流和质疑，了解彼此的想法。由于经验背景差异的不可避免，学习者对问题的看法和理解经常是千差万别的。其实，在学生的共同体中，这些差异本身就是一种宝贵的资源。建构主义虽然非常重视个体的自我发展，但是也重视教师的影响作用。

写作并非一定要安排专门的写作时间或写作课，教师在平常的教学中就应该对学生潜移默化地引导，让学生在不知不觉中受到影响，从而不会觉得写作是件很难的事。在平常的授课和练习中渗透写作的教育，这样学生在写作的时候就不会觉得无内容可写，或觉得句子混乱、语法不清。比如笔者在《牛津英语》SA Unit 4 课堂设计中的课后作业就布置了一篇写作，让学生在小组讨论的基础上独自将开设连锁店的商业计划写成作文，这其实也是对课堂内容的一个延伸。英语中听说读写是相辅相成的，在这个课堂设计中，前面几个环节的设计是意义建构，是为了帮助学生更好地完成后面的阅读和写作，这也是将课堂所学运用到实际生活。在课堂上通过小组协作学习讨论开设自己连锁店的商业计划，这看似是一项难题，但通过前面的意义建构，创设故事情境，问题情境，能够使学生能很好地完成任务。这既有利于学困生在别人思维的启发下比较顺利地完成写作任务，也有利于再次激发优等生创造性思维的迸发。经常利用教材提供的写作训练内容，结合教学实际让学生动笔写作，养成良好的写作习惯后，就能顺利地掌握写作技能，在今后的考试或实际生活中能理解并灵活运用，不再觉得写作是件苦差事。在建构主义情境中，写作过程是一种积极主动的完成意义建构的过程，是用语言探索知识、了解世界、互相交流的过程。通过展示与某一写作主题有关的丰富知识的情境，使学生产生兴趣，从而激发学生求知探索的内在动机，使他们自觉主动地完成写作任务。学生的角色是教学活动的积极参与者和积极建构者，而教师是意义建构的帮助者和促进者，教师利用情境、协作、会话等学习环境要素充分发挥学生的主动性、积极性，使学生有效地实现对当前所学知识进行意义建构的目标。英语写作是一种发现意义并创造意义的循环式过程，此过程一般包括准备、初稿、反馈、修改、定稿 5 个阶段。我在具体教学实践中重视写作过程，把它纳入写作教学的重心，同时鼓励学生进行商量、询问、切磋等协作活动，要求学生积极投入，充分发挥学生的主观能动性，扎扎实实地完成写作练习。

综上所述，建构主义学习理论在中学英语课堂教学中起着举足轻重的作用。如果能恰当把握、合理运用，将会极大地提高英语课堂教学效果，帮助学生取得更好的英语学习成绩。建构主义学习理论是教育教学中的热门理论，对教师建立教学新模式、新方法具有很好的指导作用。它强调学习过程中学习者的主体性和建构性，提倡在教师指导下以学生为中心的学习方法。我们积极利用现代教育技术的教学优势，使教育理论、教育技术、教学实践等有机结合，对深化教学改革具有深远意义，在建构主义学习理论环境下学习对培育优秀的具有综合能力的国际型人才有积极作用。当然，我们也不能全盘否定传统教学方式，传统教学注重知识的确定性和普遍性，注重分析和抽象，这是有其合理性的。我们在教学中应该以辩证唯物主义为指导，吸取传统教学的优势，剔除不足，全面衡量学习中各种关系，正确处理学习中的各种关系，不忽视学生学习的特殊性，做到因材施教、合理安排，力求帮助学生更扎实地掌握学习知识，并有效运用于实践当中。

第四节　英语跨文化教学的方法

　　任何的人类学习都是复杂的认知心理过程，教学的目的就是促进这个过程的顺利完成。文化学习作为一种人类学习活动，同样是一个认知发展的过程，是学习者情感、认知、行为方面的动态的、持续的发展过程。同时，文化教学是一项异常复杂而艰巨的任务，要受到学习者、环境、教师、教材和测试等多种因素的制约。随着世界朝着全球化、多元化加速发展，国与国之间的交流日益频繁，跨文化冲突时有发生。这无形之中给了外语教师巨大的压力，他们既要让学习者掌握语言知识和语言技能，又要提高学习者的跨文化意识和跨文化交际能力。为了实现这个目标，在课堂教学中，教师必须做到语言教学和文化教学的有机结合。

一、文化学习的本质

　　文化学习是一个获取与来自不同文化背景的个体进行有效交际所需要的具体文化知识（culture-specific knowledge）和普遍文化知识（culture-general knowledge）的过程，也是学习者的认知、心理、情感和行为改变与调整的过程。也就是说，文化学习包含多个层面，经历多个阶段，是一个系统的工程。下面就从情感、认知和行为三方面来详细阐释文化学习的本质和过程。

　　（1）在情感变化上，在文化学习的初始阶段，由于价值观念的差异，不同文化的人相遇时经常会发生冲突，并伴有焦虑、紧张、孤独、沮丧等强烈的生理和心理反应，这就是文化冲撞的表现。随着文化学习的不断深入，跨文化体验的不断增多，文化冲撞的感受逐渐减弱，学习者的心理情感必然发生改变，原来的焦躁不安逐渐被心平气和代替。学习者也开始慢慢接受目的语文化的价值观念，最终有可能被目的语文化同化。因此，我们可以说文化学习是一个"文化冲撞—文化融合—文化同化"的心理情感的变化过程。需要说明的是，这一系列的转变只是文化学习过程中学习者在心理情感上可能发生的变化，并非所有学习者都会经历每一阶段的变化。

　　（2）在认知变化上，根据图式理论中关于学习模式的阐释，学习一般包括增加、调整和再创造三种模式。第二文化的学习是在学习者原有的文化参考框架和认知图式的基础上，通过学习不同文化，了解文化差异，增强跨文化意识，培养开放、宽容和理解的态度以及灵活机动的跨文化交际能力，也就是一个对原有文化参考框架和认知图式的增加、修改和调整的过程。它包括"信息的获取、分析、综合、理解和洞察"五个阶段。

　　（3）在行为变化上，文化学习还是一个行为调整的过程。在这一过程中，随着学习者认知结构的调整、目的语文化知识的积累和跨文化意识的增强，其交际行为会发生变化，会经历"意识、关注、反应、实践和互动"五个发展阶段。值得注意的是，这一行为调整过程是和学习者的认知心理的发展同时进行的。

二、影响文化学习的因素

综上所述，文化学习是一个复杂的心理成熟、认知发展和行为调整的过程。同时，文化教学也是一个异常复杂而又艰巨的任务，它受到诸多因素的影响和制约。根据拜拉姆和摩根（Morgan）的研究成果，影响文化学习的因素主要包含以下几个方面：学习者、环境、教师、教材和测试。

（一）学习者

首先，学习者的外语学习动机影响和制约着文化学习的效果。根据加德纳（Gardner）和兰伯特（Lambert）对外语学习动机的研究分类，有些人学外语是为了谋得一份好的工作，晋升职位，争取同等社会待遇和机会，获取各种信息，阅读相关资料等，这些都属于工具型动机（instrumental motivation）。而另一些人学习外语是出于对目的语社团有特殊的兴趣，是为了与该社团的人进行交际，学习他们的文化和技术，促进文化交流，并期望参与或融入该社团的社会生活，是一种综合型动机（integrative motivation）。这两种学习动机对文化学习有着显著的影响。前者将语言视为工具，语言学习是为了实现一些功利目的的手段，因此不太重视对文化的学习。而后者由于对目的语社团有特殊的兴趣，在学习语言的同时，也会学习文化，增强其跨文化交际能力，这对文化学习起到了促进作用。

其次，学习者的年龄对文化学习也有影响。认知心理学认为，儿童时代是认知发展最关键的时期，人们的整体智力水平、基本感知和认知结构以及性格一般都是在儿童时代形成的。为了扩大学习者的视野，增强他们理解事物的灵活性和多维性。从儿童时代开始就要向学习者灌输多种感知和认知模式，为今后的文化教学打下坚实的基础。当学习者步入少年时代，生理上正处于向成年过渡的阶段，这一阶段是身份感和归属感形成和加强的时期，也是人们对他人或他群态度变化最大的时候，这一阶段的文化教学应该以培养学习者对目的语文化积极、肯定的态度，弱化民族中心主义思想，增强文化相对论思想为主要目的。

（二）环境

文化学习环境包括自然环境和构建环境两种。前者指的是学习者目前所处的社会大环境，后者一般指的是学习者接受教育的学校和课堂小环境。

众所周知，英语教学有 ESL（English as a Second Language）和 EFL（English as a Foreign Language）之分，两者的主要区别在于语言环境的不同。ESL 指的是在目的语言、社会和文化环境中的英语学习，如亚非移民在美国学英语，学习者周围有众多使用该语言的本族语使用者。因此学习者除了课堂英语学习之外，还可以通过新闻媒介、官方文件和广告等形式接触目的语言和文化。然而，EFL 的学习者很难有这样的语言环境，他们主要以课堂教学为主要渠道。这两种社会文化环境对于学习者的语言和文化输入量以及学习动机都有很大的影响。首先，在两种社会文化环境中，语言和文化输入量有着明显的差别，而语言和文化输入量的多少又直接关系到学习者文化学习的效果。ESL 为学习者提供了极好的文化体验和实践环境，有利于学习者从情感上习惯和接受文化差异，从目的语文化价值观的角度去理解目的语文化行为，学习者能够在认知、情感和行为各个层面获得全面发展。相对而言，EFL 只能通过角色表演、案例教学等手段来提高学习者的跨文化敏感性。其次，在两种社会文化环境中学习目的语文化，学习者的动机也有显著的差异。在 ESL 环境中，学习者为了适应主流文化，更好地与人相处，乃至更快地融入主流社会，他们都会利用各种机会学习目的语文化，学习效果显著。而在 EFL 环境中，由于缺少实践机会，学习者学习目的语文化的动力明显不足，效果也不显著。

　　许多研究表明，由于缺乏真实性，教室环境对于文化学习存在很多的局限性。教室环境是一个非自然的社区环境，因此"基于教室的学习在本质上属于认知和推理层面的学习，无法深入文化知识根基里去"，其仅仅"有益于对规则的学习，但无助于语言和文化的习得"。在具体实践中，笔者认为利用多媒体和网络的虚拟真实环境可以弥补教室环境文化真实性的不足。网络环境下的文化学习，有利于学习者学习主体性的发挥，最大限度地实现网络环境与课堂教学模式的有机结合。同时通过网络链接或运用新闻报道、电影、录像、光盘等真实材料把目的语国家活生生的文化带进语言教室，增强了教室环境的交互性与真实性，有效地激活了学生大脑中已有知识的图式结构，整合了他们所具有的多种知识和技能，促进了学生对所学文化知识的意义建构。

（三）教师

　　教师是学生获取文化信息的最重要的源泉，教师的知识结构、教师对文化和文化教学的态度都关系到文化教学的成功与否。教师对外语文化教学的不同理解，与其具体的文化教学行为（如教学内容、教学方法的选择）有直接的关系。在具体的教学实践中，教师应有意把文化信息的渗透与语言技能的教学紧密地结合在一起，在帮助学生学习和掌握语言技能的同时，还应积极地引导学生自觉了解和适应目的语文化，培养学生对目的语文化的敏感性和洞察力。然而，长期以来我国高校的外语教学一直受人文主义教育观的影响，即"旨在培养学生的文化素养，塑造'完整的人'，但离目的语文化的现实较远，很少考虑学生的交际需要"。学习内容也只以"大写 C 文化"为主，即只注重"知识文化"的传授，且教学方法大多采用灌输式而非启发式。因此，为了最大限度地提高学习者的跨文化意识和跨文化交际能力，教师首先要更新自身的理念，要始终坚持"语言教学与文化教学有机结合"的理念，从语言学习、语言意识、文化意识和文化经历相互联系这四方面同时入手，充分发挥母语文化在文化学习中的作用。其次，外语教师不能仅满足于做一个传授语言知识的"教书匠"，还应该努力成为一名"会通中西"的学者型教师。我国著名学者吴宓、钱钟书、叶公超等人之所以声名显赫、受人敬仰，不仅仅因为他们的外语水平高超，更重要的是，他们学贯中西，人格俊逸，文、史、哲无一不通，可谓传统意义上的大师级通才。当然不是所有的外语教师都能成为大师级通才，我们只是提倡并鼓励外语教师阅读大量母语与目的语国家社会学、人种学、社会语言学等方面的书籍，力求"会通中西"或"学贯中西"。这就意味着，外语教师在介绍、引进和研究西方语言文化的同时，也应当通晓本国的传统文化。只有知己知彼，才能在跨文化交际中不失华夏文明大国的学者风范，处处显示出中国学者应该具有的深厚文化素养和独立的文化人格，不再出现"中国文化失语症"。

此外，只有"学贯中西"，才能具有高超的文化理解能力、评价能力和整合能力，才能具有理性的洞察力和感情的移情能力，并能以批判性的眼光审视所接收的文化信息，才能在处理中西文化的冲突方面体现出博大的胸怀和高度的智慧。因此，我们认为必须要建立一种以提高中青年教师文化素养为目的的培训或进修机制，给现有教师补上相关的中、外文化课。

（四）教材

教材是英语教学实施的重要组成部分，选择和使用合适的教材是完成教学内容和实现教学目标的重要前提条件。如今，英语已经成为一门国际通用语言，因此它应当能表达使用者自己的文化和观点，应当适合学习者的需求，在多种层次上将目的语文化与本土文化加以对比。这便要求英语教材的文化内容要多元化，要针对学习者的学习目标，确定不同文化类型的教材内容。也就是说，英语教材不仅要在语言内容上结合真实语境和满足学习者的需求，也要在文化内容上符合教学培养目标、教学大纲和不同语境中对学习者的要求。然而，我国目前使用的大部分英语教材基本上是向学生介绍现代英美国家文化，基本上属于目的语文化，这与中国学习者的生活环境和经历有相当大的距离，只满足了学习者了解西方社会文化的需求，并未能满足我国英语学习者跨文化交际的全部需求。

针对当前英语教材种类繁多的现状，有学者将英语教材按文化类型分为以下三类。①母语文化教材（source culture materials）：包含英语学习者自己国家的文化。②目的语文化教材（target culture materials）：包含以英语为第一语言的国家的文化。③国际目标语文化教材（international target culture materials）：国际目标语，指世界上所有英语国家和非英语国家中使用的各种英语。以这些国家的文化为内容的英语教材，称为国际目标语文化教材。据此，我们认为作为实现教学大纲和英语课程的重要媒介，教材不仅应该符合教学大纲的宏观要求和英语教学的客观规律，还应该充分满足学生的需求，这与"以人为本，充分发挥个人的潜能，实现个别化"的素质教育观是一致的。为此，我们必须进行需求分析，了解学生有哪些方面的需求。曾有学者经过调查发现"58.2%的学习者认为包含多国文化内容的教材更符合他们的需要"。因此，我们必须结合学习者的实际生活经验，除了开发目的语文化英语教材之外，还要开发本土文化英语教材，教会他们用英语表达自己的文化。只有这样才能使教材内容与学生的真实语言环境相结合，才能培养学习者正确运用语境传递文化信息的能力，提高他们的跨文化能力。实践表明，跨文化交际的实质是各种不同文化之间的互相传译，传译者要架起跨文化的桥梁，就必须精通两种文化，并具备双语交际能力。正如斯诺（Snow）所说"在某些情况下，英语教师应当有意识地使英语教学更接近本土文化，更远离英美文化"。总之，为了提高学习者的跨文化交际能力，提高他们的文化素质和修养，我们就必须在使用的英语教材中适当增加中国文化与文学的内容，增加中西文化比较和中西文学比较的内容。

（五）测试

测试作为教学过程的一个重要组成部分，如果设计得科学合理，会对其他因素产生促进作用。实践证明，我国现行"过于注重考核语言本身"的考试形式对实施文化教学起着明显的阻碍作用。换句话说，统考、应试成了套在外语教学上的枷锁，这就导致考什么教什么，文化学习自然也就没有它应有的位置。

《全日制义务教育、普通高级中学英语课程标准》根据我国英语教育发展的具体情况，提出我国基础阶段英语教育目标是培养学生综合运用语言的能力。综合运用语言的能力是由语言技能、语言知识、文化意识、情感态度、学习策略等方面构成的。然而对综合运用语言的能力的检测不能简单地使用考试的形式。具体考试内容与方式应取决于具体的英语教学需要。比如"文化意识"这一目标就意味着"通过英语学习，学生不但应该了解世界各国的丰富精彩的文化，同时更应了解中国作为世界之林的成员的重要地位。学习外语应能促进对自身文化的认同。文化意识和跨文化交际意识和能力的培养应渗透于日常教学中，也反过来促进英语语言教学"。如果我们在对学生的"文化意识"进行检测时采取传统目标型测试（笔试）的话，就等于主张测试文化知识的具体元素和文化事实，而跨文化交际能力主要由在某一陌生文化情境中所表现出来的恰当的态度和行为组成，只有形成性的、行为性的并兼具认知性的测试形式才较为科学、有效。

笔者认为，我们可以借鉴国外交际性语言测试理论来检测学生的语言综合运用能力。交际性语言测试的一些主要特征是：①重点是意义；②语境化；③语言活动带有可接受的目的性；④有实际意义的言语；⑤使用真实的语言材料；⑥文本处理有真实性；⑦考试结果不可预见；⑧以互动为基础；⑨考生在真实心理状态下展示语言能力；⑩根据实际交际结果判断成绩。交际测试不仅能考查考生的语言知识，也能考查其在有意义的语境中能否得体地使用目标语言。与传统语言测试不同的是，交际测试的目的是要评价语言学习者在真实而有意义的交际语境中使用语言的能力。此外，传统测试中的考生是"局外人"，而交际测试中的考生则是"局内人"，他参与语言交际互动的过程，并与交际对象合作达到信息交流，对这个过程的评价得出测试结果。在具体实践中，我们可以采取 role play、simulation、case study、group project、writing 等形式对学生交际的成功程度和对目的语文化的理解程度进行评价，这种生动、有效的测试形式符合外语教学的规律和评价跨文化交际能力的要求，值得我们在高校英语文化教学中尝试与推广。

三、文化教学原则

教学原则是根据教育教学目的、反映教学规律而制定的指导教学工作的基本要求。它既是教学活动的出发点，又是教学过程的总调节器，并在一定程度上决定着教学目的的确定、教学内容的选择与安排、教学方法的选择和教学的组织形式等教学活动。关于文化教学的原则，拜拉姆等人曾经做过精辟的阐释。他们认为文化知识教学应当遵从以下原则：①学生需积极参与对世界的多元解释，接触在本族文化中难以找到而在外国文化中具有普遍意义的文化现象；②教学内容的选择，特别是初级阶段的内容选择，应该参照本族文化和外国文化的各种自定型和他定型；③应使学生接触到外国文化中潜意识的知识和有意识学习得到的知识，以便他们能够适应常规行为和具有隐含意义的交际行为；④学生需有机会接触和分析民族文化和亚文化复杂的价值意义，这些价值意义有时表现为文化制度和器物（即文学、电影、历史、政党、社会福利、教育等），另一些则尚未定型，正在变为共同的文化现实。简单地说，拜拉姆提出的上述原则在教学方法上强调文化对比以及"学以致用"，在教学内容的选择上强调层次性。因此，笔者认为在文化教学中，我们要遵循循序渐进原则、对比性原则以及理论与实践相结合原则。

（一）循序渐进原则

任何教学活动都是一个循序渐进的过程，文化教学也不例外。谭志明等主张将文化导入分为初、中、高级三个阶段进行，即"初级阶段的文化导入应主要介绍在日常生活交往方面英汉主流文化的差异，以及在语言形式和运用中的具体表现；中级阶段的主要内容是介绍由于文化差异引起的英汉词语、成语意义及运用方面的差异；高级阶段主要从中西文化差异的深层次入手，介绍中西方思维方式、交际关系以及言语表达方式的差异"。这和胡文仲所提倡的文化教学的层次性和阶段性是一致的。他指出："无论文化教学或文化研究都有一个层次问题。文化与语言密不可分，文化无所不在，因此，不能认为只在高年级才能谈文化，另一方面，也绝不是不讲阶段性，学生刚一接触外语就立即灌输许多文化知识。总的来说，文化随着语言水平的提高愈显得重要，文化教学的比重也随之加大。"

循序渐进原则是文化知识本身系统性的要求，也是教学制约于学习者身心发展规律的反映。这就要求我们在选择文化教学的内容时，既要注意各个层次文化知识内部的系统性和序列性，又要注意各个层次文化内容之间的相关性。此外，由于学习者的认知发展是一个由简到繁、由浅入深、由粗到精的过程，思维能力的发展也要经历一个由形象思维到逻辑思维，再到辩证思维的过程。因此，我们要根据学习者的认知特点和思维发展规律合理地安排不同学习阶段文化教学的内容，即从简单、具体的文化事件到概括性的文化主题，最后才应是对目的语社会的全面理解。具体来说，在初级阶段，可利用学生对明显的文化特征所表现出的新奇、富有异国情调的反应，多揭示与表层文化（物质文化）有关词汇的文化背景及语义。在中级阶段，可以把重点放在与中层文化（制度文化）密切相关的语言现象与文化习俗方面。在英语教学的提高阶段，除了继续进行与中层文化相关的语言与文化对比之外，还应加强与深层文化（观念文化）有关的语言现象的理解、分析与对比。

（二）对比性原则

文化教学中的对比性原则就是将母语文化和目的语文化进行对照、比较，以便了解文化间的共性与个性。它可以加深我们对目的语文化和母语文化的认知，了解不同国家、不同民族的文化取向，培养学习者宽容、开放和理解的态度，从而提高学习者的跨文化交际能力。

首先，选择文化教学的内容要遵循对比性原则。不同文化间的对比是多层面、全方位的，大至宇宙观、时间观、价值观、思维方式，小至社会规范、生活习俗，这样有助于加深彼此的理解，消除误解，减少甚至避免文化冲突。如在语言比较方面，拉多曾建议进行三种意义上的比较：一是形式相同，意义不同；二是意义相同，形式不同；三是形式相同，意义相同，分布不同。许国璋教授在论述词汇文化内涵和英语教学时，曾概括了词汇文化内涵的三种情况：①在本族语文化环境中文化内涵小于外国文化环境中的内涵；②在本族文化环境中文化内涵大于在外国文化环境中的内涵；③在本族文化环境中文化内涵有时大于，有时小于在外国文化中的内涵。综上所述，对比是我们确定文化教学内容的依据。其次，我们在文化教学过程中要贯穿对比性原则。比如，在教授"恭维"这一言语行为时，就可以通过对比让学生明白"恭维"在两种语言中不同的实施方式及其蕴涵的不同文化意义。我国文化属于高语境文化，这导致隐性恭维语在汉语中经常使用。这种恭维语往往没有明确的褒扬成分，它以间接的方式表达对他人的积极评价，是需要结合特定语境的各种因素才能确认的恭维。而由于英美文化属于低语境文化，因此在英语中显性恭维语经常使用。通过对比，我们不仅可以让学习者认识到恭维这一言语行为在两种语言中实施方式的不同，而且让他们明白了言语行为上的差异是深层文化差异的表现，从而使他们在提高文化差异敏感性的同时，加深了对不同文化的认识和理解。

（三）理论与实践相结合的原则

杜威的"从做中学"和"教育即生活"、陶行知的"生活即教育"、毛泽东的"实践出真知"都说明了实践在学习中的重要性，文化教学也不例外。在文化教学中，教师不仅要向学生传授文化知识，还要设法创造实践的机会，使学生能够在真实或模拟的情境中运用所学文化知识，以加深他们对所学知识的理解，提高学习者的跨文化交际能力。如果我们只是向学习者传授文化知识，而不给他们提供实践的机会，就如同单纯语言知识教学不能培养学习者的语言运用能力一样，单纯的文化知识教学是不能提高学习者的社会文化能力的。学习者从课堂中所习得的外国的文化事实、外国人的态度、行为只能向学习者提供参考，使他们在交际中"知其然"，却不能保证他们"知其所以然"。因此，外语学习者对异国文化的学习过程应经历以下四个步骤：第一，学习文化知识；第二，了解其前因后果；第三，做出解释；第四，亲身体验。比如，在涉及个体主义和集体主义的文化主题时，教师就可以鼓励学生进行角色表演，对人际关系、家庭成员关系等主题进行实践，加深学生对西方个体主义取向和东方集体主义取向的理解，为以后真实的交际奠定基础。

四、文化教学的方法

随着外语教学的目的经历了语言知识和技能—交际能力—跨文化交际能力的转变，文化教学也经历了三个不同的阶段：语言和文化毫无关系—文化教学依附于语言教学（把文化视作知识）—文化教学和语言教学的有机结合（把文化视作过程）。而从文化教学所经历的三个阶段，我们可以总结出两种主要的文化教学方法：文化知识传授法和文化过程教学法。前者认为文化教学就是传授一个国家或语言群体的文化事实，通过向学习者传授"文学艺术、历史地理、宗教政治、法律法规"等大写C文化知识，来刺激他们学习外语的积极性，提高他们与目的语文化人们的交际效果。但是，将文化作为一成不变的事实进行教学的方法有诸多弊端，它不仅会导致学习者所习得的信息资料失真，也会加深学习者对目的语文化的成见或偏见，还会使学习者在面对新的文化情境时一筹莫展。与前者截然不同的是，后者将文化看作是一个发展变化的过程，文化学习不仅包括文化知识的学习，同时也包括情感态度的调整和行为的变化。更为重要的是，这种教学方法认可了文化与语言具有同等重要的地位，促成了文化教学与语言教学的有机结合。近年来，随着外语教学的蓬勃发展，文化教学方法尤其是语言与文化有机结合的教学方法层出不穷，下面我们将介绍其中几种较为常用的文化教学方法。

（一）文化包

文化包是由外语教师泰勒（Taylor）和人类学家索伦森（Sorenson）于 1961 年提出的一种文化教学的方法。这种方法是由教师向学习者讲述母语文化和目的语文化之间的某个本质差异，并借助多媒体手段向他们呈现这一差异的具体表现，然后教师给学习者提出若干问题，由此展开讨论。这种方法具有选材灵活、便于组织课堂教学的优点。教师可根据需要，选择具体的文化主题，如习俗、日常语言交际和非语言交际行为，也可以选择抽象的思维模式或价值系统作为主题，然后结合所教授的内容进行文化对比讲解或发动学习者进行文化对比讨论。在这里需要注意的是，比较的内容不一定限于横向的、文化间的对比，也可以包括纵向的、文化内部的变迁。由于这种教学方法强调将母语文化和目的语文化进行对比，有助于学习者清楚地了解和认识所要掌握的内容，从而培养他们的跨文化意识。其次，由于它更多地要求学习者进行讨论，并通过视频和音频获得感官刺激，因此，可以充分调动学习者主动参与课堂教学的积极性，增强其自主学习的能力。

下面以《新编英语教程（第六册）》（李观仪主编）第三单元课文二 *Barrier Signals* 为例具体介绍文化包的实际运用。第一步，教师让学生阅读这篇文章，然而列举一些常见的非语言交际行为。也可提出下列问题，如：① What is the function of nonverbal communication? ② List some examples of "Barrier signals" from the text. ③ How does the author explain the phenomenon that in a greeting situation it is always the new arrival that makes the body-cross movement? 第二步，学生列举英语国家的一些非语言交际行为或回答上述问题。第三步，让学生列举我国的一些常见的非语言交际行为。第四步，分小组讨论我国和英语国家在非语言交际行为中所蕴含的文化含义方面有何异同。第五步，请学生做口头陈述，或以此为题写一篇作文。

（二）文化丛

文化丛是在文化包基础上的进一步拓展，由讨论同一文化主题的若干个文化包组成。文化包可由学生课外准备，然后在课堂上进行演示。在上了几个文化包之后，便可以综合它们的内容进行一次 30 分钟左右的讨论，较为深入细致地消化这一中心主题的内容；还可综合几个文化包的内容，由大家参加，表演目的语文化的一个情境。如可以将"圣诞节"这一文化主题细分为基督降生、圣诞老人、圣诞树、圣诞节的送礼习俗等子题，每个子题可以设计成一个或多个文化包，供教师和学生在课堂上使用。

众所周知，文化涉及面广，内容纷繁复杂。因此，通过文化丛进行文化教学是目前一种行之有效的方法。首先，该方法便于确定教学范畴和重点。对于主要介绍什么，介绍哪些方面，教师可根据学习者的学习程度、兴趣等来组织教学，充分发挥教师的主导作用和创造能力，同时激发学习兴趣和调动学习积极性。其次，用文化丛进行文化教学，有利于学习者全面、系统地了解和学习目的语文化，从而增强他们的跨文化意识。

（三）关键事件

特里普（Tripp）认为，教学中的关键事件并不是指课堂上发生的事件本身是关键的，而是意味着通过分析、判断、研究那些看似普通的、一般的、习以为常的案例来改变教师的意识、观念和课堂行动，寻找其中有规律性的普遍意义，从而提高教师的专业判断力和实践能力，在成功的教学中起关键作用。然而，在具体的文化教学情境中，关键事件则是通过分析实际跨文化交际中发生的，具有典型、代表意义的失败案例来说明跨文化交际中误解产生的原因，帮助学习者了解两种不同文化在某个方面的不同期望和表现。具体做法是：首先对来自不同文化背景的交际双方之间所产生的误解及情境进行描述，如关键事件中的主要角色、与事件有关的背景知识、描述来自关键事件中人物所在文化的人们会怎样做，他／她的感受、想法和行动。然后给出四个解释误解产生原因的选择，让学习者根据自己的理解进行选择，如果一次选错，就请他们再选，直到选对为止。由于这些案例来自真实的交际，具有代表性和启发意义，对学习者来说非常有趣。通过分享、比较并且分析学习者们不同的解释和理解，能够刺激学习者在阅读案例和选择答案时进行思考，帮助学习者了解在相似情境中，什么才是得体而有效的行为。此外，还能帮助学习者了解不同文化之间的差异，有利于培养学习者的跨文化敏感性，为学习者参加培养解决跨文化冲突能力的角色扮演做好准备。以下是一个由于穿着打扮而引起的跨文化冲突案例：一对美国夫妇到巴基斯坦度假，住在一个看起来很吸引人的市场旁的旅馆。夫妇决定隔天到市场去看看有没有值得买的纪念品。一觉醒来，闷热的天气叫人有点透不过气来。先生一身轻便的短袖休闲衣裤，太太穿着短袖花纹上衣，粉红美观的紧身短裤，两人都穿着凉鞋。到市场时，这对夫妇发觉几乎每个人都严厉地瞪着他俩指指点点，有的甚至口出恶言。夫妇俩觉得很纳闷，赶紧转身回到旅馆。在教学中，教师首先对交际双方之间所产生的误解及其情境进行介绍；然后给出四个解释"为什么市场里的人对这对美国夫妇的态度如此恶劣"的原因让学生根据自己的理解进行选择。如：①因为那对夫妇牵着手；②因为市场里的人不喜欢看到那个先生的双腿；③因为那对夫妇没有穿着传统的服饰；④因为那对夫妇没有把身体该遮掩的部分遮掩。最后教师应对四个选项进行一一说明，因为巴基斯坦人大部分信仰伊斯兰教，伊斯兰教要求男女的穿着必须盖至小腿，尤其是女性，更应该覆盖全身。因此④应该是最佳答案。

（四）文学作品分析

文学作品分析是语言教学的一个常用手段，中国很多英语教学活动都是通过分析和欣赏文学作品来进行的。由于文学作品蕴涵丰富的文化内涵，如词汇的文化内涵、风俗习惯、非语言交际手段、人际关系、价值观念等，文学作品实现了语言形式和文化内容的完美结合。因此，在文学作品分析的过程中同时进行语言教学和文化教学是非常有必要的。教师如何挖掘文学作品中的文化内涵？教师如何处理语言教学和文化教学的关系？应把教学重点放在何处？是文化内容的讲解服务于语言教学的需要，且处于一个从属、次要的地位，还是文化教学内容和语言教学内容并列成为教学关注的对象？针对这些问题，剑桥大学著名学者布朗（Gillian Brown）指出，在课堂教学中，教师应该"帮助学生培养一种有限的推断能力，以应付语篇中的新概念"。其中"有限的推断"指的是系统地运用所有已知的有关信息，如"关于世界的一般背景知识、关于特定语篇的特殊背景知识、对非语言交际手段和次语言现象的知识、语言知识、上述两个因素或更多的因素的结合"，为了既定的目的从文本中做出足够的推断。学习者在掌握了正确的推断方法后就可以从文学作品中汲取丰富的文化知识。

总之，文学作品是语言和文化完美结合的形式。一般背景知识和文化特殊背景知识可以帮助学习者更好地理解文学作品的内容和意义，而大量文化作品的阅读可以丰富学习者的文化知识，提高学习者的推断和分析能力。

（五）人种学方法

人种学方法又可称为参与观察法，是文化人类学家和社会学家经常使用的研究方法。它是一种实地考察的方法，即研究者通过身临其境的观察和参与，从"圈内人"的视角对某个群体的社会和文化活动进行分析和描述。在研究对象和研究方法方面都与其他方法有明显差异。在研究对象方面，它以具体文化为研究对象，属于具体文化研究；在研究方法方面，它是一种具体的、从实践到理论，而不是抽象的、从理论到实践的研究方法。"体验—采访—分析"是这一方法的三个基本步骤，即研究者置身于目的语文化群体之中，与人们进行广泛深入的交流，自然而然地了解目的语文化，得出关于目的语文化的某些结论。因此，它也是一种典型的体验式、归纳式的研究方法。

人种学方法对于外语教学中的文化教学有很大的促进作用。首先，它可以改变以往外语教学中"重知识、轻能力"的理念，通过对文化知识在具体场合应用的体验，将认知学习与体验式学习有效结合，实现知识向能力的转化。其次，学习者通过参与和观察目的语文化的某些活动和侧面，获取学习和研究该文化的第一手资料，即通过具体文化学习来提高他们与来自不同文化的人进行交往的跨文化交际能力。

（六）比较法

比较外国和本民族文化的异同，可以从称呼、招呼语、告别、做客、谦虚、道歉、赞扬、表示关心、谈话题材和价值观念等方面进行比较。下面我们来看看在一些日常生活方面的具体比较：

（1）称呼（Addressing）：称呼习惯方面中西不大一样，这在宗族关系称谓上可以得到充分的体现。中国人注重长幼之分，极其重视辈分尊卑。因此，汉语中亲属称谓特别复杂，而英语的亲属称谓则相对比较笼统。例如："王海和李亮是表兄弟。王海的母亲是李亮的姑母，李亮的母亲是王海的舅母。"英译为"Wang Hai and Li Liang are cousins: Wang

Hai's mother is Li Liang's aunt who is the sister of Li Liang's father. While Li Liang's mother is Wang Hai's aunt who is the wife of Wang Hai's mother's brother."，语义是很清楚的，反映的关系也很清楚，而讲英语国家的人则需要大费周章才能弄懂中国人一看就明白的关系。在英语中，"aunt"一词的中文注释既包括姑母也包括舅母，同时还有伯母、婶母、姨母之意。要分清"aunt"一词在句中具体所指人物身份，需要冠以名字。例如王海的母亲叫李秀兰，则称"aunt Xiulan"，李亮的母亲叫胡连敏，则称"aunt Lianmin"，但是这不符合中国人的表达习惯。再如英语国家常把男士称"Mr."，女士称为"Miss"（未婚）或"Mrs."（已婚）。如果在不明对方婚否的情况下，可用"Ms."，这是英国女权运动的产物。需要注意的是"Miss"可单独用以称呼女性，"Mrs."或"Ms."通常是与自己的姓名或者姓连用，而不能单独与名连用；"Mrs."只能与夫姓或自己的姓加夫姓连用。Sir 和 Madam 一般既不与姓、也不与名连用，而是单独使用。在中国，习惯上有"李同志""黄主任""郭校长""王经理""林老师"等称呼，在英美国家除了某些特定工作头衔，如法官、医生、博士、教授、教士等外，一般是直呼其名。

（2）介绍（Introducing）：学习介绍自己和他人。介绍有正式场合与非正式场合之分。在会场上介绍一位来访嘉宾或重要人物时主持人说："I will with great pleasure introduce Professor Wang to you，professor of Beijing University." 这样的介绍既郑重又得体。但在非正式场合介绍方式就随便多了。如带朋友到家里可以这样介绍：

"Mum, this is Joan, my classmate."

"Joan, I'd like you to meet my family. This is my father." 等。

在介绍两人相识时，一般要注意以下顺序：

先男后女、先少后老、先客后主、先小姐后太太、先近后远。

（3）关心（Showing concern）：我们来看这样的对话：

Girl：How old are you?（一个小女孩问一位老太太）

Woman：Ah, It's a secret.

汉语里可以对任何人发问："你几岁了？"以表示关心和亲切；而在英语国家里，除了对小孩，人们不轻易问一个成年人特别是女士或是老人的年龄，以免侵犯他人的隐私权。又如下面这种关心：

A：Hello, you look tired today.

B：Yes, I went to bed too late last night.

A：You'd better go to bed earlier tonight if you are tired.

这样表示关心的建议在中国比较普遍，但根据英语习惯，A 只需说"Take good care of yourself." 以表示关心。反之，会伤害别人的自尊心，除非双方是父母子女关系。所以在跨文化交际中要避免以下这些问题：

How old are you?

Are you married?

What have you been busy doing?

对于这些"关心"式的问题对中国人并没什么不妥，但对英美国家的人士来说这些是属于"个人隐私"问题，他们很重视保护隐私，不愿意别人过问个人的事。因此，根据他们的习惯，这样的问题不宜过问，否则就是失礼。

（4）谦虚（Modest）：谦虚是中国人的传统美德之一。中国人常常是以自我否定来表示谦虚。当受到别人赞扬时，往往自己贬损自己。中国人在听到别人赞美自己的长相、衣服漂亮时，往往会谦虚一番："哪里，哪里！"当这种赞扬遭到中国人拒绝时，美国人常常怀疑自己是不是做了一个错误的判断，他们之间跨文化的接触很可能是以一场失败的交流而告终。在送礼物时，中国人常谦虚地说：

"Here is something little for you, it is not very good."

不太了解中国文化的外籍人士自然不知道这是"谦虚"的说法，他们会很纳闷为什么要送一件自己认为"not very good"的小礼物给别人。因此，教师在教学中，应教会学生当听到英美人士赞扬时用"Thank you"来回答。

（5）打电话（Making telephone calls）：打电话的对话，不同的文化有着不同的规则。比方说英国英语里私人打电话的一般模式为：①电话铃响；②接电话者自报电话号码；③打电话者要求与某人通话。这样能让对方明白有无拨错。这种接电话的人，大多属于"绅士阶层"或"文明社会"。教师在教学中要提醒学生用以下常用语："This is X speaking""Is that X speaking?"而不是"I am X ."和"Are you X speaking?"

比较法是一种分析错误原因的方法。我们可以通过提供发生的反映文化冲突的事件来让学生进行讨论，并提供正确答案。

（七）课堂交流或专题介绍

教师可以让学生收集一些有关国外文化方面的资料，如画报、杂志、图片等，研究不同国家人们的服饰、发型等，使他们在这一过程中了解不同的文化、风俗习惯、审美标准，较直观地了解外国艺术、雕刻、建筑风格和风土人情。利用电影和电视等多媒体教学手段放映教学片，让学生边听边看，引导学生们注意观察英语国家的社会文化等各个方面的情况，各阶层人们吃什么、穿什么、住什么，如何与朋友交往，进行什么娱乐活动，有什么节日，怎样庆祝节日，以及说话的表情、手势等，然后提出一些问题让学生回答并讲出自己的观点。有时可以邀请中外有关专家以及曾经留学或访问过英语国家的人士做这方面的专题报告、系列讲座等。也可以建议学生多读国外有关游记、人口统计、民意调查、官方思想研究、时事评论等方面的书，从中了解文化。

（八）阅读文学作品

由于课时的限制，教师不可能面面俱到，把所有的英语文化知识都介绍到，但可以利用课外实践进行补充。由于文学作品反映不同的文化背景，而文化背景导致了不同的文化现象的发生，因此，要想了解英语国家的文化，阅读一定量的文学作品会有很大的帮助，因为从中可以找到有关的文化背景知识和信息。阅读文学作品可以提高学生对英语国家文化的敏感度。鼓励学生多读以文化为导向的报刊、书籍，对提高外语的文化意识有很大的帮助。同时，还可以推荐一些优秀的课外读物给学生，文学作品往往能提供最具体、形象、全面的材料，使读者从中获得文化的生动画面，了解它所反映的广阔的社会时代背景和文化等，这既能训练学生的阅读能力，又能开阔眼界、增长知识、提高文化素质。

要加强篇章文化背景的讲解。英语教材中所选的文章体裁广泛，在讲解的过程中，一定要联系课文所反映的政治、经济、历史、文化等背景知识，领会作者的写作意图，并对作品评价。

要加强对句子文化背景的讲解。如在美国有这样一个人尽皆知的句子："When you're down, you are not necessarily out."但是许多英语学习者却对其含义不甚了解，原因是不了解这句话的文化背景。这原是一句拳击术语，在拳击比赛中拳击手若被对方击倒，裁判数到 10 还不能起来则被判输。但很多情况下不等裁判数到 10，倒地的拳击手便能爬起来再战。因此，这句话的表层意思是"当你被人击倒，并不意味着输了这场比赛"。其寓意为"当你遇到挫折，并不一定丧失了成功的机会"。

（九）结合课本介绍词汇的文化内涵

词汇是语言的一个重要组成部分，在语言的使用中起着传递信息的作用。语言之间的文化差异毫无疑问会在词汇层次上体现出来，所以在讲解词汇时必须让学生理解其中的文化内涵，从而最大限度地传达语言载体所承载的文化信息。除了语言本身所承载的文化内涵外，西方国家的风俗习惯、生活方式、宗教信仰、思维方式等都有着深厚的文化背景和底蕴。因此，在英语教学中还要适时地向学生介绍文化背景知识。教师在语言教学中可以有意识地总结一些具有文化背景的词汇和俗语。例如"red"一词，无论在英语国家还是在中国，红色往往与庆祝活动或喜庆日子有关，英语里有"red letter days"（节假日），在中国，红色象征革命和社会主义等积极意义。但英语中的"red"还意味着危险状态或使人生气，如"red flag"（引人生气的事）。再如汉语卓著于具体、形象思维，英语擅长于抽象、逻辑思维。中国翻译大家傅雷曾在一篇文章中提及中国人和西方人的思维方式距离甚远，认为西方人善于抽象，长于逻辑分析；中国人喜欢具体，善于形象综合。他在写给罗新璋的信中说："东方人与西方人之思想方式有基本分歧，我人重综合，重归纳，重暗示，重含蓄；西方人则重分析，细微曲折，挖掘唯恐不周……"中国人往往以形示意，在头脑中对记忆表象进行综合加工改造，从而以最接近意义的语言表达。中国的汉字就是极为突出一点。英语中抽象、逻辑思维方式的特点则可以从英语词语的功能性上看出。一个"喜欢具体，善于形象综合"的民族的人，去阅读"善于抽象，长于逻辑分析"的民族的文字，有时因为吃不准原文的意思，在翻译中不是做出了误解误译，便是生搬硬套，让读者感到莫名其妙。

例如句子"She sits up late."这本是个非常简单的英语句子，译者没有去仔细琢磨词语的语义和逻辑关系，而是停留在表层思想的对应上，便会译成"她坐到很晚"，导致了传译的偏差。译者只要认识到"sit"是个持续性动作的动词，就会认识到这里是指"持续到很晚"。其实，"sit up"是一个英语俗语，意为"不睡，熬夜"。因此这句话应译为："她熬夜熬到很晚。"再如例句"For what can be prettier than an image of Love on his knees before Beauty?""痴情公子向美貌佳人跪下求婚，还不是一幅最赏心悦目的画儿吗？""love"

和"beauty"是两个抽象名词。试想一下：如果译者不化抽象为具体，而是直接译成"爱情向美貌跪下求婚"，读起来会是一番什么滋味呢？其实这正是西方人喜欢抽象而中国人喜欢具体的例证。

（十）创设对话的文化环境

在日常对话中，学生最容易出现语用错误。这不仅因为对话涉及实际用语的规范使用以及礼仪习俗，更由于在具体的言语交际中，语言形式的选用总是受到时间、地点、话题、交际双方的情感、个性、社会角色及其文化背景等语境因素的制约。因此，成功的对话课，除了要让自己记住相关的实际语境，灵活选用适当的训练方法，还要鼓励学生进行口头或笔头、双边或多边的言语实践活动，比如要多组织课外文化实践活动。在校内可以号召学生举办多种形式的英语活动，如可利用圣诞节组织英语晚会，开展一些包括英语歌曲演讲比赛、英语戏剧、小品表演、英语知识有奖问答等融知识性和趣味性于一体的竞赛和游戏，组织有外国人参加的英语晚会，创办以文化为主题的英语角等。学生在准备的过程中必然会加深其对英语语言文化的理解。在校外鼓励学生到外企中去进行工作实习或实地调查，直接对来自不同文化背景的人进行观察和接触，体验文化差异，增强文化差异意识。这些都不失为提高学习者交际文化的有效途径。此外还可以让学生进行角色扮演。教师让学生设计情景对话，给学生派定角色，让他们模仿角色表演，提醒学生随时注意语言和行为的得体性。也可以人为地制造沟通的文化环境，让学生置身于这种环境中，体验解决各种问题的方式。这种活动的形式是很多样化的，可以让学生欣赏或学唱英文歌曲。歌曲常常能反映一个民族的心声，人们的喜怒哀乐，能表现不同时代、不同地域的文化风情。鼓励学生积极地参加戏剧表演，从反复排练中切身体会到外国人表达思想感情的方式和行为。也可以搞化装晚会，使学生感受到外国文化的氛围，仿佛置身于异国的生活中。

综上所述，通过文化教学，学习者既可以通过了解目的语文化的各个侧面，提高与目的语文化群体进行交际的能力，又可以通过将目的语文化与母语文化进行比较，增强对母语文化的认识，从而提高跨文化敏感性，并了解跨文化交际的一般规律。此外，学习者还可以掌握文化学习的方法，为自主学习和终身学习打下坚实的基础。然而这种训练也有其局限性，如调查需要较长的时间，并且很难做到跨国界意义上的跨文化比较。

参考文献

[1] 杨金海. 全球化研究的历史、现状和热点问题 [J]. 哲学研究，1999 (11)：7-12.

[2] 杨雪冬. 西方全球化理论：概念、热点和使命 [J]. 国家社会科学，1999 (03)：7.

[3] 张世鹏，什么是全球化 [J]. 欧洲，2000 (01)：4-13.

[4] 刘嘉菊. 当前大学英语教学中跨文化教育的现状、问题与对策——以济南两所高校为例 [J]. 济南：山东师范大学，2008.

[5] 胡文仲. 中国英语专业教育改革三十年 [N]. 光明日报，2008-11-12（11）.

[6] HALL, E. T. Beyond culture[M]. NY: Anchor Books, 1997.

[7] HOFSTEDE, G. Cultures and organizations: software of the mind[M]. London: McGraw-Hill, 2010.

[8] PHILIPSEN, G. Speaking culturally[M]. Albany: State University of New York Press,1992.